HA

Verlag: Axel Springer Verlag AG
Druck: Bergedorfer Buchdruckerei
v. Ed. Wagner
Farblithographie: Graphische Kunstanstalt
Werner Hentschel, Hamburg
Satz: Axel Springer Verlag AG
Einband: Buchbinderei Schacht, Ahrensburg

ISBN 3-921 305-08-X

HAMBURG 93

Porträt einer Weltstadt

Ein Buch vom

Hamburger Abendblatt

Gesamtleitung, Redaktion und verantwortlich für den Inhalt:

Ludwig Krüger

Konzeption und Produktion:

Joachim Meyer

Fotoredaktion:

Uwe Wettstädt

Gestaltung:

Detlef von Valtier

Textbeiträge:

Markus Arndt, Susanne von Bargen, Klaus Berger, Max Conradt, Brigitte Ehrich, Monika Fabry, Armin Fuhrer, Katharina Geßler, Dr. Matthias Gretzschel, Rainer Grünberg, Hans-Eckart Jaeger, Frank Knittermeier, Alexandra zu Knyphausen, Susanne Korn, Wolfram Kroeber, Hans Henning Kroll, Lutz Krüger, Peter Kruse, Maike Leuchtmann, Horst Lietzberg, Jens Meyer, Joachim Meyer, Peter Ulrich Meyer, Bettina Mittelacher, Birgit Müller-Classen, Roland Nelles, Petra Neumann, Hermann-Josef Olbermann, Georg Pakschies, Evelyn Preuß, Norman Raap, Stefan Reckziegel, Veit Ruppersberg, Renate Schirrmacher, Stephan Steinlein, Günter Stiller, Elisabeth Stimming, Saskia Tants, Christian A. Thiel, Heinrich Thöns, Andreas Ulrich, Franziska Wolffheim

Kommentare:

Susanne von Bargen, Max Conradt, Jürgen Eckardt, Peter Kruse, Veit Ruppersberg

Fotobeiträge: Seite 312

Was suchen Sie? Seite 308

Was zwölf Monate im Leben unserer Hansestadt an Schlagzeilen produziert haben – seit 24 Jahren halten diese Chroniken es fest. Jedesmal im November ein neuer Band vom Hamburger Abendblatt: „Porträt einer Weltstadt“ mit wichtigen, schönen, traurigen, lustigen Themen; prall illustriert. Tausende sammeln die Bücher und warten auf die Fortsetzung. Die vorliegende 24. Ausgabe dieser Reihe bekam ein neues Makeup, ohne Bewährtes über Bord zu werfen.

***D**as Bild des Jahres: Hamburgs Musikhalle und das Unilever-Hochhaus sind in den feuchten Mantel einer nebligen Februarnacht gehüllt. Doch auch die dunkle Jahreszeit nimmt Teilen der Hansestadt nichts von ihrer Schönheit. Das fahle Licht aus dem Busineß-Turm, die warmen Farbtöne des Musiktempels und die bunten Lichtschienen des frühnächtlichen Verkehrs auf dem Gorch-Fock-Wall: Wer könnte sie wirkungsvoller komponieren?*

HH-AW 1329

Ein Lehrstück für Deutschland, mit Fragen gespickt

„Die Freie und Hansestadt Hamburg hat als Welthafenstadt eine ihr durch Geschichte und Lage zugewiesene, besondere Aufgabe gegenüber dem deutschen Volk zu erfüllen. Sie will im Geiste des Friedens eine Mittlerin zwischen allen Erdteilen und Völkern der Welt sein."

Diese beiden Sätze bezeugen nicht nur eine Willensbekundung, sie sind Gesetz und stehen in der Präambel der hamburgischen Verfassung. Die Stadtrepublik als Mittlerin zwischen Menschen verschiedener Rassen und Kulturen ist in den abgelaufenen zwölf Monaten auf eine harte Probe gestellt worden, und sie hat sich unter Schmerzen und großem Engagement in der Abwehr innerer Feinde bewährt.

Die Gewalt von rechts, die Herausforderung des Staates, die Reaktion der Politik und die Einstellung der Bürger zu dieser kritischen Entwicklung und ihre Antwort darauf hat sich wie ein roter Faden durchs Jahr gezogen, seit in den Flammen von Mölln die drei Türken Bahlde Arslan, Yeliz Arslan und Ayse Yilmaz verbrannten.

Wieder waren junge Köpfe, angereichert mit krausem Gedankengut, aus dem Dunstkreis des rechten Randes zur Tat geschritten. Ist der Staat noch stark genug für diese Herausforderung, kann er die Welle der Gewalt und Feindschaft gegen Ausländer eindämmen, wird die Situation nicht dadurch ständig angeheizt, daß der Strom von Asylbewerbern aus Osteuropa und der Dritten Welt immer breiter wird, brauchen wir nicht neue Mauern gegen eine drohende Überfremdung? Immer häufiger wurden diese Fragen in der Bevölkerung gestellt.

Die Übereinkunft der Parteien, das Asylrecht zu ändern, war eine Antwort, die Antwort des Volkes war eine mächtige Demonstration des Friedens und der Toleranz am dritten Advent in der Hamburger Innenstadt. Beinahe eine halbe Million Menschen versammelten sich zu einer Lichterkette und dem Bekenntnis zur Verbundenheit mit Menschen aus anderen Teilen der Welt.

Doch auch die der Internationalität verpflichtete Hansestadt Hamburg ist keine Insel der Seligen und Edelmütigen. Auch hier wurde der Zusammenhang zwischen Asylbewerbern in Containerdörfern, dem Unmut in Teilen der Bevölkerung darüber und der Regsamkeit rechtsradikaler Parteien immer deutlicher. Die unter dem Sammelbegriff „Politikverdrossenheit" herrschende Sorge der Menschen, die Probleme würden uns über den Kopf wachsen und die Politiker wären nicht mehr in der Lage, mit Maßnahmen gegenzusteuern, lösten in den Parteien Angst aus. Schon wurde das Gespenst des Einzugs Rechtsradikaler in die Parlamente an die Wand gemalt. Schließlich würde das Mammut-Wahljahr

1994 immer näher rücken. Und mit einem Male war es, jedenfalls für Hamburg, plötzlich da. Jener 4. Mai 1993 wird so bald in Hamburg nicht vergessen werden, als das Hamburgische Verfassungsgericht die Bürgerschaftswahl von 1991 für ungültig erklärte und eine Wiederholung befahl. (Über den höchstrichterlichen Spruch und über den Juristen Markus Wegner, der mit seiner Klage den Hanseaten die unverhoffte Wahl bescherte, wird auf den Seiten 182 / 183 dieses Buches ausführlich berichtet.)

Besonders die mit einer nur knappen absoluten Mehrheit regierende SPD fühlte sich auf dem linken Fuß erwischt. Der Wahltermin nach den Sommerferien stand noch nicht fest, da schien für Bürgermeister Voscherau schon ausgemacht, daß er und seine Partei Verluste hinnehmen müßten. Er spürte das schwindende Vertrauen vieler, vor allem auch sozialdemokratischer Stammwähler. Zum erstenmal in der hamburgischen Nachkriegsgeschichte wurde ein Wahlkampf von der Frage beherrscht, ob eine der radikalen Rechtsparteien als Sammelbecken der Unzufriedenen in die Bürgerschaft ziehen würde.

Ein anderes Sammellager – und auch dies ein politisches Novum in dieser Stadt – wurde dagegen von oben herab belächelt: die Wählervereinigung STATT Partei des Markus Wegner, der die Neuwahl herbeigeführt hatte. Das Lächeln über die STATTianer verging den Etablierten, als jene am Abend des 19. September die Hürde zum Parlament nahmen.

Von Peter Kruse

Die Damen und Herren um Wegner stellen in diesen Zeiten der Ungewißheiten eine ernst zu nehmende Kraft im Parteiengefüge dar. Hätte es diese neue Gruppierung nicht gegeben, wären so mancher Wähler nur um des Protestes willen weitergezogen nach Rechtsaußen und hätte den Republikanern zum parlamentarischen Triumph verholfen. Markus Wegner sei Dank, mögen viele gedacht haben. Aber zum Aufatmen besteht überhaupt kein Anlaß; denn die Wahl von Hamburg könnte den Wendepunkt im republikweiten Wählerverhalten auch den großen alten Parteien gegenüber andeuten.

Sind die Zeiten der satten Mehrheiten und Hochburgen für Christdemokraten und Sozialdemokraten vorerst vorbei, werden die Wähler launischer, wechseln sie künftig mehr, werden die Grünen beinahe schon als etablierte dritte Kraft die Liberalen ablösen, werden sich in den Ballungsräumen nach dem Vorbild der STATT Partei weltanschaulich unabhängige Gruppierungen manifestieren?

Insofern ist Hamburg ein mit Fragen gespicktes Lehrstück für Deutschland geworden.

N O V E M B E R   9 2

10 *Ein provokatives Paradies der Lüste*

14 *Warum dieser Haß gegen Menschen anderer Nation?*

16 *Die Queen war die Größte für den Ersten Ratsdiener*

16 *Rot-grünes Tandem inspiziert „Eimbüttel“*

18 *Absturz in die Tiefe bei Volkstanz und Musik*

20 *Verbrechen hinter Gittern verschwiegen*

20 *Das fast chancenlose Baby nutzte seine Chance*

22 *Der letzte Dampfschlepper hat noch eine Zukunft*

24 *Reizend bis zur Deutschen Meisterschaft*

25 *An Flötentönen wird es Pincus nicht mangeln*

28 *Die Heinzelmännchen vom Kiez kommen früh*

29 *Kokain im Schiff hätte 35 Millionen gebracht*

30 *Darf's das Standard-Skelett sein oder die Luxusversion?*

32 *Mini-Report*

33 *Ein Urgestein des Jazz*

34 *„Walküre“ und „Lear“ gnadenlos niedergemacht*

Ein neues Museum – provokatives Paradies der Lüste

Der Kiez hat seine eigene Ästhetik. Prallbusige Blondinen posieren provokativ auf grellen Plakaten. Langbeinige Lockvögel versprechen Schau-Lust rund um die Uhr. Alle Nächte wieder das gleiche Sex-Geflimmer auf der geilen Meile. Alle paar Meter Frauenschönheit als Abziehbild.

Provokative Posen, knallige Stars-and-Stripes-Requisiten – und die Stilisierung zum Objekt der Begierde ist perfekt: „Gloria Swanson, Mae West, Marilyn Monroe, Jean Harlow, Raquel Welch" (Mischtechnik) von Olivia de Berardinis, die in New York lebt.

Der Kiez hat seine eigenen Gesetze. Eines davon: Vielfalt. In einer Parallelstraße zur Reeperbahn liegt das Museum der Erotischen Kunst. St. Pauli hat auch dieses Haus, das am 21. November öffnete, in sein großes Herz geschlossen. Seitdem kann das Viertel zweierlei bieten: Sex als Ware und Erotik als Kunst.

Bernhardt-Nocht-Straße 69. Kein großes Portal, sondern eine schlichte Eingangstür. Kein aufwendiger Bau, sondern ein alter Speicher aus dem Jahr 1869. Im Innern, wo sich das Tageslicht vornehm zurückhält, ist das meiste „naturbelassen": die Wände und Rundbögen aus rotem Backstein, die großen Trägerpfeiler aus Holz in der Mitte jedes der vier Geschosse.

Etwa 500 Kunstwerke vom Beginn des 16. Jahrhunderts bis zur Gegenwart zeigt die Erotik-Schau – viele von ihnen waren lange blickdicht abgeschirmt vor dem öffentlichen Auge. Des Mannes männlichster Teil läßt sich in vielen Variationen betrachten – klein oder gewaltig, mit Goldkrönchen oder in natura,

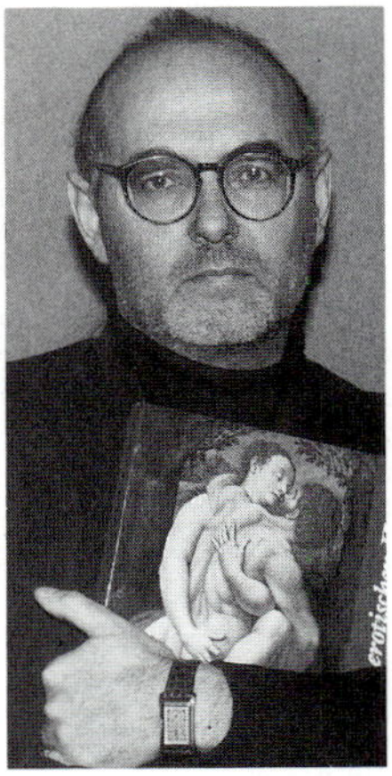

Für einige Schnösel, für andere sensibler St.-Pauli-Erneuerer: Claus Becker, Ideen- und Geldgeber des Erotik-Museums.

Links: Um 1970 entstand die Lithographie „Verführung" von Richard Lindner. Der in Hamburg geborene Jude emigrierte 1941 nach New York. Rechts: Erotik im 16. Jh. unter dem Deckmäntelchen der Mythologie: Der Belgier Barent van Orley zeigt uns „Neptun und Nymphe".

aktiv oder in der Warteschleife. Weibliche Brüste schaukeln ebenfalls fröhlich über die Leinwände.

Das Erdgeschoß mit rauhem Asphaltboden dient zur Eingewöhnung. Dafür sorgen etwa ein hinreißendes Aquarell von Henry Miller, aber auch der Pop-Art-Künstler Allen Jones – und Horst Janssen mit seinem Bild „Sergeant Penis". Je weiter man dann in die Höhen des Museums klettert, desto älter – aber deshalb nicht verstaubter – sind die Exponate. Die Bilderleisten im 1. Stock zeigen Werke der Zwanziger und Dreißiger – etwa einen deftigen George Grosz oder Otto Dix. Tomi Ungerer läßt in ein eigenes Kabinett bitten.

Völlig unverblümte Erotik präsentieren die Malereien und Holzschnitte aus Japan und China im 2. Stock. Gleich nebenan: Werke des Belgiers Félicien Rops. Sie hängen hinter Türen, die sich nach dem Adventskalender-Prinzip aufklappen lassen – Diskretion ist im Erotik-Museum großgeschrieben. Überraschungen aus Renaissance und Rokoko (in Frankreich *die* Epoche der erotischen Freizügigkeit in der Kunst) bietet der Paravent-Lustgarten im Obergeschoß.

Dieses provokative Paradies der fleischlichen Lüste ist dem Kiez natürlich nicht so einfach in den Schoß gefallen. Ein Privatmann hat die Idee ausgebrütet und finanziert: der Geschäftsmann Claus Becker. Tomi Ungerer stellte ihm viele seiner Bilder zur Verfügung, andere Künstler spendeten ebenfalls – für eine Ver-Öffentlichung der Erotik und der erotischen Kunst.

(Öffnungszeiten: täglich von 10 bis 24 Uhr. Der Eintritt kostet 15 Mark. Ein Katalog ist für 49 Mark zu haben).

Diskrete Verführung auf französisch: „Im Séparée" von Carlo. Über den Künstler, der um 1930 in Paris arbeitete, ist wenig bekannt. Seine Bilder weisen ihn als Fuß- und Schuhfetischisten aus.

Warum dieser Haß gegen Menschen anderer Nation?

Mit zwei eindrucksvollen Demonstrationszügen gegen Ausländerfeindlichkeit erwiesen 30 000 Menschen in den Stadtteilen Hamm und Bergedorf Bahlde Arslan (51), Yeliz Arslan (10) und Ayse Yilmaz (14) die letzte Ehre. Die drei Türkinnen waren wenige Tage zuvor bei einem Brandanschlag rechtsradikaler Jugendlicher in ihrem Möllner Haus ums Leben gekommen. Ein Abschied, der von ergreifender Trauer und Fassungslosigkeit geprägt war: „Yeliz, du bist unsterblich!", riefen Freunde dem jüngsten der Opfer auf dem letzten Weg nach.

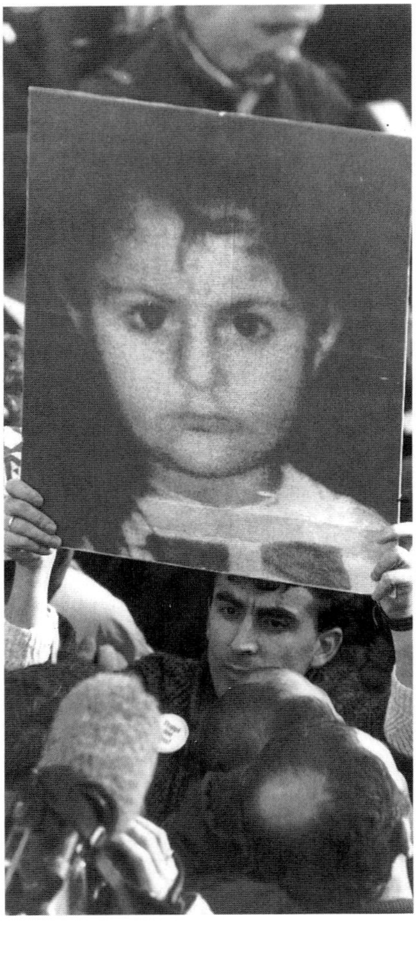

Die kleine Yeliz Arslan wurde nur zehn Jahre alt. Ein Demonstrant reckt ein Bild des jüngsten Terror-Opfers von Mölln in die Höhe – Protest gegen Ausländerhasser und Rechtsradikale in der Bundesrepublik.

Mehr als 12 000 Menschen erschienen allein zur Trauerfeier vor der türkischen Moschee Mescid-el-Aksa am Borstelmannsweg in Hamm. Unter ihnen waren auch Außenminister Klaus Kinkel (FDP), Arbeitsminister Norbert Blüm (CDU), die Bundestagsvizepräsidentin Renate Schmidt (SPD) und der türkische Botschafter in Bonn, Onur Öymen.

„Woher kommt dieser Haß gegen Menschen einer anderen Nation?" war die hundertfach gestellte Frage in dieser Stunde. Aber trotz aller Bitterkeit wurde auch die Hoffnung beschworen, daß keine neuen kollektiven Feindschaften aufbrechen: „Laßt uns vor diesen Särgen versprechen: Deutsche und Türken bleiben Freunde! Die Extremisten bringen uns nicht auseinander", sagte Arbeitsminister Blüm. Sein Credo, das alle klar denkenden Deutschen teilen: „Wir wollen keine neuen, wir wollen keine alten, wir wollen überhaupt keine Nazis!"

Und der türkische Botschafter Öymen fand Worte, die Brücken bauen sollten. Er sagte: „Dieses Attentat gegen unsere unschuldigen Bürger, das von einigen wenigen verübt worden ist, ist nicht nur gegen die Türken, nicht nur gegen die Ausländer, sondern gegen die große Mehrheit der deutschen Gesellschaft gerichtet, die sich den modernen humanistischen Werten verpflichtet fühlt."

Nach der Trauerfeier zog ein 1,5 Kilometer langer Demonstrationszug über Hammer Landstraße, Berliner Tor und Mönckebergstraße bis zum Rathausmarkt. An der Spitze die Särge der drei Opfer, jeder bedeckt mit einer Nationalflagge der Türkei. Auf dem Rathausmarkt sprach Hamburgs Bürgermeister Henning Voscherau zu den Menschen. Er erhielt großen Beifall, als er „allen türki-

schen Hamburgern" versicherte: „Sie sind willkommen! Ich freue mich über Ihr Hiersein!" Die Stadt werde die in Hamburg lebenden Ausländer verteidigen wie sich selbst. Bundesaußenminister Klaus Kinkel warnte, daß Anschläge auf die Demokratie nicht zugelassen werden dürften: „Von Deutschland darf nie mehr Fremdenhaß ausgehen!"

Am Abend wurden die Särge zum Flughafen Fuhlsbüttel überführt. Von dort wurden sie in die Türkei geflogen. Dabei kam es vor dem Flughafengebäude leider noch zu einem schweren Zwischenfall: Bei Zusammenstößen zwischen Polizeibeamten und mehreren hundert Demonstranten wurden vier Türken und ein Beamter verletzt.

Szenen der Trauer in Hamm: Die Särge der getöteten Türkinnen werden weggetragen. Unter den Trauergästen Bundestagsvizepräsidentin Schmidt, Arbeitsminister Blüm und Außenminister Kinkel (oben). Links: Gebet für die Opfer im Innenhof der Moschee.

Fast vier Jahrzehnte sorgte Egon Geistlich für das Wohl der Menschen im Rathaus. 24 Jahre dirigierte der gelernte Kellner die Ratsdiener im Hohen Haus. Viele prominente Zeitgenossen, darunter gekrönte Häupter, kreuzten seinen Weg.

Die Queen war die Größte für den Ersten Ratsdiener

Er diente acht Bürgermeistern und betreute die Großen dieser Welt. Nahezu 40 Jahre war das Hamburger Rathaus der Arbeitsplatz von Egon Geistlich. Seit 1969 schaltete und waltete er dort als Chef der Ratsdiener. Ende November ging der Rathaus-Oldtimer in den Ruhestand.

Ratsdiener ist ein Traditionsname. Amtlich heißt die zwanzigköpfige Crew in der Hamburger Regierungszentrale „Angestellte im Innendienst für Bürgerschaft und Senat". Ihre Aufgabe ist es, Abgeordnete und Senatoren bei der Arbeit zu umsorgen, Besucher durchs Rathaus zu führen, Empfänge auszurichten und Staatsgäste zu betreuen.

Egon Geistlich hat schon dem Schah von Persien Getränke gereicht, sich auch um Charles de Gaulle, Leonid Breschnew und Michail Gorbatschow, um Queen Elizabeth II. und ihren Mann Prinz Philip gekümmert. „Das war für mich überhaupt das Größte", erinnert er sich an den Briten-Besuch von 1965.

Rot-grünes Tandem auf Inspektion durch „Eimbüttel"

Dr. Martin Schmidt, Bürgerschaftsabgeordneter der Grün-Alternativen Liste (GAL), kam im schwarzen Lodenmantel, Bausenator Eugen Wagner hatte sich in seinen „kleinen Finkenwerder Kampfanzug" geworfen.

Am Lokstedter Behrmannplatz hatten sich die beiden also wetterfest Bekleideten verabredet: zu einer Radtour quer durch „Eimbüttel" bis hin zur Universität am Grindel. Den alles durchdringenden November-Nieselregen nahmen die beiden gar nicht wahr, als sie – wohlsynchronisiert – in die Pedale ihres knallroten Tandems traten.

Daß Hobby-Schipper Wagner, obwohl im Senat auch für Verkehr zuständig, die Lenkstange dem Abgeordneten Schmidt überließ, verstand sich von selbst. Schließlich ist der Klassische Philologe nicht nur Spezialist für frühgriechisches Epos, sondern auch *der* Spezi der gesamten Bürgerschaft, dem merkwürdige Beschilderungen und unsinnige Streckenführungen von Radfahrwegen schon an die 40 Kleine Anfragen an den Ehrwürdigen Rat der Stadt entlockten.

Der Wunsch, mit dem Bausenator, wenn schon nicht Schlitten, dann doch wenigstens einmal Rad zu fahren, war bei dem GALier im jüngsten Bürgerschaftswahlkampf entstanden, als Wagner sich medienwirksam auf einem Tandem ablichten ließ.

Schmidt lud Wagner also ein, und der kam gern. Zwei Pragmatiker hatten sich gesucht und gefunden, um so manche rätselhafte Verkehrsvorschrift an Ort und Stelle zu erkunden. Und außerdem kann man ja auch nie wissen, ob rot-grünes Tandemfahren in Hamburg nicht einmal wieder in Mode kommt . . .

Martin Schmidt (GAL) vorne, Eugen Wagner (SPD) hinten: Vergnügt strampelten die beiden Politiker, wetterfest ausgerüstet, vom Behrmannplatz über den Grandweg und die Stresemannallee, durch die Unna-, Goeben-, Heymann- und die Bundesstraße zur Universität am Grindel.

Bei Volkstanz und Musik kam der Absturz in die Tiefe

Der Polterabend endete tragisch: Im ersten Stockwerk einer ehemaligen Fabrik an der Lerchenstraße (St. Pauli) brach der Fußboden ein und riß die Gäste mit in die Tiefe.

Dasselbe geschah den Mitgliedern eines türkischen Arbeitervereins, der nebenan an diesem Freitagabend eine Demonstration nach den aus Ausländerhaß begangenen Morden an drei Türkinnen in Mölln vorbereitete. Panik brach aus. Verletzte Menschen schrien, Mütter suchten verzweifelt nach ihren Kindern. Es muß ihnen wie eine Ewigkeit vorgekommen sein, bis die Feuerwehr zur Stelle war. Deren Männer arbeiteten sich durch die Trümmer und gruben die Hilflosen frei. Unablässig brachten Sanitäter die Opfer mit Rettungswagen in Krankenhäuser. Knapp 50 Menschen waren mit den Trümmern abgestürzt, 39 mußten in ärztliche Behandlung.

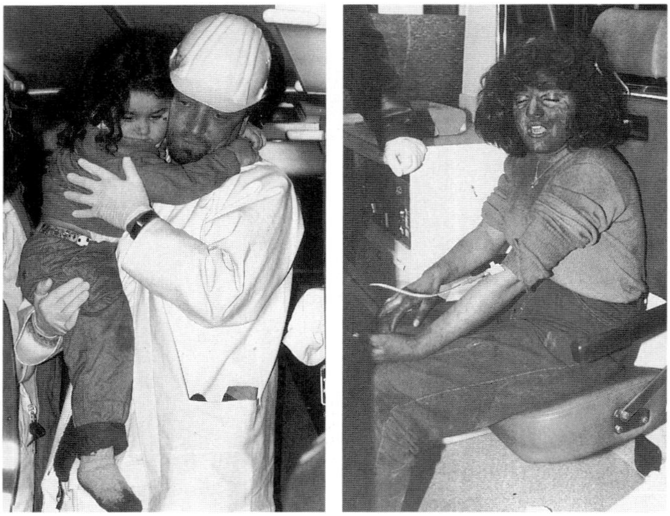

Ein Rettungssanitäter der Feuerwehr (links) trägt ein Mädchen aus den Trümmern der einstigen Fabrik an der Lerchenstraße. Rechts: Benommen vom Schock sitzt eine Verletzte nach dem Unglück im Rettungswagen.

Die ehemalige Fabrik sollte abgerissen werden. Deshalb war GAL-Politiker Michael Hermann mit seiner Arbeitslosen-Initiave bereits ausgezogen und hatte die Räume vermietet. Der Zahn der Zeit hatte dem Gebäude schwer zugesetzt. Weil der marode Zustand des Hauses bekannt war, waren schon Stahlträger unter den Fußböden eingezogen worden. Doch das Mauerwerk hielt die Belastung nicht aus; die Träger brachen heraus.

Die Männer, Frauen und Kinder hatten gerade ein türkisches Volklied gesungen und dazu getanzt, als der Boden nachgab. Eine Augenzeugin, die 14 Jahre alte Özge H. aus Billstedt, kam mit blauen Flecken und einem Schock davon. Sie hatte aus einer Zimmerecke dem Treiben zugeschaut: Zuerst gab der Boden in der Mitte nach, dann brach auch der Rest zusammen, und Özge rutschte in die Tiefe. „Das Licht an der Decke brannte noch“, erinnerte sie sich.

Die meisten Verunglückten mußten wegen Knochenbrüchen und Prellungen behandelt werden. Dabei hatten sie wohl noch Glück im Unglück gehabt, denn niemand war lebensbedrohlich verletzt worden. Özge fuhr mit ins Krankenhaus. Beruhigend sprach sie mit ihren Landsleuten und half als Dolmetscherin.

Besonders gut meinte es das Schicksal mit dem Brautpaar: Der junge Mann und seine Braut blieben nahezu unverletzt. Das Unglück konnte sie nicht davon abhalten, am nächsten Tag – wie geplant – zu heiraten.

Und während die jungen Leute in den Hafen der Ehe segelten, machte der Bagger einer Abbruchfirma das Unglückshaus dem Erdboden gleich. So hatte es die Bauprüfabteilung angeordnet.

Nur eine Zimmerecke blieb verschont, der Rest des Fußbodens war zusammengebrochen. Unten bergen Feuerwehrleute die Verletzten.

In der Justizvollzugsanstalt Fuhlsbüttel („Santa Fu") wurden mindestens neun Frauen mißbraucht. Von 1981 bis 1989 fungierte der Psychologe Wolfgang Sarodnick als Leiter dieses Hamburger Gefängnisses.

Wolfgang Sarodnick galt als einer der Hauptverfechter liberalen Strafvollzugs. Er wußte von Vergewaltigungen und sexuellen Nötigungen durch einen Häftling, zeigte den Verbrecher aber nicht an.

Das war zu „liberal": Verbrechen hinter Gittern verschwiegen

Beinahe wäre der frühere Leiter eines Gefängnisses selber hinter Gittern gelandet. Strafvereitelung im Amt – das trug Wolfgang Sarodnick am 13. November eine Freiheitsstrafe von einem Jahr auf Bewährung ein. Außerdem verpflichtete ihn das Urteil, 5000 Mark an die Organisation Weißer Ring zu zahlen, die Opfern von Verbrechen hilft. Der 53jährige Psychologe, von 1981 bis 1989 Chef der Justizvollzugsanstalt Fuhlsbüttel, hatte als Verfechter eines betont liberalen Strafvollzugs von sich reden gemacht.

Das Amtsgericht Hamburg-Mitte sah es als erwiesen an, daß Sarodnick über Vergewaltigungen und sexuelle Nötigungen, begangen von dem Häftling Alfred B. an mehreren Vollzugsbeamtinnen, informiert war – aber er schwieg. Neun Frauen, die in der Strafanstalt arbeiteten, waren von dem Verbrecher sexuell mißbraucht worden. B. verbüßt wegen Mordes und mehrfacher Vergewaltigung eine 15jährige Haftstrafe.

Das fast chancenlose Baby hat seine Chance gut genutzt

Eines wollte Christian Breiholz aus Poppenbüttel schon immer: leben! Vor 25 Jahren war Christian nicht nur zu früh, sondern auch an einem ungünstigen Ort zur Welt gekommen. Familie Breiholz zeltete auf einem Campingplatz bei Bad Segeberg, als bei Mutter Helga die Wehen einsetzten. Sie war aber erst im sechsten Monat.

Helga Breiholz wurde in das nächstgelegene Krankenhaus gebracht und das Baby nach der Geburt sofort in die Universitätsklinik Eppendorf (UKE). Im Krankenwagen, der mit Blaulicht nach Hamburg raste, setzte Christians Atmung aus. Aber der Junge wollte leben. Schon nach einigen Sekunden begann er von selbst, wieder zu atmen.

Neunhundert Gramm hatte Christi-

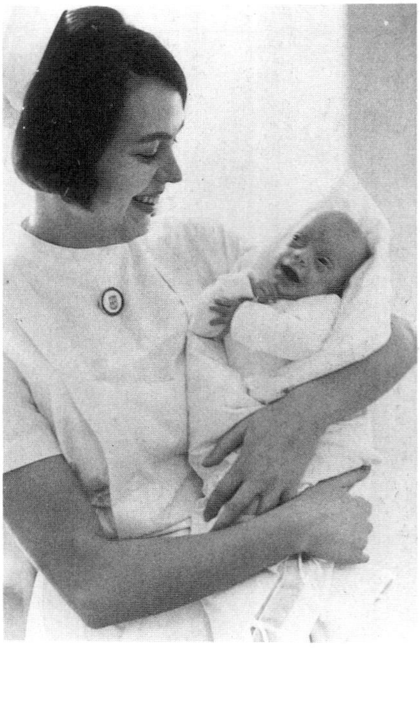

an bei seiner Geburt am 11. August 1967 nur gewogen; seine Überlebenschancen galten als gering. Drei Monate lag er in der Eppendorfer Klinik im Brutkasten. Zwischenzeitlich sank sein Gewicht sogar auf 700 Gramm.

Doch der Lebenswille, der in dem Poppenbütteler Baby gesteckt haben muß, siegte auch über die Gesetze der Statistik, nach denen zu damaliger Zeit ein Geburtsgewicht unter 1000 Gramm den fast sicheren Tod bedeutete. Nach drei Monaten aufopfernder Pflege wurde Christian im November 1967 aus Eppendorf in die Arme seiner Mutter entlassen – mit dem stolzen Gewicht von 2830 Gramm und kerngesund.

Und heute? Nach einem Vierteljahrhundert ist aus dem zu leicht geratenen Neugeborenen ein Riese geworden, ein stattlicher Mann von 1,93 Metern Höhe. Und seine Mutter Helga mußte von dem Moment an, als sie ihren Sohn aus dem Krankenhaus zurückbekam, nie wieder Angst um seine Gesundheit haben: „Christian hat all die Jahre eine unerschütterliche Widerstandskraft gezeigt und war so gut wie nie krank."

Christian Breiholz 1967 im UKE (linke Seite). Nach drei Monaten im Krankenhaus war er über den Berg. Oben: Aus dem Leichtgewicht ist in 25 Jahren ein Hüne geworden. An die 900 Gramm, mit denen er auf die Welt kam, erinnert nur noch das winzige Babyjäckchen.

Hier schlägt das Herz des Schlepper-Veteranen: Heino Krupski vom Verein „Woltman Schleppdampfer von 1904“ am Kessel der Dampfmaschine. Sie leistet 240 PS. Alle baugleichen Schiffstypen sind verschrottet.

Der letzte seiner Art soll wieder dampfen wie einst

Zu schleppen wird „Woltman“ nichts mehr haben, dennoch soll ihn das Kohlefeuer im stählernen Bauch wieder rauchen lassen wie früher: Der letzte Dampfschlepper Hamburgs kam ins Dock, um von Grund auf restauriert zu werden – als 88 Jahre altes Kulturdenkmal.

Vom Amt für Strom- und Hafenbau 1977 außer Dienst gestellt, rottete das Schiff in Holland vor sich hin. Nun will es der Verein „Woltman Schleppdampfer“ wieder flottmachen.

Ein Rettungsversuch in letzter Minute: Der 1904 nach Plänen der Hamburger Schiffbauer Heinsen und Loewen gebaute „Woltman“ ist arg vom Rost zerfressen. Löcher klaffen im Rumpf. Auch die Maschine und der Innenraum bieten ein trauriges Bild des Verfalls. Nur der Schornstein und der Kessel waren schon von einem Vereinsmitglied in Flensburg erneuert worden.

Ehrenamtlich arbeiten 35 Helfer auf der Werft Buschmann & Söhne am Peuter Elbdeich, damit aus „Woltman“ wieder ein maritimes Schmuckstück wird. Der Einschraubendampfer mit Zweifach-Expansionsdampfmaschine ist das einzige Exemplar seiner Art, das nicht verschrottet wurde.

Wenn das schwimmende Museum erst mal von Topp bis Kiel in Schuß gebracht ist, soll es tageweise zu chartern sein und Platz für 40 bis 60 Fahrgäste bieten. Geplant sind Törns beim Hamburger Hafengeburtstag, zur Kieler Woche und zu Veranstaltungen in Warnemünde. Benannt ist der Schlepper nach dem einstigen Wasserbaudirektor Hamburgs, Reinhard Woltman, der 1837 im Alter von 80 Jahren starb. Eine Straße im Stadtteil Klostertor trägt seit 1843 seinen Namen – an den bald auch wieder der schwimmende Veteran erinnern soll.

Dampfschlepper „Woltman“ im Dock der Werft Buschmann & Söhne. Hier soll er als technisches Denkmal wiederhergestellt werden. Gebaut 1904, fuhr das 22 Meter lange Schiff bis 1977 für das Hamburger Amt für Strom- und Hafenbau. Dann drohte „Woltman“ in Holland zu verfallen.

Sie holten die Deutsche Skatmeisterschaft der Damen in die Hansestadt: Gunda von Hacht, Monika Baldwin, Helga Brandt, Uschi Thorwarth und Ingrid Heuchel (von links) vom Club Hansa Hamburg.

Reizend bis zur Deutschen Meisterschaft

Streitbar sind sie und reizend zugleich. Das Zauberwort, mit dem die Damen beide Eigenschaften so gleichberechtigt verbinden können, heißt Skat. Daß sich auch Frauen dem populärsten deutschen Kartenspiel erfolgreich hingeben können, haben fünf Hamburger Damen gezeigt. Ingrid Heuchel, Gunda von Hacht, Helga Brandt, Uschi Thorwarth und Monika Baldwin vom Skatclub Hansa Hamburg wurden Erste bei den Deutschen Meisterschaften in Berlin.

Von den rund 1700 Mitgliedern, die dem Hamburger Skatverband angehören, sind etwa 380 Frauen, weiß Hans Jürgen Kuhle, der Sprecher des Verbandes. Die Mannschaften können männliche und weibliche Mitstreiter haben. „Allerdings nicht in der Bundesliga, da sind die Teams nach Geschlechtern getrennt", erklärt Kuhle. Und wer spielt denn nun erfolgreicher? Statistiken hätten ergeben, daß die

Herren während der Turniere zehn bis 13 Prozent mehr Punkte erzielen. „Das liegt aber nur daran, daß sie oft aggressiver spielen und ihr Blatt voll ausreizen, wo Frauen meist doch vorsichtiger sind“, meint Kuhle.

Von dem Kneipen-Zeitvertreib, bei dem die Karten „gedroschen“ werden, distanziert sich Kuhle. „Trotzdem sind wir beim Skat nicht in der Kirche“, stellt er klar. „Es wird schon beim Spielen geredet. Wir wollen ja in erster Linie unseren Spaß haben. Wenn wir dann auch noch gute Ergebnisse erzielen – schön!“

An Flötentönen wird es Pincus niemals mangeln

Er ist Flötist des NDR-Sinfonieorchesters und sammelt – Flöten. Hans-Jürgen Pincus (50) sagt dazu: „Ich habe mich dem aus Liebe zur klassischen Musik verschrieben; so konnte ich meinen Beruf und mein Hobby auf ideale Weise verbinden.“ Sein Prachtstück ist eine goldene Boehm-Flöte, für die Pincus 35 000 Mark berappen mußte. Das billigste Exemplar hat nur 12 Mark gekostet. Seit zwölf Jahren bringt der Musiker von seinen Reisen und Tourneen die Flöten mit, die er selbstverständlich alle spielen kann. So entdeckte er auf einem Flohmarkt in Buenos Aires ein seltenes indisches Instrument. Der Wert seiner Sammlung hat 100 000 Mark erreicht. Pincus: „Die einzige Flöte, die mir zum Sammlerglück noch fehlt, ist eine Zauberflöte, auf der ich nicht mehr zu üben brauchte.“

Er beherrscht sie alle: Hans-Jürgen Pincus, der „Herr der Flöten“, präsentiert die Glanzstücke seiner Sammlung. Sein Haus in Wedel teilt er mit drei französischen Bulldoggen, und – natürlich – sammelt er Porzellanfiguren dieser Hunderasse.

Was ist das nur, was mag das wohl sein, fragten sich Leser des Hamburger Abendblatts am 11. November angesichts dieses aus dem Rahmen fallenden Farbfotos auf Seite 1 ihrer Zeitung. Legoland mit einem Playmobil? Daneben. Dieses „Spielzeug" ist die Dom-Achterbahn vor dem Bunker an der Feldstraße auf St. Pauli. Abendblatt-Fotograf Ingo Röhrbein entschied sich für ein gewaltiges Objektiv mit 1200 Millimetern Brennweite und einen 200-ASA-Film, stellte 1/125 Sekunde und Blende 8 ein – dies war das Ergebnis.

Einmal im Jahr heißt es auf dem Kiez: Herz statt Erotik. Immer dann, wenn die St. Paulianer die Ärmsten in ihrem Stadtteil beschenken (rechts). Die 80jährige Margot Stöver (unten, Mitte) war „sprachlos vor Glück“, als sie ihr Riesen-Futterpaket ausgepackt hatte.

Heinzelmännchen vom Kiez kommen zu früher Stunde

Dauerwurst und Lachs, elektrische Lichterketten für den Tannenbaum, Kaffeemaschinen, Fußbalsam und bares Geld – der Kiez ließ sich nicht lumpen. Für rund 50 000 Mark hatten die Mitarbeiter der Musikklubs und Erotikbars, die Sozialstation St. Pauli und die Diakonie der

Gnadenkirche wochenlang Geschenke gesammelt. Am 30. November traten die Kiez-Heinzelmännchen zu ungewohnt früher Stunde an, um die Ärmsten der Armen in ihrem Stadtteil zu bescheren: Die „Hilfsaktion Große Freiheit" ist in sieben Jahren zu einer Vorweihnachtstradition geworden. Das größte Geschenk für die oft vereinsamten alten Menschen im Dunstkreis der Reeperbahn waren aber auch in diesem Jahr nicht Aal und Bares, sondern daß mal wieder jemand zum Klönschnack vorbeigekommen war.

Kokain im Schiff – 35 Millionen hätte es gebracht

Der Tip kam vom amerikanischen Zoll: Auf dem GUS-Frachter „Dmitriy Ulyanov" solle Kokain geschmuggelt werden. Fahnder von Polizei und Zoll schlugen im Freihafen zu und stellten Mitte November die Rekordmenge von 350 Kilogramm des weißen Rauschgifts sicher. Wert der heißen Ware im illegalen Handel: 35 Millionen Mark. Die Auftraggeber stammten aus Polen; von dort sollte der Stoff vermutlich zurück nach Westeuropa fließen.

Das Kokain – 350 Pakete, die mit Wachspapier und Autoschmiermittel umwickelt waren – lagerte in einem Container zwischen gefälschten „Reebok"-Turnschuhen. Die Facht von 5016 Dollar war bereits in Panama bar bezahlt worden. Als polnische Staatsbürger den Drogen-Container aus dem Freihafen abholen wollten, lagen die Fahnder auf der Lauer. In einem Hotel in St. Georg schnappte für vier Polen und eine 19 Jahre alte südamerikanische Schönheit die Falle zu.

Ein Zollfahnder zeigt eines der 350 Kokain-Pakete, die mit dem GUS-Frachter „Dmitriy Ulyanov" aus Südamerika nach Polen geschmuggelt werden sollten. Das Rauschgift war zwischen Turnschuhen in den Farben grün und pink versteckt.

Darf's das Standard-Skelett sein oder die Luxusversion?

Wenn Geschäftsführer Otto Gies (36) durch die Produktionsräume der Firma „Paul Binhold Lehrmittel" im Stadtteil Bergedorf geht, ist er umgeben von Einzelteilen des menschlichen Körpers, von Skeletten und Torsen. Säuberlich verpackt lagern da – wohlgeordnet nach Form, Farbe und Größe – Gehörgänge, Gelenke, Augäpfel oder Gehirne. „Alles akurat in Kunststoff nachempfunden. Darin sind wir Spitze", verkündet Gies voller Stolz.

Und der Mann hat recht. „Paul Binhold Lehrmittel" ist inzwischen der größte Skelettfabrikant der Welt. Pro Jahr setzen etwa 100 Mitarbeiter mehr als zehntausend Knochengerippe in Bergedorf zusammen. Die gehen von dort aus zu Schulen, Arztpraxen und Universitäten in 100 Ländern der Erde.

Das billigste Exemplar („Schul-Skelett, Standard") kostet weniger als 400 Mark. Etwas mehr muß der Kunde allerdings hinlegen, wenn er die luxuriöse Version dieses Produkts zu erstehen wünscht – immerhin 1300 Mark. Dafür kann er dann aber auch solche Extras erwarten wie eine bewegliche Wirbelsäule mit täuschend echt eingebautem Bandscheibenvorfall, farbig markierte Nervenbahnen oder herausnehmbare Zahnreihen.

Vater des heutigen geschäftlichen Erfolgs – der Umsatz ist inzwischen auf mehr als zehn Millionen Mark gestiegen – ist Firmengründer Paul Binhold (83). Nach dem Zweiten Weltkrieg produzierte er zunächst ganz andere Dinge, nämlich Regenschirmknäufe und Spielzeugpuppen, bis er auf die Idee verfiel, menschliche Skelette aus Plastik herzustellen. Die bestanden bis dahin noch aus echten Knochen oder gar nur Gips und waren dementsprechend bruchempfindlich.

Binholds Idee setzte sich durch. Und seither geht es mit seiner Firma ständig bergauf. Heute sind rund 200 anatomische Modelle im Programm. 80 Prozent der Produkte gehen in den Export. Sogar auf dem schwierigen japanischen Markt ist man führend, nicht zuletzt weil die Köpfe der Torsen sogar japanische Gesichtszüge tragen.

Neuerdings wagt man sich bei „Paul Binhold Lehrmittel" auch in Bereiche, die nur noch bedingt mit dem angestammten Geschäft zu tun haben. „Ana(k)omische Artikel" heißen vielsagend so skurrile Gegenstände wie Schlüsselanhänger in Form eines Kniegelenks oder Krawatten mit dem Abbild Golf spielender Knochenmänner . . .

Binhold-Mitarbeiterin Eva Arlt richtet die Arme einer Serie bemalter Sonder-Skelette. Beine und Schädel werden später ein- bzw. aufgesetzt. So ein „Luxusmodell" kann bis zu 1300 Mark kosten.

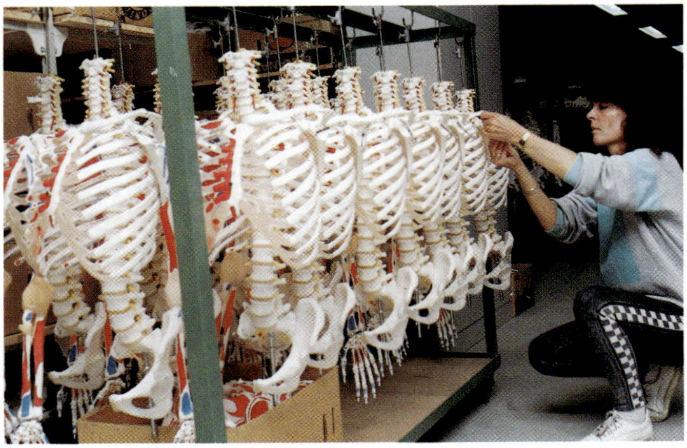

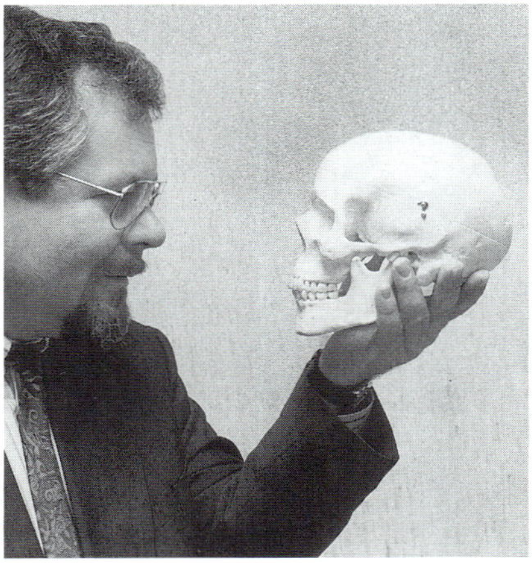

Geschäftsführer Otto Gies Auge in Auge mit einem aufklappbaren Schädel. Er gehört zu einem Standard-Schulskelett, das äußerst robust ist. Auf jedes Stück gewährt Binhold ein Jahr Garantie.

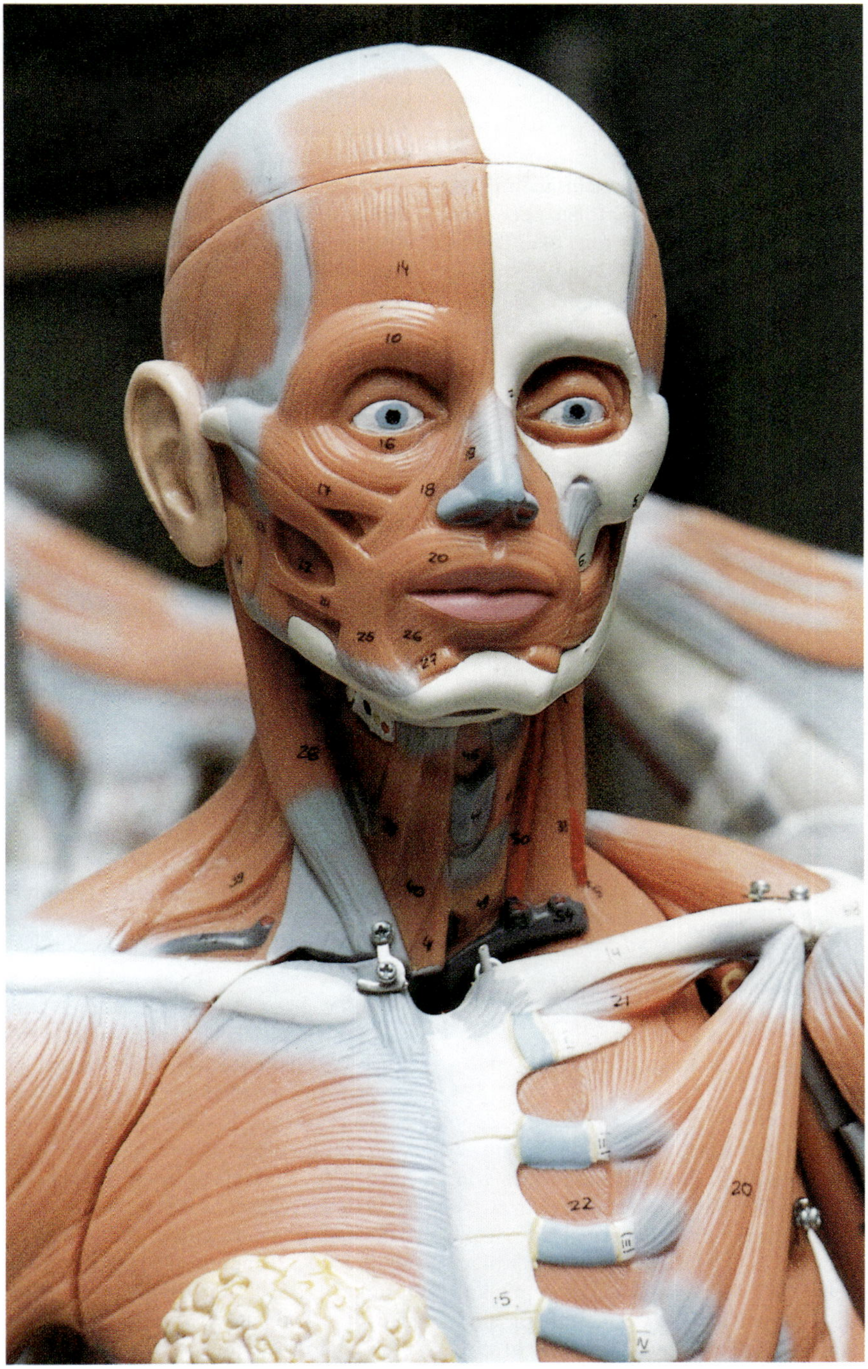

An diesem Torso läßt sich der Aufbau der Muskulatur demonstrieren. Schädel und Brustkorb sind zu öffnen, alle Glieder können bewegt werden. Die Muskelstränge sind numeriert, die inneren Organe bestehen aus Weichplastik. Die Details solcher Produkte werden in enger Abstimmung mit Medizinern festgelegt.

MINI-REPORT

ERNST HAPPEL †. Der erfolgreichste Fußballtrainer der Welt starb im Alter von 66 Jahren an Krebs: Ernst Happel. Der HSV hat dem österreichischen Fußballgenie die größten Erfolge der Vereinsgeschichte zu verdanken: zwei Deutsche Meisterschaften, 1982 und 1983, den Triumph im Europapokal der Landesmeister 1983 und den DFB-Pokal-Sieg in seinem letzten Jahr beim HSV, 1987. Zum Erfolg führte das von ihm erfundene und auch beim HSV eingeführte „Pressing", das Einschnüren des Gegners in dessen Spielhälfte.

Hamburgs Fußballfreunde trauerten um Ernst Happel. Der „Zauberer" errang acht Landestitel, sieben Pokalsiege, zwei Europapokale, einmal den Sieg im Weltcup und die Vizeweltmeisterschaft mit den Holländern.

THEATERSCHIFF. Nach dem schon seit Jahren erfolgreichen Theaterschiff von Eberhard Möbius hat Hamburg ein zweites Theaterschiff bekommen. 28 Meter lang und acht Meter breit ist der Kahn, mehr als 75 Leute passen nicht hinein. Mitte November hieß es „Vorhang auf" auf dem „Theaterschiff am Mäuseturm", das im Binnenhafen, gleich vor der Deichstraße, festgemacht hat. Eigner Jürgen Hübner, Inhaber einer Papiergroßhandlung, will zwei Drittel der Stücke für Kinder und Jugendliche und ein Drittel für Erwachsene spielen lassen.

SENATOR a. D. BÜCH †. Rudolf Büch, ehemaliger Hamburger Bausenator und länger als 21 Jahre Präsident des Hamburger Roten Kreuzes, starb am 14. November im Alter von 87 Jahren. 1946 war Büch in die Bürgerschaft gewählt worden. Von 1950 bis 1953 und von 1957 bis 1966 war der SPD-Politiker Bausenator. Schwerpunkte seiner Arbeit waren der Ausbau der U-Bahn und des Straßennetzes. Büch trat gegen eine zu enge Bebauung der City ein. Präsident des Hamburger Roten Kreuzes wurde er 1966, dessen Ehrenpräsident 1988.

Er führte Hamburgs DRK aus den roten Zahlen heraus und formte den Landesverband zu einer modernen Hilfsorganisation: Senator a. D. Rudolf Büch.

EISBEIN SATT. Eine Einladung zum traditionellen jährlichen Eisbeinessen? Auch 1992 ließen sich 3600 Schiffsmakler aus 50 Nationen nicht zweimal bitten, um bei der größten Tafelei dieser Art der Welt im CCH Platz zu nehmen. Drei Tage hatten 35 Köche vorbereitet, was 150 Kellner und Serviererinnen binnen einer halben Stunde auftischten: 2600 Kilo Eisbein, 700 Kilo Sauerkraut, 500 Kilo Kartoffeln und 650 Kilo Erbsenpüree. Wer gut ißt, trinkt auch gern: 38 000 Gläser mußten abgewaschen werden.

KEINE BÜRSTEN MEHR. Hamburgs letzter Bürsten- und Pinselmacher ist tot. Innungsobermeister Max Schröder, bis zuletzt im seinem Beruf aktiv, starb Anfang November im Alter von 91 Jahren. 1915 hatte er bei seinem Großvater Louis Schröder, die Familientradition in dritter Generation fortsetzend, mit der Lehre begonnen. Seinen eigenen Betrieb eröffnete Max Schröder 1925 auf der Uhlenhorst. Vor dem Zweiten Weltkrieg beschäftigte er bis zu 60 Mitarbeiter. In den 60er Jahren begann der Niedergang seiner Zunft ähnlich wie für andere traditionelle Handwerkszweige, etwa die Drechslerei. Industriell gefertigte Billigimporte verdrängten unaufhaltsam die in Handarbeit gefertigten Produkte.

Mehr als 70 Jahre stellte Max Schröder Bürsten in Handarbeit her. Am Ende war er in Hamburg der letzte seiner Zunft – und Obermeister seiner Innung in einer Person.

LUHE-LACHSE. Die 189 Kilometer lange Unterelbe zwischen Gorleben und Glückstadt scheint sich zu regenerieren. Ein Beweis: In der Luhe wurden im Herbst des Jahres 1992 mehr als 30 Lachse gefangen. Aus dem Laich dieser Tiere züchteten die Fischer der Genossenschaft Luhe 25 000 Jungfische. Später ziehen diese Lachse ins Meer, um anschließend zum Laichen in die Luhe zurückzukehren. Ein Lachsstamm in der Luhe wäre geboren, der erste in diesem Jahrhundert.

Urgestein des Jazz, frisch und froh auch im 80. Jahr

Das Alter scheint ihm nichts anzuhaben. Und das in diesem stressigen Geschäft! Noch immer singt er sein berühmtes „Hey-ba-ba-rebop“, noch immer trommelt er im 80. Lebensjahr frisch und froh die spritzigsten Schlagzeug-Soli und tupft die seelenvollsten Balladen auf das Vibraphon: Lionel Hampton, ein Urgestein des amerikanischen Musikbusiness und stets Garant für allerbestes Entertainment, „The King of Vibes“ und einer der dienstältesten Jazzmusiker, reißt auch heute noch alte wie junge Fans von den Stühlen. In der vollbesetzten Musikhalle gab er im November mit seinem verjüngten Orchester ein denkwürdiges Konzert – das nach vielen Swing-Turbulenzen mit einem stillen, wehmütigen Song endete: „What a wonderful world!“

Zwei fröhliche Swingstunden in der Hamburger Musikhalle: Jazz-Legende Lionel Hampton ließ die Schlagzeugstöcke tanzen.

„Walküre" und „Lear" gnadenlos niedergemacht

Zwei spektakuläre Staatstheater-Inszenierungen regten zum Saisonbeginn (schon im Oktober 92) die Hamburger auf: Günter Krämers „Walküre" an der Staatsoper und Jürgen Flimms „Lear" im Thalia Theater. Beide Regisseure mußten sich nach endlosen Aufführungsstunden ein Buh-Konzert gefallen lassen.

In der Staatsoper kam es noch schlimmer: Auch Generalmusikdirektor Gerd Albrecht, Dirigent beim zweiten Teil des neuen „Ring des Nibelungen", wurde vom Premierenpublikum gnadenlos niedergemacht. Aus dem Orchestergraben kam keinerlei Spannung. Da wallte kein Wälsungenblut, und Wagners unendliche Melodie wurde lustlos wie eine Nummernoper heruntergespielt.

„Bürgermeister kommen und gehen – unsere Heidi bleibt bestehen", dichtete Bürgermeister Voscherau zu Ehren von Heidi Kabel. Mit „Manda Voss ward 106" feierte sie ihr 60jähriges Ohnsorg-Jubiläum.

Wenn schon von der Musik keine Faszination ausging, so tat die Inszenierung noch ein übriges. Krämer gab dem Publikum mit seinen absurden Einfällen so manche Nuß zu knacken. Siegmund und Sieglinde beispielsweise dekorierten, in dunkles Tuch verpackt, als Leichen die verhängnisvolle Auseinandersetzung zwischen Fricka und Wotan, um dann einfach aufzustehen und von Geschwisterliebe zu singen. Oder der Kampf zwischen Hunding und Siegmund: Als Wotan eingriff, verdeckte ausgerechnet eine Säule das dramatische Geschehen. Und um die Langeweile komplett zu machen, bewegten sich alle Darsteller fast ständig vorn an der Rampe – und das auch nur in Maßen.

Besser als die Inszenierung schnitten die Sänger ab. Gabriele Schnaut bekam als bravouröse Brünnhilde den meisten Applaus; Linda Plech war eine beseelte Sieglinde; überragend bei Stimme präsentierten sich Kurt Moll als Hunding und Hanna Schwarz als Fricka. Nur Hartmut Welker wirkte als Wotan weniger wie der Herr, sondern eher wie der Hausmeister auf Walhall. Und der amerikanische Supertenor John Keyles als Siegmund war indisponiert . . .

Mit Spannung hatte man darauf gewartet, Will Quadflieg als König Lear zu sehen. Er enttäuschte sein Publikum nicht. Bei der Shakespeare-Premiere im Thalia Theater war der 78jährige erstaunlich präsent. Kurze Zeit später jedoch fiel er für ein Vierteljahr wegen Krankheit aus. Pech für das Theater, das mit ihm auf eine seiner Hauptattraktionen verzichten mußte. Die über vierstündige Aufführung selbst nämlich riß kaum jemanden vom Parkettsessel – es sei denn, um vorzeitig zu gehen.

Als düsteres Endspiel in epischer Schwere ließ Flimm die Tragödie zwischen Mülltonnen, Schrott und Industrieabfällen abrollen – trostlose Ballade von der Unendlichkeit der Gewalt und Tagebuch eines Wahnsinnigen zugleich. Quadflieg, zunächst nur ein sympatischer, wenn auch launischer und selbstherrlicher Alter, drehte als Lear zunehmend auf, polterte, rollte die Augen und war vor lauter Sprechtempo kaum noch

zu verstehen. Doch immer, wenn man glaubte, jetzt würde es zuviel, fand er abrupt zu den leisen Tönen zurück. Für seine Leistung dankte nicht nur das Publikum, sondern auch das im übrigen hervorragende Ensemble auf offener Bühne mit Applaus.

Shakespeare war mit Gewalt und lebensprallen Obszönitäten gewiß nicht zimperlich. Doch was sind seine Mord- und Rüpelszenen gegen das, was Werner Schwab heutzutage seinem Publikum zumutet! Trotzdem waren die Fäkalien-Dramen des österreichischen Attentäters auf den guten Geschmack die Hits der Saison. Das Thalia Theater machte da keine Ausnahme. Im TiK erlebte Schwabs „ÜBERGEWICHT, unwichtig: UNFORM“ seine deutsche Erstaufführung. Fressen, Saufen, Verdauen, Herumhuren: In einer Vorstadtkneipe werden die primitivsten Gelüste ebenso wie die Katastrophen des Lebens ausgebreitet. Mittendrin beschließt die Stammtischrunde, die Fremden am Nebentisch einfach zu verspeisen. Danach ist alles wie vorher, stumpfsinnig, blödsinnig, brutal. In der Inszenierung von Brigitte Landes verdichteten sich Alltagswahn und Gefühlsschrott zu einem Bild der Verlorenheit und Einsamkeit. Das junge Publikum war begeistert.

Für Thomas Bernhard liegt das Leid dieser Welt in der Unzulänglichkeit der Menschen – zumindest in seinem Stück „Die Macht der Gewohnheit“, das im

Trio infernal im „Kleinen Faust“ am Schauspielhaus: Mefisto (Christa Berndl, links) hat Margarete (Elke Czischek) und Faust (Roland Renner) zusammengeführt und wünscht: „Freiheit den Hormonen“ – was sich die beiden nicht zweimal sagen lassen.

Zweiter Teil von Wagners „Ring des Nibelungen" an der Staatsoper: In der „Walküre" kommt es zur göttlichen Auseinandersetzung zwischen Fricka (Hanna Schwarz) und Wotan (Hartmut Welker), hier mit dem sagenhaften Schwert Nothung. Ein Buh-Konzert quittierte die Inszenierung.

Schauspielhaus Premiere hatte. Fünf Zirkusartisten üben seit 22 Jahren Schuberts Forellenquintett, doch nie kommt es zur Vollendung, weil fortwährend Mißgeschicke passieren. Die Kunst strebt nach Perfektion und muß am Menschen immer wieder scheitern. Auch Monika Steils Inszenierung mit Peter Fitz als tyrannischem Zirkusdirektor scheiterte. Es gelang ihr nicht, aus diesem anspruchsvollen Stück großes Theater oder zumindest ein kleines Kunststück zu machen. Es blieb nur ein bißchen Spaß am lächerlichen Ritual.

Weit mehr Vergnügen machte dagegen die zweite Schauspielhaus-Premiere im November: Hervés satirische Operette „Der kleine Faust". Ein bißchen Goethe, ein bißchen Offenbach, statt Faust ein Fäustling, dröge und naiv, der immer nur das eine will, nämlich sein Gretchen – das Ganze nicht viel mehr als ein literarisch-musikalischer Treppenwitz, aber ein guter. Jedenfalls in Ulrich Heisings souveräner und opulent ausgestatteter Inszenierung.

Von der Walzerseligkeit der Ouvertüre bis zum bitteren Ende der Hölle geht es in dem nahezu unbekannten Stück um die Verlogenheit einer lustbestimmten Fin-de-siècle-Gesellschaft, die wie Faust dem Untergang geweiht ist. Doch nicht der greise Lustmolch (Roland Renner) stand im Mittelpunkt der Aufführung, sondern der hinreißende Mefisto von Christa Berndl, die nicht nur Faust mit ihrer wunderbaren Soubrettenstimme zu verführen wußte.

Im Ohnsorg-Theater stand indes eine Hamburger Institution im Mittelpunkt: Heidi Kabel. Sie feierte ihr 60jähriges Ohnsorg-Jubiläum mit der Komödie „Manda Voss ward 106", und Bürgermeister Henning Voscherau dichtete ihr zu Ehren: „Bürgermeister kommen und gehen – unsere Heidi bleibt bestehen". Als gnadderige Oma, die die liebe Verwandtschaft mit ihrem Dickkopf tüchtig triezt, konnte sie noch einmal die für sie so typische, schadenfrohe Gewitztheit ausspielen, in der sich Autorität, Lebensklugheit und List vereinen.

Bewährt haben sich im Theater für Kinder seit langem die Opernbearbeitungen. Diesmal sollte es jedoch noch etwas mehr sein, nämlich Ballett. Und wieder einmal wurde ein Erfolg daraus: Die Adaption von Tschaikowskys Musik und E. T. A. Hoffmanns Märchen „Nußknacker und Mausekönig", mit altmodischem Charme inszeniert, brachte Tanz und Spiel harmonisch in Einklang, ohne die kleinen Zuschauer zu überfordern.

Freudvolles Fressen bei der deutschen Erstaufführung von „ÜBERGEWICHT, unwichtig: UNFORM" im TiK: Oscar Ortega Sánchez und Katharina Matz als Kannibalen in einer schmierigen Vorstadtkneipe.

Dem Wahnsinn nahe: Will Quadflieg in Shakespeares „Lear" am Thalia Theater. Er drehte als greiser König mächtig auf, kehrte aber stets zu eindrucksvollen leisen Tönen zurück. Applaus für ihn sogar vom Ensemble.

DEZEMBER

38 *Leuchtende Zeichen gegen Gewalt und Haß*

42 *Rühmann liest im Michel*

43 *50 Bühnenjahre mit dem Fazit „Mir geht's gut"*

44 *Um Haaresbreite an der Katastrophe vorbei*

46 *Erste Satellitenkarte von Hamburg und Umgebung*

48 *Miß Hamburg bietet mehr als Freude fürs Auge*

49 *Prof. Thomsen war für kranke Frauen ein Glücksfall*

50 *Spiel mit dem Feuer für zwei Kinder tödlich*

52 *Acht Obdachlose schafften es: Weg von der Straße*

52 *Manchmal arbeitet die Windmühle noch – mit Strom*

54 *Die Stimme kennt man, aber wer spricht denn da?*

56 *Wasser marsch zur falschen Zeit am falschen Ort*

56 *Sechs Waggons blieben in Maschen auf der Strecke*

58 *Mini-Report*

60 *Intime Details, aber wer findet das noch skandalös?*

63 *Kommentar: Den Verstand wieder einschalten*

Leuchtende Zeichen gegen Gewalt und Ausländerhaß

Es war, als hätte sich der Sternenhimmel in der Dämmerung dieses Dezemberabends um die Alster gesenkt. 450 000 Menschen aus Hamburg, Schleswig-Holstein und Niedersachsen waren mit brennenden Kerzen gekommen, hatten Sturmlampen entzündet oder, wie Volksschauspielerin Heidi Kabel, Taschenlampen mitgebracht und eingeschaltet.

Mit Lichterketten, dicht gestaffelt vom Rathausmarkt über den Jungfernstieg, den Harvestehuder Weg entlang, über die Krugkoppelbrücke und auf dem Ballindamm zurück – das sind 9,3 Kilometer – setzten die Menschen, aufgerüttelt von rechtsradikaler Gewalt gegen Ausländer, ein leuchtendes Zeichen der Friedfertigkeit. Viele trugen „Stoppt den Haß"-Plaketten an der Kleidung.

Unter den Demonstranten waren besonders viele Jugendliche und Kinder, wie die fünfjährige Runa-Carolina aus Buchholz. Das Mädchen wollte sich nicht vom Südwestwind das Kerzenlicht ausblasen lassen und hatte vorsorglich Mutters Weckglas mitgebracht.

Zu Beginn der Lichterkette läuteten sämtliche 750 Glocken in der Hansestadt; 210 in den evangelischen Kirchen, 40 in den katholischen. Und Bischöfin Maria Jepsen, die in St. Katharinen gerade 19 Pastorinnen und Pastoren in ihr Amt eingesegnet hatte, zog mit ihnen in einer Lichter-Prozession um St. Katharinen. Zeitlich hätte es nicht gereicht, zur Alster zu gehen.

„Hamburg hat mit dieser großen Friedensdemonstration ein deutliches Zeichen für Menschlichkeit und Solidarität mit den Ausländern gesetzt", urteilte Erhard Pumm, Vorsitzender des Deutschen Gewerkschaftsbundes.

Die fünfjährige Runa-Carolina aus Buchholz, eine unter 450 000 Demonstranten rund um Binnen- und Außenalster. Ihr Kerzenlicht hatte sie vorsorglich mit einem von Mutters Weckgläsern gegen den Wind geschützt.

Binnen- und Außenalster während der Lichter-Demonstration, vom Hubschrauber aus fotografiert. Besonders viele Menschen standen am Schiffsanleger Jungfernstieg, an der Alten Rabenstraße und an der Krugkoppelbrücke. Die Demonstranten aus Hamburg, Schleswig-Holstein und Niedersachsen hatten mehrere Ketten hintereinander rund um die beiden Alsterbecken gebildet.

St. Michaelis erstrahlte im Schein ungezählter Kerzen. An vier Tagen las Heinz Rühmann dort besinnliche Dichterworte zum Advent; Tausende applaudierten dem großen alten Schauspieler voller Dankbarkeit.

Rühmann liest Worte vom Tod und Worte des Trostes

Alle 2000 Plätze in St. Michaelis waren besetzt, als Heinz Rühmann die Kirche betrat, die Hamburgs Wahrzeichen ist, und langsamen Schrittes zum Lesepult ging. Seit 1977 kommt der berühmte Schauspieler alljährlich in der Vorweihnachtszeit in die Hansestadt, um Geschichten und Gedichte zum Advent vorzutragen. Lächelnd begrüßte er das Publikum, nachdem er eine Zeitlang stumm gebetet hatte, und begann mit der neutestamentlichen Geschichte von Christi Geburt. Ein wenig brüchig klang die Stimme des Neunzigjährigen, doch immer noch trug sie und füllte das Gotteshaus.

Im Schein der Kerzen hörten die vielen Menschen Texte von Rainer Maria Rilke, Hermann Hesse, Theodor Fontane. Worte vom Tod wie auch Worte des Trostes rührten an die Herzen.

50 Bühnenjahre mit dem Fazit „Mir geht's gut"

„Ich mache alles mit den Beinen" sang Joe Luga, und er warnte die Damen an seiner Seite scherzhaft: „Guck' doch nicht immer nach dem Tangogeiger hin". 1992, mittlerweile 72 Jahre alt, konnte er auf ein halbes Jahrhundert Bühnenarbeit zurückblicken. Das „Schmidt" am Spielbudenplatz auf St. Pauli widmete ihm aus diesem Anlaß einen bejubelten Abend, an dem er beweisen konnte, daß sein Lied: „Mir geht's gut" immer noch stimmt.

Lugas musikalische Karriere begann im Buchhandel, aber seine Liebe zur leichten Muse kam durch, und zwar im Krieg. Erst auf der Frontbühne in der Ukraine, dann im russischen Steinbruch für einen Schlag Suppe mehr und danach in Berlin. Dort geriet er über Valeska Gerts „Hexenküche" in den berühmten „Kelch", trat häufig im Titania-Palast und auf der Waldbühne auf. Ein Chansonnier de Charme par excellence.

1956 heiratete Luga die Soubrette Valerie Anklmann, ließ sich aber vier Jahre später wieder scheiden. 1962 kam er nach Hamburg, arbeitete tags als Buchhändler und tingelte nachts durch die „Wendeltreppe", das „Schwenders", „Bubes Weinstuben" und das „Winterhuder Fährhaus".

Daß es ihm auch heute jenseits der siebzig noch wirklich gut geht, beweist er sich selbst und anderen jeden Tag: wenn er Klavier spielt und singt, als ob er niemals damit aufhören will.

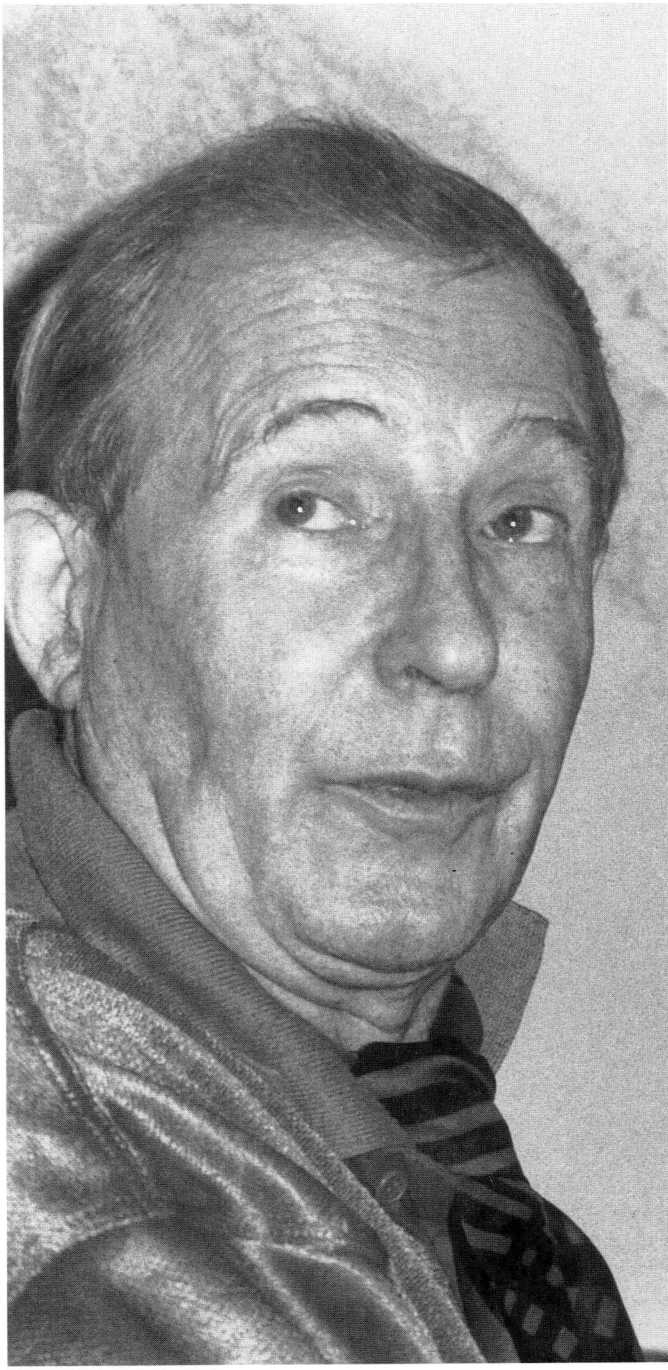

Joe Luga (72), seit einem halben Jahrhundert auf der Bühne, wohnt in St. Georg und hat immer noch sein Publikum, nicht nur in Hamburg und Berlin.

Um Haaresbreite vorbei an der Katastrophe

Beim Abheben von der Startbahn meldete er sich noch bei den Fluglotsen im Tower. Zwei Minuten später war der Musikverleger Ernst Rüdiger Voggenreiter (52) aus Bonn tot. Seine zweimotorige Cessna 421 stürzte nach dreieinhalb Kilometern gerader, ansteigender und anscheinend problemloser Flugbahn ab – nur wenige Meter neben einem Wohnhaus am Kronsaalsweg in Stellingen. Die Anwohner entgingen knapp einer Katastrophe.

Voggenreiter war am 17. Dezember aus Zürich kommend mit seinem achtsitzigen Geschäftsreiseflugzeug in Fuhlsbüttel gelandet. Er war beruflich unterwegs und hatte eine Mitarbeiterin in der Hansestadt abgesetzt. Gleich nach der Landung gab er seinen neuen Flugplan zum Heimatflughafen Köln ab. Er meldete einen Instrumenten-Flug an, denn es war neblig und dunkel – für einen erfahrenen Piloten wie Voggenreiter eigentlich aber kein Problem.

Oben: Musikverleger Rüdiger Voggenreiter aus Bonn (52) war ein erfahrener Pilot seiner Cessna 421. Dieser Typ erreicht mit zwei 375-PS-Motoren 410 Stundenkilometer Reisetempo.

Um 22.38 Uhr bekam er auf der Bahn 23 die Startfreigabe. Um 22.43 Uhr lief bei der Feuerwehr der Alarm „Großer Flugunfall“ auf. Vier Löschzüge, 14 Rettungswagen, Notarztwagen sowie weitere Feuerwehr-Einsatzwagen und Polizisten rückten aus.

Die Maschine, so rekonstruierten Experten des Luftfahrtbundesamtes es später, muß plötzlich in eine Rechtskurve übergegangen sein und sich dabei einmal um die eigene Längsachse gedreht haben.

Die Maschine hatte problemlos in Fuhlsbüttel abgehoben, blieb aber kaum zwei Minuten in der Luft. Auf dem Kronsaalsweg in Stellingen zerschellte sie nur 20 Meter neben dem nächsten Wohnhaus. Der Pilot als einziger Insasse hatte keine Chance.

Sie schlug mit der linken Tragfläche in schräger Lage auf, pflügte eine Schneise in der Kleingartenkolonie und explodierte auf dem Kronsaalsweg.

„Das haben wir immer befürchtet", sagte der Anwohner Fritz Reusch am nächsten Tag. „Bei dem Knall dachte ich, das Dach fliegt weg." Er wohnt nur 150 Meter von der Unglücksstelle entfernt. Die Wrackteile lagen direkt auf der Straße. Die Anwohner schauderten bei dem Gedanken, daß hier auch eine große Passagiermaschine abstürzen und eine Katastrophe auslösen könnte. „Wie oft habe ich schon darüber nachgedacht", sagte Hans Lühmann. „Dieser Unfall gibt zu denken." Der liebe Gott, meinte Landespolizeidirektor Heinz Krappen in der Nacht am Unglücksort, habe wohl einen Daumen dazwischen gehabt.

Die erste Satelliten-Karte von Hamburg und seiner weiteren Umgebung: eine Fundgrube nicht nur für Stadtplaner. „Zum erstenmal konnte eine so große Fläche fotografisch präzise dargestellt werden“, sagte Bausenator Eugen Wagner bei der Vorstellung. Die geometrisch entzerrte, farbige Karte zeigt im Zentrum gestochen scharf die Hansestadt mit ihren Häusern und Straßenzügen, dazu Lübeck, Lüneburg und Brunsbüttel. Was sich nicht erkennen läßt: Das Ganze ist ein Puzzle aus sechs Schwarzweiß- und zwei Farbbildern, die die Satelliten Spot (Frankreich) und Landsat (USA) im ersten Halbjahr 1991 aus 800 Kilometern Höhe aufgenommen haben.

Wandsbek
Hamburg-Nord
Eimsbüttel
Alster
A 24
GLINDE
Hamburg
Harburg
A 25
Bergedorf

Miß Hamburg und Miß Germany: Verona Feldbusch (Mitte). Ihre Figur trainiert sie mit Steptanz und Aerobic. Sie will fünf Kinder haben und viel Geld verdienen, damit sie selbständig für sie sorgen kann. Wie man sieht: Schönheit kann auch emanzipiert sein.

Miß Hamburg bietet mehr als nur Freude fürs Auge

Zweimal war sie zur Schönsten in der Stadt gekürt worden, 1989 und 1992. Einen Tag vor Weihnachten kamen auch die Juroren der Miß-Germany-Wahl an Miß Hamburg nicht vorbei: Verona Feldbusch (24) ist die erste Hamburgerin, die sich Miß Germany nennen darf. Verona, die Tochter einer Bolivianerin und eines Hamburgers, ist nicht nur ansehnlich, sondern auch vielseitig begabt: In ihrer Boutique „Immerschön" verkauft sie selbst entworfene Kleider, und als Sängerin namens „Chocolate" landete sie schon in den europäischen Charts.

Für kranke Frauen war Prof. Thomsen ein Glücksfall

Er war einer der bekanntesten Gynäkologen Deutschlands und 20 Jahre lang Direktor der Eppendorfer Universitäts-Frauenklinik. Mitte Dezember 1992 ist Prof. Dr. Klaus Thomsen im Alter von 77 Jahren im UKE gestorben.

Etwa 4000 Kindern half der renommierte Mediziner ins Leben. Sein größtes wissenschaftliches Interesse galt am Ende seiner beruflichen Laufbahn aber einem neuen und für die betroffenen Frauen sehr schonenden Operationsverfahren bei Brustkrebs, für das Thomsen in Deutschland und darüber hinaus in aller Welt Pionierdienste leistete.

Er war einer der ersten Operateure, der – wo es die Tumorgröße noch erlaubte – auf die bis dahin übliche Brust-Amputation verzichtete und nur den Tumor mit einem dünnen Mantel gesunden Gewebes entfernte.

Heute kann eine wachsende Zahl von Frauen nach dieser schonenden Methode operiert werden, und es bleiben ihnen durch die Erhaltung der Brust enorme psychische Belastungen erspart.

Der 1915 in Altona geborene Thomsen, der sich gerne als „Beute-Hamburger" bezeichnete, war sehr stolz darauf, an Krebs erkrankten Frauen neuen Lebensmut geben zu können.

Klaus Thomsen, der nach dem Krieg aus Gefangenschaft in Rußland flüchtete und sich über die damalige CSSR bis nach Hause durchschlug, war ein kritischer, manchmal unbequemer Arzt.

Ein Beispiel: Als Präsident des Weltkongresses der Gynäkologen 1985 in Berlin geißelte er die „inhumane Einstellung mancher Ärzte, die einen Patienten so lange mit frustranen (vergeblichen) Maßnahmen behandeln, bis er tot ist".

Prof. Dr. Klaus Thomsen mit dem fünf Tage alten, im UKE geborenen Andreas auf dem Arm. 4000 Kindern half er ins Leben; 20 Jahre lang war er Direktor der Universitäts-Frauenklinik Eppendorf (links).

Spiel mit dem Feuer: Für zwei Kinder ging es tödlich aus

Die Mutter war zum Einkaufen, als das Unfaßbare geschah: Der fünf Jahre alte Oliver S. und seine zwei Jahre alte Schwester Silvana starben am 8. Dezember bei einem Brand in der Pension „Dammtor“ an der Ecke Schlüter- und Moorweidenstraße (Rotherbaum). Die Kinder aus Schwerin hatten das Feuer, das mehr als 50 Menschen vorübergehend obdachlos machte, vermutlich selbst entzündet, als sie mit einer brennenden Kerze spielten. Hundert Feuerwehrmänner bekämpften nicht nur die bis zu sieben Meter hohen Flammen, sondern sie mußten auch die Panik der Bewohner dämpfen: Einige wollten aus Fenstern in oberen Stockwerken springen, um dem Inferno zu entkommen. Die Feuerwehr rettete zehn Erwachsene und Kinder über Leitern und durch verqualmte Treppenhäuser aus dem verwinkelten Gebäude; einige Bewohner der Pension konnten sich selbst in Sicherheit bringen. Sieben von ihnen wurden bei dem Brand verletzt.

Über die Drehleiter wird ein Bewohner aus dem brennenden Haus gerettet. Das Feuer hatte blitzartig um sich gegriffen, sogar ein Balkon stand in Flammen. Auf den hatte sich der fünfjährige Oliver S. retten wollen – vergeblich.

Gerettet: Mit großen Augen bestaunt das kleine Mädchen seinen Beschützer. Der Feuerwehrmann trug das Kind zu einem Großraum-Rettungswagen, in dem Ärzte und Sanitäter die Bewohner der brennenden Pension betreuten. Dort hatte das Eimsbütteler Sozialamt 50 Obdachlose und Asylbewerber untergebracht.

Zehn Jahre lang stand der Winkelmannsche Hof leer. Michael Weber, Michael Hoffmann und Peter Müller (von links) gehören zu der Crew, die ihn bewohnbar gemacht hat.

Acht Obdachlose schafften es: Weg von der Straße

„Gib mir ein altes Bauernhaus, dann ist das Thema erledigt!" Mit diesem Satz, den der Obdachlose Michael Hoffmann zu einem Sozialarbeiter gesagt hatte, fing alles an. Vier Jahre später, im Dezember 1992, waren acht wohnungslose Männer am Ziel: Sie haben den maroden Winkelmannschen Hof an der Tangstedter Landstraße renoviert und sich damit ein Zuhause geschaffen.

Am Anfang stand die ungeklärte Frage, wer das Ganze finanzieren sollte. Die Sanierung des Hofes, der zehn Jahre leerstand, sollte auf 550 000 Mark kommen. Den Löwenanteil übernahm dann die Stadt. 15 bis 25 Prozent der Kosten haben die Männer selbst beigesteuert – in Form von Arbeitszeit. Von der ursprünglichen Crew hielten nur drei Männer durch. Dieser „harte Kern", der sich seit zehn Jahren kennt, war sich allerdings stets sicher: „Das schaffen wir!"

Manchmal arbeitet die Windmühle noch – mit Strom

Vorbei, verweht: Die Zeit der Windmühlen ist längst vorbei. Auch in Hamburg gibt es nur noch eine Handvoll. Eine von ihnen, ein „Holländer", steht in Reitbrook am Vordeich in den Vier- und Marschlanden. Bis 1773 gab es hier an der Dove Elbe schon eine Entwässerungsmühle. Erst danach wurde das erste Korn gemahlen. 1831 übernahm Friedrich Carl Joh. Ernst Lichtwark die Mühle. Das Geld zum Kauf hatte ihm Heinrich Heines Onkel, der Bankier Salomon Heine, geliehen. In dem bescheidenen Müllerhaus wurde 1852 Alfred Lichtwark geboren, später berühmter Direktor der Hamburger Kunsthalle. Seine Mutter stammte in direkter Linie von Joh. Sebastian Bach ab. Seit 1971 bis heute ist die Windmühle im Besitz der Familie Timmann. Der Eigner, Müllermeister Herbert Timmann (65), hat das Geschäft, überwiegend Handel mit Futter- und Düngemitteln, an seinen Sohn übergeben. Die Flügel der Mühle stehen seit 1939 still. Die Kraft, mit der hier heute noch Hafer gequetscht und gelegentlich auch anderes Getreide gemahlen wird, ist elektrischer Strom.

Abenddämmerung über der Windmühle Reitbrook. Die Färbung des Himmels erschien an diesem Novemberabend besonders intensiv. Dafür war eine bestimmte, das Licht brechende Konzentration von Schwebeteilchen in der Luft verantwortlich. Linke Seite: Herbert Timmann vor dem hölzernen Zahnrad-Innenleben seiner Mühle.

Die Stimme kennt man, aber wer spricht denn da?

Er trägt keine Krawatte, die beiden obersten Hemdknöpfe sind offen, die Füße stecken in legeren Sandalen. Hans Sievers ist Schauspieler – aber man sieht ihn nicht. Man hört ihn nur. Er ist Nachrichtensprecher. Jeder Hörer von NDR 1 bis NDR 4 kennt die markante Stimme von Hans Sievers, wenn er stündlich darüber unterrichtet, was zwischen Bonn und dem Rest der Welt vorgefallen ist. Daß ihn auf der Straße niemand erkennt – bemerkenswerterweise auch an der Stimme nicht, wenn er mit Leuten spricht –, das stört Sievers nicht. Im Gegenteil, er weiß es aus Erfahrung zu schätzen:

Zwischen 1960 und 1975 hat er im Fernsehen der damaligen DDR Quizsendungen moderiert, Ansagen gemacht und auch in Filmen mitgewirkt. 1978 kam er in die Bundesrepublik, und er weiß: „Die Arbeit vor der Fernsehkamera ist doch ungleich stressiger als ein Radio-Job."

Heute genießt er seine ruhigere Arbeit. Sie war seiner Gesundheit sichtlich förderlich – Hans Sievers ist 62 Jahre alt und sieht mindestens zehn Jahre jünger aus. Aber wenn er auch mit der Erfahrung seiner 44 Berufsjahre am Mikrofon stets die Ruhe bewahrt und nie die Übersicht verliert, gilt für Sievers:

„Es ist besser, nicht daran zu denken, daß einem bei den Nachrichtensendungen drei Millionen Menschen zuhören. Wenn man auf Sendung ist, spürt man immer Druck. Wenn das rote Lämpchen brennt, muß man hundertprozentig da sein." Ein routinierter Profi.

Ein rotes Lämpchen funkelt auch am Arbeitsplatz von Heike Bremer. Auch für sie gilt: immer wieder gern gehört, aber nie zu Gesicht bekommen. Wenn's bei ihr rot leuchtet, muß sie sich beeilen, denn das Signal bedeutet „kritische Wartezeit". Gelb heißt „normale Wartezeit". Die 23jährige sitzt mit Kopfhörer und Mikrofon in der Telefonauskunft im Fernmeldeamt 1 an der Binderstraße. Die Fragen nach einer Telefonnummer kommen pausenlos. Um das Gewünschte zu finden, braucht Heike Bremer nicht etwa Bücher zu wälzen; alle Nummern sind im Computer gespeichert.

Das rote oder gelbe Lämpchen zeigt ihr an, ob Anrufer länger oder weniger lange auf Auskunft warten müssen, wie lang sozusagen der Stau in der Leitung ist. „80 bis 100 Fälle in der Stunde, das ist das, was man bestenfalls bewältigen kann", sagt die zierliche Frau.

Heike Bremer, eine zierliche junge Frau, steht bei der Hamburger Telefonauskunft der Telekom in der Binderstraße einen stressigen Dienst mit Computer, Kopfhörer und Mikrofon durch.

Die markante, ruhige Stimme des gelernten Schauspielers Hans Sievers kennt im Sendegebiet des Norddeutschen Rundfunks jeder, der gelegentlich die NDR-Nachrichten hört.

Was auch sie in ihrem Beruf braucht, ist vor allem Gelassenheit: Wer glaubt, bei der Auskunft der Telekom müsse man deshalb häufig so lange warten, weil Menschen wie Heike Bremer eine lasche Dienstauffassung haben, der irrt. Die Organisation an der Binderstraße ist straff, Verzögerungen werden nicht toleriert: „Wenn wir zehn Sekunden lang nicht den Hörer abnehmen, gibt's einen Anpfiff von der Aufsicht."

„Nun lach' doch mal! Was sollen denn die Reisenden denken, wenn du alles so ernst sagst?" Mit neckischen Sprüchen muß sich Anja Fritzsche schon mal abfinden, auch wenn sie das nicht immer witzig findet. Sie ist eben – je nach Schicht – die einzige Frau unter lauter Männern. 28 Jahre jung und ein erfreulicher Anblick noch dazu. Anja Fritzsches Arbeitsplatz heißt „Hzf" – „Hamburg Zentralstellwerk, Fahrdienstleiter". Das ist, am Högerdamm, das Stellwerk für den Hauptbahnhof. Und hier, einen kräftigen Steinwurf vom Hzf entfernt, dringt ihre Stimme über die Bahnsteig-Lautsprecher, wenn sie einlaufende Züge ansagt und die nächsten Anschlüsse durchgibt. 25 pro Stunde in der Rush-hour.

„Da klingelt einem schon mal der Kopf", meint die Lübeckerin, „dann läuft es hier im Stellwerk in der eingespielten Mannschaft nur noch mit Zurufen und Nicken." Die Atmosphäre im Hzf ist in der Regel prächtig. Auch wenn gerade wieder ein männlicher Witzbold einen Kommentar über die flotte Kollegin abgibt: „Sie neigt zum Schmollmund."

Sie „begrüßt" bis zu 25 Züge in der Stunde und verkündet den Fahrgästen schnelle Anschlüsse: Aus den Lautsprechern im Hauptbahnhof ist Anja Fritzsche zu hören.

Wasser marsch zur falschen Zeit am falschen Ort

Feuchtes Malheur ausgerechnet zu Heiligabend: Am Morgen des 24. Dezember wurden an der Saseler Chaussee in Sasel Kellerräume im Umkreis von einem Kilometer überflutet und zahlreiche Autos beschädigt. In Höhe des Hauses Nummer 148 war ein 600 Millimeter starkes Haupttransportrohr der Wasserwerke geplatzt. Der Strudel spülte die Straße bis zu vier Meter tief aus.

Ursache waren starke Belastungen durch den Straßenverkehr sowie ein erhöhter Wasserdruck auf der 1962 verlegten Leitung. Die Saseler Chaussee mußte bis zum 2. Januar vom Frahmredder bis zur Stadtbahnstraße gesperrt werden.

„Unser ärgerlichstes Weihnachtsfest", klagte Hans Stäcker. Seine Familie, die an der nahegelegenen Straße Schäfersruh wohnt, hatte nach dem Zwischenfall 50 Quadratmeter aufgeschwemmten Kunststoffboden aus dem Keller reißen müssen. Dort hatte das eingedrungene Wasser 30 Zentimeter hoch gestanden; es ruinierte Schuhe, Kisten und die Modelleisenbahn-Anlage.

Nach dem Wasserrohrbruch klafft in der Saseler Chaussee ein Riesenloch. Feuerwehrmänner, Arbeitskolonnen der Wasserwerke und der Stadtreinigung sind dabei, den Schaden zu beheben.

Sechs Waggons blieben in Maschen auf der Strecke

Der Lokführer hätte längst bremsen müssen. Doch er übersah ein Haltesignal auf dem riesigen Rangierbahnhof Maschen. So krachte die Diesellok nachts um 2.25 Uhr einem fahrenden Güterzug in die

Am Morgen nach dem Unfall, bei dem sechs Güterwagen und eine Diesellok aus den Schienen geworfen wurden: Ein Bundesbahner an der Unglücksstelle im Rangierbahnhof Maschen. Ein Oberleitungsmast ist umgeknickt.

Seite, riß drei seiner Waggons aus den Schienen und stürzte um. Auch drei Kesselwagen mit giftigen Chemikalien warf es auf die Seite. Beim Rangieren war der Mann im Führerstand, als er mit sechs Kesselwagen eine Weiche überqueren wollte, vermutlich nur eine Sekunde abgelenkt gewesen. Fast wäre es deshalb zu einer Katastrophe gekommen. Die 100 Tonnen schwere Lok und drei der von ihr gezogenen Kesselwagen lagen auf der einen Seite am Boden, drei umgekippte Wagen des gerammten Zuges jenseits der Weiche. Die stürzenden Waggons hatten einen Oberleitungsmast abgeknickt. Der Schaden: mehrere zehntausend Mark. Einer der umgekippten Kesselwagen – er war mit Phenol beladen – wurde beschädigt. Nach Mitteilung der Bundesbahn traten aber keine Leckagen auf. Der Lokführer des Rangierzuges wurde mit einem Schock ins Krankenhaus gebracht.

Nach fast sechs Jahren Amtszeit fand sich für sie in Wandsbek keine Mehrheit mehr: Ingrid Soehring (CDU).

Zog im März als Chef ins Wandsbeker Bezirksamt ein, dessen stellvertretender Leiter er schon einmal war: Klaus Meister (SPD).

MINI-REPORT

WACHWECHSEL. Nach sechs CDU-Jahren regiert jetzt wieder die SPD in Hamburgs größtem Bezirk Wandsbek. Die Bezirksversammlung wählte Klaus Meister (47) zum Nachfolger der bisherigen Bezirksamtsleiterin Ingrid Soehring (53). Der Wechsel ging Anfang März über die Bühne. Ingrid Soehring war die einzige CDU-Politikerin Hamburgs in dieser Funktion. Klaus Meister kennt sich in Wandsbek aus. Der SPD-Politiker, zuletzt Leitender Regierungsdirektor im Senatsamt für Bezirksangelegenheiten, war schon einmal stellvertretender Bezirkschef in Wandsbek.

AUFSTIEG. Dreizehn Jahre war Dr. Jürgen Daniels (50) Richter am Oberlandesgericht und Pressesprecher der Hamburger Gerichte. Nun ist er auf der Karriereleiter eine Sprosse höher gestiegen: zum neuen Vorsitzenden des 8. Zivilsenats am Hanseatischen Oberlandesgericht. Über ihm liegt nun nur noch die dünne Luft der Präsidentenebene. Hamburgs Gerichtsberichterstatter würdigten die wesentlich „entkrampftere Gangart", die Daniels im Gegensatz zu seinen Vorgängern im Umgang mit der Öffentlichkeit an den Tag gelegt habe.

BOMBENALARM. Riesengefahr einen Tag vor Heiligabend für Hunderte von Menschen in Altona: Ein Baggerführer war in einer fünf Meter tiefen Baugrube an der Waidmannstraße auf eine englische 500-Pfund-Bombe aus dem Zweiten Weltkrieg gestoßen. Hätte das Ungetüm mit 130 Kilogramm Sprengstoff andersherum gelegen, die Baggerschaufel hätte die Zündung ausgelöst. Die Polizei evakuierte 580 Menschen in einem Umkreis von 150 Metern. Entwarnung signalisierte eine grüne Leuchtrakete erst nach vier Stunden. Sprengmeister Manfred Schubert (47) hatte mit zwei Mitarbeitern den tückischen Zünder entschärfen können.

Andreas Rippert (vorn), Gehilfe von Sprengmeister Schubert (rechts), dirigiert die Bombe von Altona zum Abtransport.

HUNDERTJÄHRIG. Theodor Wagner hieß der Fleischergeselle, der 1890 aus dem Erzgebirge nach Altona marschierte und am 2. Dezember 1892 den Betrieb seines Meisters Rieck an der Großen

Bergstraße in Altona übernahm: Urzelle der Hamburger „Stadtschlachterei“, die jetzt ihr 100. Jahr feierte. Der Enkel und heutige Inhaber Klaus Wagner (46) residiert mit seinem modernen Betrieb inzwischen an der Osterstraße in Eimsbüttel. Ihren bekanntesten Standort an der Gerhofstraße in der City mußte die Firma wegen immens gestiegener Mieten vor einem Jahr aufgeben.

ZUGESCHÜTTET. Beim Verteilen von Schutt auf dem Gelände einer Straßenbaufirma in Wilhelmsburg fuhr dem Radladerfahrer plötzlich ein eisiger Schreck in die Glieder. Aus den Steinbrocken ragten ein Fuß und ein Kopf heraus. Mit Kollegen zog er den 26jährigen Michael R. aus Dithmarschen heraus, der mit starken Brustverletzungen sofort ins Krankenhaus gefahren wurde. Der Dithmarscher hatte bei einem Abbruchhaus am Klostertor auf einem Lastwagen gestanden, der mit dem Schutt beladen wurde. Der Baggerfahrer hatte ihn nicht bemerkt und zugeschüttet.

EIN-MANN-FÄHRE. Jubiläum bei der Hadag: Der 2,3 Millionen Mark teure Neubau „Falkenstein“, das 25. Schiff der Hadag-Flotte, startete an den Landungsbrücken zur kurzen Jungfernfahrt nach – Falkenstein. Die Besatzung der Fähre, die vorwiegend auf der Linie 61 zwischen Landungsbrücken und Altenwerder pendeln wird, besteht allein aus dem Schiffsführer. Denn das 27 Meter lange Boot mit Platz für 210 Passagiere braucht nicht festzumachen; Querstrahlruder drücken es an die Pontons.

THEATERKULTUR. Nach dem Vorbild der drei Hamburger Staatstheater – Staatsoper, Schauspielhaus und Thalia – ist das alternative Theaterzentrum Kampnagel im Dezember in eine GmbH mit staatlicher Aufsicht umgewandelt worden. Alleiniger Gesellschafter ist die Hamburger Kulturstiftung, Aufsichtsratsvorsitzende Kultursenatorin Christina Weiss. Der bisherige Träger- wurde zum reinen Förderverein. Also: Nicht de jure, aber de facto ist Kampnagel jetzt Hamburgs viertes Staatstheater.

„SEX MACHINE“. Kommt er, oder kommt er nicht? Er kam, wenn auch spät, um 22.44 Uhr. Aber dann löste James Brown's „Living in America“ sofort Riesenbegeisterung aus: 7000 Fans in der Alsterdorfer Sporthalle sangen und tanzten, standen auf den Rängen und reckten die Arme in die Höhe. Wie ein Junger wirbelte der 64jährige „Godfather of Soul“ über die Bühne. Um Mitternacht warf der Erfinder des Funk endlich die „Sex Machine“ an, mit der er 1970 berühmt geworden war. So mancher Teenie, der ihm jetzt zujubelte, war da noch gar nicht geboren.

Zwei Stunden erduldeten die Fans in der Alsterdorfer Sporthalle ein müdes Vorprogramm, bis er endlich kam und ihnen mit Soul und Funk gehörig einheizte: James Brown.

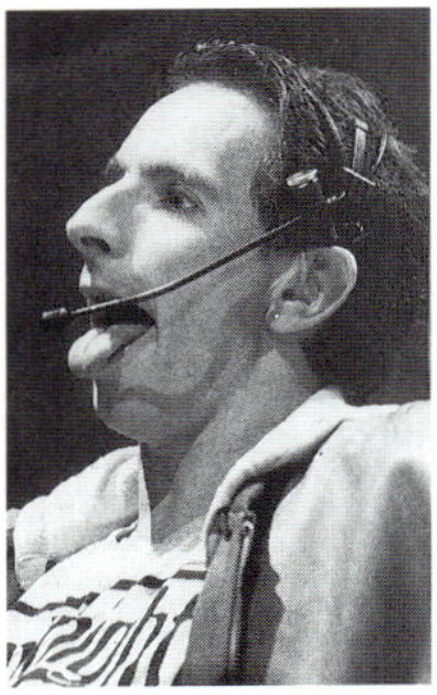

Am Mikrophon war er der Größte: In „Talk Radio" im Schauspielhaus spielte Ingolf Lück einen ausgebufften Radio-Moderator.

Öffentliches Ärgernis oder Kunst? „Die Bakchen" ließen auf der Bühne des Schauspielhauses Hosen und Wasser fallen.

Intime Details, aber wer findet das noch skandalös . . .

Vorhang auf – Hosen runter. Welchen geübten Theatergänger kann das heute noch erschüttern? Spätestens seit den sechziger Jahren ist er daran gewöhnt, auf der Bühne nackten Tatsachen ins Auge zu blicken. Dennoch gelang es dem Schauspielhaus noch einmal, mit intimen Details Anstoß zu erregen. In der Inszenierung des flämischen Regisseurs Ivo van Hove von den „Bakchen" des Euripides mußten die Darstellerinnen sich nämlich nicht nur ihrer Textilien entledigen, sondern auch ihres Wassers. Ansonsten glichen sie jedoch eher einem Troß leicht ausgeflippter Hausfrauen als den wilden, wein- und blutberauschten Furien der griechischen Mythologie.

Schon vor der Premiere am 22. Dezember hatten „Die Bakchen" Staub aufgewirbelt. Erst krachte bei der Probe die Kulisse zusammen, dann hieß es, daß es auf der Bühne reichlich wüst zugehen werde. Doch es lohnte die ganze Aufregung kaum.

Ivo van Hove schraubte die Tragödie der großen Gesten und Leidenschaften auf ein allzu menschliches Maß zurück.

Ben Becker als nackter Dionysos erwies sich darin kaum als Kind des Olymp, sondern eher als irdischer, kleingeistiger Stänkerer. Der Skandal bei der Premiere blieb aus. Die weitgehend nackten Helden und Götter ließen die Hanseaten kalt. Buh und Beifall hielten sich im Publikum die Waage.

Kontrastprogramm zur Klassik um kurz vor Mitternacht: In Spätvorstellungen nahm das Schauspielhaus die Zeiterscheinung der vor allem in den USA populären Radio-Shows aufs Korn und engagierte dafür einen Talkmaster, der einschlägige Erfahrung mitbrachte. Ingolf Lück, TV-Moderator der seichten Welle, spielte die Rolle des Barry Champlain in Oliver Stones „Talk Radio". Er ist Seelenentsorger und Unterhaltungskasper, Objekt erotischer Wünsche und Prügelknabe für den piefigen Stammtisch.

Wie in einem Brennglas bündeln sich in diesem Stück, das Regisseur Michael Braun für die deutschsprachige Erstaufführung aktuell aufgemöbelt hatte, Auswüchse, Ängste und Neurosen unserer Zeit. Einschließlich Medienmißbrauch und Rassismus. Ingolf Lück allerdings hätte als Show-Clown und sympathischer Kotzbrocken gern etwas mehr Power und darstellerische Präzision an den Tag legen dürfen.

Im Thalia Theater machte Robert Wilson seinem Ruf als Zauberer kulinarischer Sinnbilder wieder einmal alle Ehre. Er hatte sich Lewis Carrolls märchenhafte Erzählungen von „Alice im Wunderland" und „Alice hinter den Spiegeln" vorgenommen und daraus in bewährter Art ein optisches Traumspiel von statuarischer Schönheit gemacht. Alice fällt in ein Kaninchenloch und gerät in ein Land, in dem jede Gesetzmäßigkeit aufgehoben ist. Verblüffend brachte es Wilson fertig, die Begriffe von Groß und Klein auf den Kopf zu stellen, blähte eine Raupe zu bühnenfüllendem Volumen auf und stell-

te Alice (Annette Paulmann) in einen Kunstraum aus Farbe und Licht.

Vor lauter Schönheit verging dabei der Schrecken, der auch in dem Märchen steckt, und so etwas wie eine Handlung blieb total auf der Strecke.

Untermalt wurde das Spektakel von der Musik von Tom Waits, der auch schon beim „Black Rider" Robert Wilsons Partner war. Hier präsentierte er eine Mischung aus Anleihen: bei Gershwin, bei Bernstein und bei sich selbst. Den größten Jubel erntete er bei der Premiere, als er ganz spontan nach der Vorstellung ein rockig-röhrendes Solo gab.

Zwei gegensätzliche choreographische Naturelle sollten einem Ballettabend in der Staatsoper spannungsvollen Reiz verschaffen. Doch dann ergab die Titel-Rechnung „Zwei mal zwei" doch nur zwei. Denn die beiden Choreographien, die der Amerikaner Lars Lubovitch beisteuerte, waren so sämig-softig in ihrem Bestreben, dem Großmeister Balanchine nachzueifern, daß man sie nur als schrecklich langweiligen Irrtum begreifen konnte.

Anders dagegen der Schwede Mats Ek: Er hatte sich seine Originalität bewahrt, die nicht nur überraschte, sondern in ihrem hintersinnig-vergnüglichen Humor auch entzückte. „Gras", ein Tanz-

„Alice" im Thalia Theater: Robert Wilson machte das Märchen zu einem phantastischen Traumspiel. Verblüffend die Raupe (Jörg Holm), die sich zu bühnenfüllender Größe aufbläht.

Dialog zwischen Mann und Frau nach der Musik von Rachmaninow, bestach in der rhythmisch-bizarren, oft tierisch anmutenden Kreatürlichkeit. Und mit „Meinungslose Weiden“ nach schwedischen Volksweisen setzte Ek den Menschen seiner Heimat ein liebevoll-humoriges Denkmal.

Auch Fernsehstars haben noch ihre Träume. ZDF-„Landarzt“ Walter Plate bekam die Chance, einen davon zu verwirklichen. Er spielte Franz Molnars „Liliom“ in der Komödie Winterhuder Fährhaus und versuchte dabei nach Kräften, dem legendären Hans Albers nachzueifern. Dabei stand ihm allerdings sein plüschiger Teddybär-Charme unweigerlich im Wege. Dies war kein unwiderstehlicher Vorstadt-Strizzi, auf den die Mädchen nur so fliegen, sondern ein blauäugiger Po-Grabscher von schlichtem Gemüt.

Umso berechnender wirkte neben ihm die Julie von Annette Mayer. Horst Hawemanns Regie machte aus ihr eine Kunstfigur, die nicht entfernt an das simple Mädchen erinnerte, das den Jahrmarkts-Casanova Liliom in aller Unschuld aus seinem Hallodri-Dasein in bürgerliche Bahnen lenken kann. Was blieb: Rummelplatz-Atmosphäre und das unverwüstliche Lied „Komm auf die Schaukel, Luise . . . “

Er war einer der größten Shakespeare-Darsteller, feierte Triumphe und endete im Elend: „Edmund Kean“. In einem Porträt-Monolog von Raymond Fitzsimons machte ihn Johannes Silberschneider in den Kammerspielen zu einem ausufernden Original zwischen Wahn und Wrack. Ächzend, stöhnend, schmatzend, schlürfend räsonnierte er über sein Leben und mischte Komik und Tragik auf feinste Weise. Im zweiten Teil ließ Regisseur Stephan Barbarino seinem Hauptdarsteller allerdings allzu freien Lauf; da durfte Silberschneider ungeniert Kabarett und Schmiere spielen. Das Premierenpublikum verzieh es ihm: Riesenbeifall für seine Leistung.

Weniger Begeisterung erntete Bernard Fathmann bei der Uraufführung seiner Komödie „Dynamit un Puusteblomen“ im Ohnsorg Theater. In der zusammengestoppelten Geschichte von einem Öko-Freak, den seine Frau verlassen hat, einem windigen Autoverkäufer und einem liebenswert verrückten Sprengexperten steckte dem Titel zum Trotz wenig Zündstoff. Der dürftige Witz beim Wettrennen um die Liebe und den Zaster in Dynamit-Antons Koffer verpuffte wie ein geplatzter Luftballon. Karl-Ulrich Mewes hatte mit seinen exklusiven Pointen trotzdem die Lacher auf seiner Seite.

„Zwei mal zwei“-Choreographien in der Staatsoper. Lars Lubovitch steuerte einen spannungslosen Pas de Deux nach Ravels „Bolero“ bei. Die Tänzer: Emmanuelle Broncin und Anders Hellström.

Von Jürgen Eckardt

Den Verstand wieder einschalten

Der 3. Advent 1992 – ein Tag, an dem die Bürger ein Stück zusammenrückten. 450 000 Menschen aus Hamburg und Umgebung hatten sich erhoben, um gegen den Irrsinn dieser Welt zu demonstrieren. Gegen Ausländerhaß und Minderheitenterror, gegen Brandstifter und Totschläger, Dummheit, Gedankenlosigkeit und Gleichgültigkeit. Sie warben mit einer Lichterkette rund um die Alster für Toleranz, Menschlichkeit und friedliches Miteinander.

Was für ein leiser, ja inniglicher Protest! Im funkelnden Lichtermeer faßten sich fremde Menschen an den Händen, manch Nachbar sprach ein stilles Gebet, und im Geläut der Kirchenglokken wurde die Forderung zur Wirklichkeit: Schwarze und Weiße; Christen, Juden und Moslems; Männer, Frauen und Kinder traten gemeinsam an.

In Hamburg gab es – nach München – die zweite Lichterkette gegen den tumben und dumpfen Ausländerhaß jener Tage, der sich in Rostock-Lichtenhagen und Mölln so schrecklich manifestiert hatte. Lichterketten und Mahnveranstaltungen in vielen anderen Städten folgten. Und schon meldeten sich die Kritikaster zu Wort. Von Überstrapazieren, Abnutzen oder typisch deutscher Gründlichkeit war die Rede; gern genutzt wurde auch das Argument: Die Proteststimmen erreichen viele, die Ohren der braunen Horden aber bleiben verschlossen.

Doch wer so spricht, der vergißt, daß Terror nicht mit Schweigen bekämpft werden kann, daß radikale Außenseiter chancenlos sein sollten, wenn ihnen die Stirn geboten wird. Unheilvolle Geschichte darf sich in diesem Land nicht wiederholen. Wir dürfen uns nicht noch einmal selbst zuschauen, wie wir tatenlos im Sumpf versinken.

Der Alltag holte diesen 3. Advent zwar schnell ein. Die Kommunalwahl in Hessen brachte auch einen Rechtsruck; Gewalt gegen Ausländer bleibt ein Thema. Aber wir dürfen wieder hoffen. Darauf, daß all jene, die schon resigniert hatten und in Gleichgültigkeit verfallen waren, neue Kraft für Veränderungen schöpften. Darauf, daß wir den Verstand wieder einschalten, eine diffuse Angst vor dem Fremden abschütteln können. Viele Nachbarschaftshilfen und Initiativen, die nach den Lichterketten entstanden, sind der erste Schritt auf diesem Weg. Deshalb: Danke allen, die am 3. Advent 1992 an die Alster kamen. Laßt uns diesen Tag, den Beweis für freien hanseatischen Geist, nicht vergessen. Er kann sich jeden Tag im kleinen wiederholen, wenn wir es nur wollen.

JANUAR

64 *Wenn ein Wetter zum Fürchten das andere jagt*

70 *Whirlpool im Zimmer und Bäder mit Alsterblick*

72 *Über Geld spricht man: Wenn es Kindern hilft*

76 *Signal gegen Fremdenhaß und Rassismus*

79 *Aus der Traum von einer großen Mehrzweckhalle*

80 *Wohnungslos – und das im knackig-kalten Winter*

82 *Die erste Hochzeit im Bergedorfer Schloß*

83 *Was schiefgehen kann, das geht auch schief*

84 *Eine Reederin mit Herz und eine Frau von Format*

85 *Bis zuletzt mit beiden Beinen fest auf der Brücke*

86 *Reichtum, der auch anderen zugute kommt*

86 *Zehn Jahre Schmusetanz und kein Ende in Sicht*

88 *Winterliche City-Silhouette*

90 *Mini-Report*

92 *Zwei originelle Bühnenblüten der Sorte Musical*

95 *Kommentar: Nicht nur eine planerische Pleite*

Wenn ein Wetter zum Fürchten das andere jagt

Eisregen, Orkane, Sturmfluten und dann der Schnee – der Januar wird unrühmlich in die Hamburger Wetter-Geschichte eingehen. Feuerwehr und Polizei brachten es auf mehr als 5000 wetterbedingte Einsät-

ze. Beim schlimmsten Sturm seit 17 Jahren, am 23. Januar, brach der Peuter Elbdeich auf zehn Metern Länge. Wenige Stunden zuvor war das Versetzboot des Lotsenschiffes „Kommodore Ruser“ in der Elbmündung gekentert – das kostete drei Menschen das Leben.

Alles begann mit „Rachel“: Das warme Tiefdruckgebiet überzog am 5. Januar innerhalb weniger Stunden Norddeutschland mit einer Eisdecke, weil Regen auf gefrorenen Boden fiel. Allein die Hamburger Feuerwehr rückte binnen vier Stunden zu 300 Einsätzen aus – vor allem, um verletzten Fußgängern zu Hilfe zu kommen. Reihenweise hatte es ihnen auf den eisglatten Bürgersteigen die Beine weggerissen. So herrschte an diesem Abend in den Unfall-Ambulanzen der Krankenhäuser Hochbetrieb.

Die Polizei in Hamburg, Niedersachsen und Schleswig-Holstein registrierte

Die Sturmflut (3,75 Meter über dem mittleren Hochwasser) riß am 23. Januar ein zehn Meter langes Stück aus dem Peuter Elbdeich. Die Bruchstelle wurde mit Sandsäcken abgedichtet.

Nur das Dach dieses bei Neumühlen abgestellten Wagens schaute noch aus dem Elbwasser (oberes Bild). Bei Teufelsbrück (unten) mußten Spaziergänger sich energisch gegen den Sturm stemmen.

an dem einen Tag mehr als 1000 Verkehrsunfälle. Dabei kam ein 19 Jahre alter Autofahrer zwischen Stellau und Stapelfeld (Kreis Stormarn) ums Leben, als er mit seinem Wagen unter einen entgegenkommenden Laster rutschte.

In Hamburg waren am 5. Januar alle 176 Streufahrzeuge der Stadtreinigung unterwegs. Für den geplanten Großeinsatz – Meteorologen hatten „Rachel" schon Tage zuvor angekündigt – überprüften Mitarbeiter der Stadtreinigung

2000 Kilometer Bundes- und Landesstraßen auf Hamburger Stadtgebiet.

Mehr als 300 Urlauber mußten in den ersten Januar-Tagen eine – unfreiwillige – Verlängerung ihres Ferienaufenthaltes auf der ostfriesischen Insel Juist in Kauf nehmen. Der Fährverkehr zum Festland mußte für mehrere Tage eingestellt werden.

Während ein Orkan am frühen Morgen des 14. Januar die polnische Eisenbahnfähre „Jan Heweliusz" vor der Ostseeinsel Rügen kentern ließ – bei dem Unglück verloren mehr als 40 Menschen das Leben –, überstand Hamburg diesen Sturm ohne größere Schäden. Zwar galt für die Feuerwehr der Ausnahmezustand; bei Windgeschwindigkeiten von bis zu 140 Stundenkilometern wurden Bäume entwurzelt und Dächer abrasiert. Doch Menschen kamen in der Hansestadt nicht zu Schaden.

Die windgewaltige „Agnes" fegte am 22. Januar über Norddeutschland. Mit Geschwindigkeiten bis zu 100 Stundenkilometer riß dieser Sturm Fußgänger zu Boden, kippte selbst Lastwagen um. Stundenlang war die Feuerwehr damit beschäftigt, abgebrochene Äste, umgestürzte Bäume und weggerissene Dachziegel von den Straßen zu räumen.

Doch das war erst der Anfang stürmischer Tage und Nächte: Das Unwetter forderte in den folgenden 48 Stunden vier Todesopfer in der Nordsee. Das sechseinhalb Meter lange Versetzboot des Lotsenschiffes „Kommodore Ruser" (762 BRT) kenterte am 23. Januar um 2.24 Uhr, als es zwischen Cuxhaven und Gelbsand in der Elbmündung neben dem unter Panama-Flagge fahrenden Tanker „Shimakaze" längsseits ging. Der Lotse Dieter Grabo (58) aus dem Dithmarscher St. Michaelisdonn und die beiden Matrosen Dirk Bruns (24) und Volker Senkpiel (29) stürzten in das zwei Grad kalte Wasser.

Elf Schiffe und ein Marine-Hubschrauber eilten zur Unglücksstelle, um

nach den drei Männern zu suchen. Die Besatzung des Seenotrettungskreuzers „Hermann Helms“ war es dann, die den Matrosen Senkpiel aus dem eiskalten Wasser zog – zu spät. Der 29jährige starb Stunden später an Unterkühlung im Cuxhavener Stadtkrankenhaus, Grabo und Bruns waren ertrunken.

Der am 21. November 1934 in Hamburg geborene Grabo war 25 Jahre lang Elblotse gewesen. Er galt als erfahren, besonnen und hilfsbereit. Die beiden Matrosen stammten aus den neuen Bundesländern: Dirk Bruns aus Halberstadt in Sachsen-Anhalt, Volker Senkpiel aus Weißwasser in Mecklenburg-Vorpommern. Senkpiel hatte erst drei Wochen vor dem Unglück bei den Lotsen angeheuert; er war zuvor auf der „Wappen von Hamburg“ gefahren. In den Nordseefluten kam einen Tag später auch ein 26 Jahre alter polnischer Seemann ums Leben. Eine Orkanböe riß ihn 17 Seemeilen vor Borkum von Bord des Frachters „Startrader“.

Hamburg erlebte an jenem Wochenende die schwerste Sturmflut seit 17 Jahren. Der Pegel stieg am Sonnabend im

Kieloben angetrieben: das stählerne Versetzboot des Lotsenschiffes „Kommodore Ruser“ vor Gelbsand. Drei Menschen waren ums Leben gekommen, als das Boot nachts in der eisigen Elbmündung kenterte.

Hafen auf 3,75 Meter über mittlerem Hochwasser. Die Elbe überflutete Fischmarkt, Elbchaussee und Teile des Freihafens. Der Peuter Elbdeich hielt den Wassermassen nicht stand und brach auf einer Strecke von zehn Metern. Eine hinter dem Deich gelegene Wiese wurde überflutet.

An dem wüsten Wochenende stürzten Bäume auf Autos und Dächer, standen Häuser unter Wasser, wurden Besucher von Gaststätten in Hafennähe mit Schlauchbooten aufs „Festland" gebracht. In Neumühlen und Teufelsbrück standen Autos bis zum Dach in der Brühe. Die Feuerwehr kettete die Wagen an, damit sie nicht abgetrieben werden konnten. Das ganze Wochenende über hatte in der Innenbehörde ein Krisenstab getagt und den Einsatz von 1400 Helfern – Polizisten, Feuerwehrmännern und Freiwilligen – koordiniert.

Nach Orkanen und Sturmfluten forderte dann Schneefall seinen Tribut: Der erste Schnee des Jahres verwandelte Hamburg in der Nacht zum 27. Januar kurzfristig in eine Winterlandschafts-Idylle und die Straßen der Stadt in gefährliche Rutschbahnen. 18 Menschen wurden bei Verkehrsunfällen verletzt.

Ein Festmacherboot kämpft sich durch das aufgewühlte Hafenwasser. Mit mehr als 5000 Wettereinsätzen von Polizei und Feuerwehr und nach Stürmen, die tagelang über Hamburg hinwegfegten, wird der Januar 1993 in die Stadtgeschichte eingehen.

Sturmschäden: Die Feuerwehr muß eine Kastanie beseitigen, die am 24. Januar im Stadtteil Rotherbaum auf ein Auto gekracht war. Feuerwehrleute rückten allein an diesem Morgen zu 100 Einsätzen aus.

Whirlpool im Zimmer und Bäder mit Alsterblick

Zwei Jahre lang wurde auf der Fleetinsel gebaut, nun ist das Luxus-Hotel Steigenberger eröffnet. Das Fünf-Sterne-Haus (234 Zimmer und Suiten) soll die Insel zwischen den Fleeten an das Passagen-Viertel in der City binden. Neun Konferenzräume, ein Ballsaal und drei Restaurants laden auch Hamburger zum Arbeiten oder Genießen ein. Als Direktor Karl Schlichting „sein" Hotel am Eröffnungstag um 7 Uhr aufschloß, hatten seine Mitarbeiter in tage- und nächtelanger Arbeit jeden Winkel von Staub und Schutt befreit – bis zur letzten Minute. Dann zog mittags mit den ersten 100 Gästen der Hotel-Alltag in die luxuriöse Unterkunft am Wasser ein.

Die meisten der 222 Zimmer mit Kabelfernsehen, Safe, Minibar und Klimaanlage waren in den ersten Tagen schon vermietet. Ebenso die 12 Suiten, die bis zu 115 Quadratmeter groß sind: Sie bieten für 480 bis 1250 Mark pro Nacht auch einen zimmereigenen Whirlpool – und Bäder mit Alsterblick. Das Hotel verfügt über einen eigenen Anleger, damit Alsterschiffe Hausgäste an Bord nehmen können. Das euro-asiatische Restaurant „Calla" liegt hinter einer Glasfassade am Alsterfleet, auch das große Treppenhaus ist rundum verglast. Alle Zimmer haben Birnbaum-Möbel und raumhohe Fensterfronten.

Soviel Komfort hat seinen Preis: Einzelzimmer kosten zwischen 275 und 375 Mark, Doppelzimmer 325 bis 425 Mark pro Nacht. Damit ist das Steigenberger so teuer wie das InterContinental an der Außenalster. Geringfügig weniger kostet die Übernachtung im Hotel Elysee, etwas mehr im Vier Jahreszeiten.

Die Fleetinsel (1,5 Hektar groß) ist eines der größten Bauprojekte in Hamburg. In den Hotel- und Bürokomplex haben die Investoren um die Berliner Klingbeil-Gruppe 300 Millionen Mark gesteckt. Allein das Steigenberger hat 120 Millionen gekostet. Mit diesem Neubau hält der Steigenberger-Konzern nun 38 Hotels und 11 000 Betten in Deutschland, Spanien, Frankreich, Österreich, den Niederlanden und der Schweiz. Dazu gehören außer Stadthotels auch Urlaubsdomizile, etwa auf Gran Canaria. Die Hotelkette erzielte zuletzt mit 6000 Mitarbeitern 570 Millionen Mark Jahresumsatz.

Wie ein Schiffskörper liegt das „Steigenberger" zwischen den Fleeten. Ein Blick in die „Cats"-Suite (unten): Hinterm Bett ein Mond am Sternenhimmel, Chrommöbel und Dampfbad. Preis pro Nacht 950 Mark.

Direktor Karl Schlichting (35) hat den Neubau des Steigenberger-Hotels Hamburg von Anfang an begleitet und überwacht. Er ist Chef von 200 Angestellten.

Das rundum verglaste Treppenhaus im neuen Luxushotel bietet einen Panoramablick auf die Neubauten der Fleetinsel. Im Vordergrund: der Fleethof, das größte Kontorhaus des Fleetinsel-Projekts an der Stadthausbrücke.

Auf dem Kupferdach des Atlantic Hotels wehte die grün-weiße Abendblatt-Flagge und signalisierte den sechsten Neujahrsempfang der großen Hamburger Zeitung. Im Festsaal des „Weißen Hauses" an der Alster sprach Günter Wille, der Vorstandsvorsitzende der Axel Springer Verlag AG, zu den mehr als 1000 Gästen.

Sich näherkommen auf dem Neujahrsempfang: Bürgerschafts-Alterspräsidentin Charlotte Fera, Rolf Mares (Komödie Winterhuder Fährhaus) und Theatermann Kurt Meisel (v. lks.).

Begeistert von der „tollen Atmosphäre“: Elfriede Gamm (r.) mit Mutter Milla, dem Hamburger Abendblatt seit 1948 verbunden. Sie sind der Ansicht: „Diese Zeitung schreibt, was wir denken.“

Auch sie waren als treue Abendblatt-Leser zum Neujahrsempfang geladen: Lisa und Günther Brötzke hatten im Atlantic-Festsaal Gelegenheit, viel Prominenz aus nächster Nähe zu erleben.

Bürgerschafts-präsidentin Elisabeth Kiausch (lks.) fand mehr als diese drei aufmerksamen Zuhörer: Christa und Eberhard Möbius vom Kulturdampfer „Das Schiff“ und Loki Schmidt (r.).

Über Geld spricht man: Wenn es Kindern helfen soll

Der Große Festsaal des Atlantic Hotels erstrahlte in leuchtendem Weiß. In einem 24-Stunden-Marathon waren bis kurz nach Mitternacht die Räumlichkeiten frisch gestrichen worden – pünktlich zum sechsten Neujahrsempfang des Hamburger Abendblattes. 1000 Gäste aus Politik, Wirtschaft, Kultur, den Medien und der Modeszene drängten sich auf dem Parkett zu diesem Termin. Er hat sich im gesellschaftlichen Leben der Hansestadt inzwischen fest etabliert und gehört zu jenen Anlässen, die kein Geladener versäumen will.

Verlagsgeschäftsführer Christian Delbrück hieß die Gäste willkommen und überließ dann das Mikrophon Günter Wille. Der Vorstandsvorsitzende der Axel Springer Verlag AG resümierte: „1992 war das Jahr, das in Deutschland und Europa unvermutet eine Spirale der Gewalt in Gang gesetzt hat. Seit dem Zusammenbruch des Kommunismus befindet sich die politische Landschaft im Umbruch. Überall rühren sich wieder die längst totgeglaubten Geister des Nationalismus', des Fremdenhasses und der Gewalt.“ Wille betonte aber auch: „Die Lichterketten von München, Hamburg und in anderen deutschen Städten, die spontanen Demonstrationen Hunderttausender haben ermutigende Signale gesetzt. Diesmal schweigt die Mehrheit nicht. Die Demokratie in Deutschland ist stark, ihr Fundament fest.“

Weil Hamburg 1993 die Partnerstadt von UNICEF ist, dem Kinderhilfswerk der Vereinten Nationen, brach Abendblatt-Chefredakteur Peter Kruse mit einer Tradition der Stadt, die besagt: In Hamburg redet man nicht vom Geld, man hat es. „Ich spreche von dem Geld, das

immer vorhanden sein muß, um auch ideelle, humanitäre Werte zu fördern", sagte Kruse und erläuterte den Sinn der Partnerschaft: „Sie soll das Augenmerk der Erwachsenen und Heranwachsenden auf die weltweite Not jener richten, die einmal den Platz einnehmen, auf dem unsere Generation und vorangegangene Generationen manches Unheil angerichtet haben." Weil es „Pflicht für zivilisierte Menschen" ist, gerade Kindern in der Not zu helfen, verband Kruse den Neujahrsempfang mit dem Aufruf, UNICEF zu unterstützen (ein Spendentopf stand im Atlantic bereit) und ging mit gutem Beispiel voran: Das Hamburger Abendblatt stellte 30 000 Mark aus dem Fonds „Von Mensch zu Mensch" für die ärztliche Betreuung von kriegsverletzten Kindern aus Sarajewo zu Verfügung.

Abendblatt-Chefredakteur Peter Kruse (rechts) begrüßt Bausenator Eugen Wagner, der seinen zweieinhalbjährigen Sohn Malte zum Neujahrsempfang mitgebracht hatte.

Zu den Stars, die im Thalia Theater gegen Rassismus und Fremdenfeindlichkeit sangen, gehörten auch (von links) Dora Bakopoulo, Roger Moore, Ariel Dorfman, Hannelore Elsner und Wolfgang Niedecken von der Gruppe „BAP".

Ein Signal gegen Fremdenhaß und Rassismus

Das Datum war mit Bedacht gewählt worden: Auf den Tag genau sechzig Jahre nach Hitlers Machtergreifung trafen sich im Thalia Theater Künstler, Schriftsteller, Wissenschaftler, Überlebende des Holocaust und Vertreter von Menschenrechts-Organisationen aus aller Welt, um gemeinsam über Fremdenfeindlichkeit und Rassismus zu sprechen.

Zehn Stunden dauerte die Konferenz, die den Auftakt zu der Künstler-Initiative mit dem Motto „We will never forget. We will not let it happen again" bildete. Die Idee zu der Aktion stammte von der seit langem politisch engagierten britischen Schauspielerin Vanessa Redgrave und von Thalia-Theater-Intendant Jürgen Flimm.

Was können Künstler, Wissenschaftler und Intellektuelle tun gegen den fremdenfeindlichen Irrationalismus, der nicht allein in Deutschland bedrohliche Ausmaße angenommen hat, so fragten sich die Initiatoren der Veranstaltung und luden Freunde und Kollegen aus vielen Ländern für das letzte Januar-Wochenende nach Hamburg ein.

Der Erfolg war überwältigend: Roger Moore, Kris Kristofferson, Günter Grass, Hark Bohm, Senta Berger, Horst

Buchholz, Giorgio Strehler, Mario Adorf und viele andere folgten der Einladung, um an diesem Wochenende ein unüberhörbares Signal gegen Rassismus und Intoleranz zu geben.

Der Konferenz schloß sich am 31. Januar ein Konzert an, das nicht nur zur eindrucksvollen Demonstration gegen Haß und Gewalt wurde, sondern zugleich von einer bewegenden Atmosphäre der Solidarität erfüllt war. Die Veranstalter hatten dafür gesorgt, daß die Arrivierten und Betuchten im Publikum nicht unter sich blieben, indem sie von jeder verkauften Eintrittskarte einen weiteren Platz mitfinanzieren ließen, der u. a. an Kinder, Asylbewerber, Arbeitslose und Schüler vergeben wurde.

„Von Hamburg soll ein weltweit gehörtes Signal gegen Rassismus ausgehen", sagte die britische Schauspielerin Vanessa Redgrave, die zu den Initiatoren der internationalen Künstleraktion gehörte.

Bei Thalia-Intendant Jürgen Flimm liefen die organisatorischen Fäden der Mammut-Veranstaltung zusammen. Obwohl statt strenger Regie Improvisation angesagt war, wurde die Aktion zum Erfolg.

Die Funk-Sängerin Queen Yahna sang von Freundschaft und Liebe, Verständnis und Toleranz – und riß das Publikum im Thalia Theater zu wahren Stürmen der Begeisterung hin.

In den siebeneinhalb Stunden, die das vom NDR-Fernsehen live übertragene Konzert dauerte, schienen dann auch alle sozialen und menschlichen Gegensätze überwunden zu sein. Es gab stille, nachdenkliche Momente, etwa als Charlotte Kerr aus Friedrich Dürrenmatts Auschwitz-Erzählung „Das Hirn" las, und auch überschäumenden Beifall. Die große Funk-Lady Queen Yahna brachte den Saal mit einem berühmten Song zum Kochen, der wie für diesen Abend geschrieben zu sein schien: „You don't have to be lonely – you've got a friend" (Du brauchst nicht einsam zu sein, du hast einen Freund).

Daß angesichts von so viel Gemeinsamkeit des guten Willens die harsche Realität nicht aus dem Blick geriet, war dem Liedermacher Wolf Biermann zu danken. „Es ist so wohltuend, einmal einer Meinung zu sein", sagte er, fügte aber hinzu: „Dabei sind wir doch so zerrissen, auch hier im Saal, wenn es um Themen wie Golfkrieg, die Palästinenser, Israel, die Stasi oder Stolpe geht."

Aus der Traum von einer großen Mehrzweckhalle

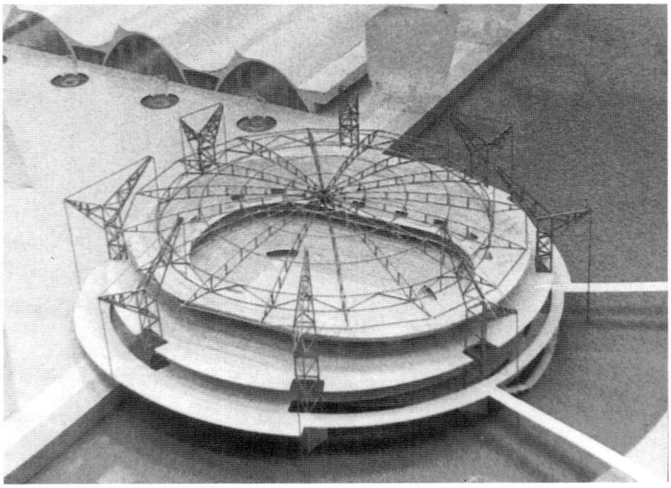

Dreimal die Vision einer Arena am Klostertor: Zunächst wurde sie (Mitte) ganz konventionell als eigener Baukörper neben den Großmarkthallen geplant. Dann kamen die beiden auffälligen Varianten hinzu: Huckepack auf dem Dach der alten Hallen (unten) oder ganz maritim auf Stelzen im Wasser (oben). Zwei spektakuläre Entwürfe, über die gar nicht mehr entschieden wurde.

Der Abgesang für die vieldiskutierte Hamburger Mehrzweckhalle fand zunächst eher beiläufig statt: Senator Hans-Jürgen Krupp begrub das Projekt auf seiner wirtschaftlichen Jahresbilanz-Pressekonferenz mit zwei Sätzen: „Die Suche nach privaten Investoren ist nun abgeschlossen. Eine weitere Suche ist nicht sinnvoll."

Damit war der Schlußstrich unter ein Projekt gezogen, das dreißig Jahre lang die Gemüter erhitzt hatte, allerdings mit unterschiedlicher Intensität. Heiligengeistfeld und Rübenkamp, Wilhelmsburg und Volkspark – alles wurde als Standort einer solchen Attraktion geprüft und für ungeeignet befunden. Am Ende blieb das Gelände am Klostertor übrig. Sein Haken: Für den Arena-Bau müßte erst der Großmarkt verlagert werden.

Während der Senat noch gar nicht wußte, wie er den Großumzug bezahlen sollte, stellten Investoren und Betreiber ihm ihre Modelle auf den Tisch. Im Rennen am Ende: Eine Gruppe um die Hamburger Investoren Büll & Liedtke und eine Gruppe um die Hamburger Zweigniederlassung der Philip Holzmann AG. Sie präsentierten eine Arena neben den Großmarkthallen, eine über deren Dach und eine, die halb im Wasser stand.

Und sie stellten handfeste finanzielle Forderungen. Die Hoffnungen des Senats, durch den Verkauf der Flächen am Klostertor den Großmarktumzug bezahlen zu können, schwanden dahin. Die Erkenntnis, daß der Bau einer solchen Mammut-Arena nicht ausschließlich privat finanziert werden konnte – und der Betrieb wowöglich auch nicht – verbannte alle diese Pläne in die Schublade. (Kommentar Seite 95).

Vom Schicksal an den Rand geworfen: Es sind Menschen in die Obdachlosigkeit abgestürzt, die sich das nie hätten träumen lassen. Ihre Zahl in Hamburg steigt. Im Winter wird's für sie besonders schlimm; jeder Tag ist nackter Überlebenskampf.

Wohnungslos – und das im knackig kalten Winter

In Hamburg sind 6300 Menschen obdachlos. Die meisten von ihnen leben in staatlichen Unterkünften, Hotels, Pensionen oder Einrichtungen freier Träger. Doch mindestens 1500, so schätzt das Diakonische Werk, hausen unter Brücken, in Abbruchhäusern oder Müllcontainern: Sie müssen „Platte machen“, das heißt sie vegetieren irgendwo auf den Straßen der Stadt, die von Statistikern, denen es nur auf den Vergleich von Durchschnittswerten ankommt, als die reichste Europas eingestuft wurde.

Viele der „Berber“, Tippelbüder oder Stadtstreicher fürchten um ihr Leben – nicht nur im Winter angesichts der Minus-Temperaturen. Sie haben Angst vor Überfällen, Diebstahl und Raub. Das Klima auch in dieser elenden Nische menschlichen Daseins ist insgesamt rauher geworden. Knackig-kalte Tage im Winter 1993 zwangen zum Handeln: Erstmals stellten die evangelischen Kirchen der Hansestadt Grundstücke für Obdachlosen-Container bereit. Auch die Stadt traf mehr Vorsorge: Vom 1. April an wurden flächendeckend „Bezirksstellen zur Wohnungssicherung“ eingerichtet.

Die Zahl der Menschen, die keine Wohnung haben, steigt rapide. Mindestens 70 000 sind es nach Schätzungen des Arbeitskreises Wohnraumversorgung, eines Zusammenschlusses von Mietervereinen, freien Trägern und Sozialarbeitern. Drastisch zugenommen hat auch der Anteil der wohnungslosen Frauen. Nach einer Studie des Arbeitskreises sind es inzwischen 3000, Tendenz steigend. Ihr Abstieg nach ganz unten beginnt oft mit der Scheidung. Die meisten von ihnen versuchen, ihre Not zu verheimlichen; viele prostituieren sich für eine Wohnung.

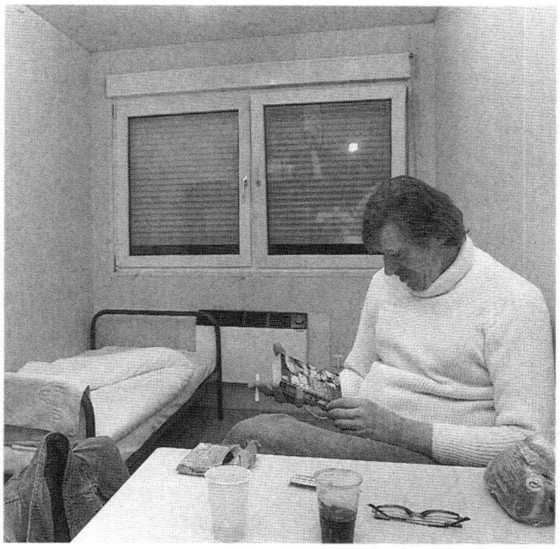

Holzsägen fürs Feuer unter der Brücke: Dieter (56, oben) ist einer von 1500 Obdachlosen, die „Platte machen“. Erstmals haben Kirchen Grundstücke für Container bereitgestellt. In einem von ihnen wohnt Helge (52, links). Doch für einige kam jede Hilfe zu spät: Sie waren erfroren (unten).

Ulrike Reuschke (26) und Liborio Marra (28) vor dem Bergedorfer Schloß. Sie waren die ersten, die in der Kulisse des im Schloß nachgebauten, 100 Jahre alten Traditionscafés „Kaffee Möller" geheiratet haben. Umgeben von Jugendstilvasen, Samtpolstern aus den zwanziger Jahren und Perlmuttintarsien kann man dort auch einfach nur Kaffee trinken, und zwar immer mittwochs von 13 bis 17 Uhr.

Was schiefgehen kann, das geht dann auch schief

Jahrelang versteckte sie 180 000 Mark in ihrem Haus, anstatt das Geld zur Bank zu bringen. Eines Tages packte Hannelore W. (81) die Bündel Bares ein und fuhr zur Deutschen Bank am Adolphsplatz, um die alten Tausender in neue Scheine umzutauschen. Die Gefahr, beraubt zu werden, beunruhigte die Rentnerin zunächst nicht – aber als sie wieder nach Hause kam, war das ganze Geld weg.

Hannelore W. hatte ihre 1000-Mark-Scheine offen auf den Banktresen gelegt. Die Kassiererin konnte nur 50 000 Mark sofort einwechseln. Auf den eindringlichen Rat, nicht mit soviel Geld durch die Stadt zu gehen, ging Hannelore W. nicht ein. Die alte Dame nahm ihr Geld und ging zum Hauptbahnhof.

Auf dem Weg zur Toilette in der Wandelhalle schlich der Räuber sich an, riß ihr mit einem Ruck die Tasche aus der linken Hand und rannte davon. Seine Beute: die 180 000 Mark, drei Sparbücher, ein Silberbarren, Ausweise. Ein Passant sprintete vergebens hinter dem Ganoven her. Die gesamten Ersparnisse der früheren Kinderkrankenschwester, die nach dem Krieg zwölf Jahre in Australien gelebt hatte, waren futsch. Eigentlich hatte sie von dem Geld noch zwei Zimmer an ihr kleines Haus anbauen wollen.

Die Polizei nahm eine Woche später einen 26 Jahre alten Lübecker ins Visier, weil in der Spielbank an der Reeperbahn an dem Abend, an dem der Mann dort gespielt (und hoch gewonnen) hatte, ein Tausender aus der Beute aufgetaucht war. Aber diese Spur erwies sich bald als falsch. Wer immer der Täter gewesen sein mag, er muß wohl die Idee verfolgt haben, das geraubte Geld ganz oder teilweise am Roulette-Tisch zu „waschen".

Angst hat sie keine gehabt, sagt sie: Die 81jährige Hannelore W. (Name geändert) nach dem Raub, der sie ihre Ersparnisse kostete.

Von ihrem schweren Mahagoni-Schreibtisch im 6. Stock des Reedereigebäudes an Hamburgs Palmaille dirigierte Liselotte von Rantzau mit ihren Söhnen Heinrich und Eberhart Reedereien mit 1400 Mitarbeitern.

Elf Kapitäne der Reedereigruppe trugen Liselotte von Rantzaus Sarg nach der Trauerfeier, zu der mehr als 1000 Menschen gekommen waren, aus der St.-Michaelis-Kirche. In Nienstedten wurde sie beigesetzt.

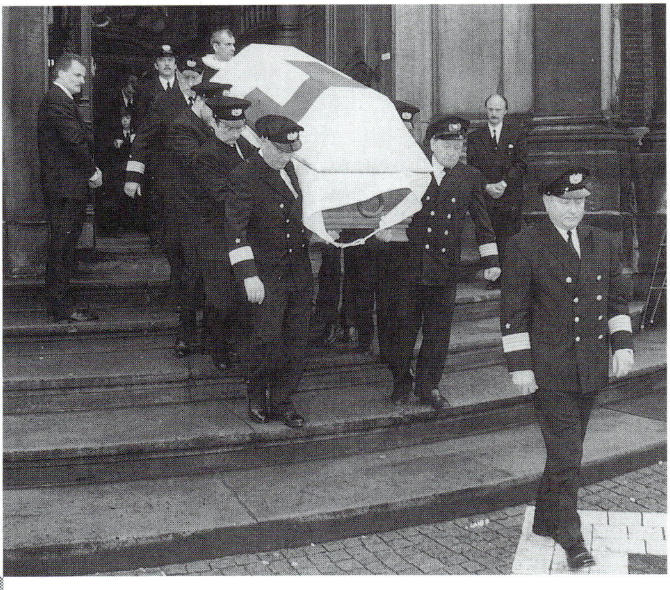

Eine Reederin mit Herz und eine Frau von Format

„Der einzige wirkliche Reeder in Deutschland ist eine Frau, nämlich Liselotte von Rantzau." Dies sagte vor Jahren ein Franzose, der in Schiffahrtskreisen einen großen Namen hat. Am 25. Januar 1993 ist die Unternehmerin 74jährig in der Schweiz gestorben. Ihr Herz hatte eine schwere Operation nicht mehr verkraftet.

Lilo, wie sie von ihren Freunden genannt wurde, war nicht nur eine Reederin und Dame von Format. Sie war auch die erste Sozialarbeiterin ihrer Reedereien, deren Schiffe rund um die Welt, in erster Linie aber in der Afrika-Fahrt ein-

gesetzt sind. Sie kümmerte sich um die Probleme der Besatzungsmitglieder, vergaß keinen Geburtstag. 1942 hatte sie Kuno G. von Rantzau geheiratet, brachte drei Söhne zur Welt (Roland 1943, Heinrich 1944, Eberhart 1948), trennte sich 1957 von ihrem Mann und übernahm 1959 die Reederei-Gruppe von ihrem Vater John T. Essberger. Der Vater blieb ihr großes Vorbild.

Aber viele wußten nicht, daß Liselotte von Rantzau im stillen auch als bedeutende Mäzenin wirkte. So rief sie den Förderkreis Hamburger Philharmoniker ins Leben, unterstützte die Museen, bemühte sich um den Ausgleich zwischen Weißen und Afrikanern aller Nationalitäten. „Eine große Hanseatin ist gestorben", sagte Hamburgs Bürgermeister bei der Trauerfeier in St. Michaelis.

Bis zuletzt mit beiden Beinen fest auf der Brücke

Christian Friedrich Ahrenkiel, geboren in Apenrade. Ein knorriger, aber immer aufrichtiger Mann, auf dessen Wort man bauen konnte.

„Gott hilft jedem Seemann, aber steuern muß er selber." Das gehörte zu den Maximen, von denen sich Christian F. Ahrenkiel in seinem Leben leiten ließ. 1905 im nordschleswigschen Apenrade geboren, hat der Hamburger Reeder alle Höhen und Tiefen eines Unternehmerdaseins durchlebt. Weltkriege, Inflationen und Zusammenbrüche, aber auch der Wiederaufbau seiner Flotte zählten zu den Marksteinen seines Weges. Er war in den USA wie in Rußland tätig, gehörte dem Vorstand der Hamburg-Amerika-Linie an, bis er sein eigener Herr wurde, seine eigene Reederei gründete. Ahrenkiel strahlte immer Zuversicht und Optimismus aus, erwies sich zuverlässiger Geschäftspartner, hatte Freunde in aller Welt. Stets stand er mit beiden Beinen fest auf der Brücke, hatte ein Gespür für Wind und Wetter. Von dieser Brücke konnte er nur schwer Abschied nehmen; so blieb er bis zuletzt, bis wenige Tage vor seinem Tode im Januar 93, an Deck.

Acht Kapitäne der Ahrenkiel-Flotte trugen den mit der Reedereiflagge bedeckten Sarg des Reeders aus der Nienstedtener Kirche.

Reichtum, der auch anderen zugute kommt

Er hat eine wahre Märchen-Karriere hinter sich: vom Seemann zum Millionär – jetzt hilft er anderen. Der Hamburger Großkaufmann Alfred W. Adickes und seine Frau Karla haben einen Kindergarten für die evangelische Kirchengemeinde Poppenbüttel gestiftet. Kosten: mehr als 2,5 Millionen Mark.

In dem neuen Gebäude neben der Marktkirche können mehr als 70 Kinder betreut werden. Früher waren die Kinder im Gemeindehaus provisorisch untergebracht. Jetzt gibt es endlich auch Platz zum Malen und Spielen. Der Kindergarten ist nicht die einzige Stiftung, die Poppenbüttel dem Millionärs-Ehepaar zu verdanken hat. Bereits 1984 hatten die Adickes in dem Stadtteil den Bau des Altenheims Grotenbleken finanziert. Dort können Senioren in einem der 100 Appartements für knapp 400 Mark im Monat wohnen. Voraussetzung: Ihre Rente muß unter 1800 Mark liegen.

Im Altersheim Grotenbleken haben die Adickes ihren Sommersitz. Auch diese Anlage stifteten sie vor neun Jahren. Das Bild zeigt sie bei der feierlichen Eröffnung 1984.

Schon zehn Jahre Schmusetanz und kein Ende in Sicht

Scheinwerferstrahlen tasten sich durch Rauchschwaden über der Tanzfläche, flackern über entrückte Gesichter, über Hände, die sich unauffällig durch Haarmähnen zärtlich vorarbeiten. „Viel zu hell", bringt Karsten Schölermann den Zuschauer auf den Boden der Tatsachen

zurück. Die Scheinwerfer verlöschen – die Rolling Stones schmachten ein Mädchen namens Angie an, und ganz sicher wird vielen Pärchen auf der Tanzfläche nun noch wärmer ums Herz.

Schölermann ist der Erfinder der mittlerweile legendären Engtanz-Feten im „Knust" an der Brandstwiete. Im Januar feierte er damit das zehnte Jahr, die 888. Fete, und kein Ende ist in Sicht. Das Konzept trifft auf Bedarf, ist einfach und funktioniert immer noch so gut wie damals. „Rezept Klassenfest", nennt Schölermann es: Schmuse-Musik und zu Beginn der Party die Aufforderung des Diskjockeys zum Tanz.

„Wir finden's gut", strahlen Claudia Kramp (17) und Mario Schütt (19). Nicht alle im „Knust" sind so jung wie diese beiden. In der Ecke am Eingang sitzt ein Ehepaar in mittleren Jahren, engumschlungen, stillvergnügt. Den Tip haben die beiden aus der Zeitung, vom Sohn die Kleidungs-Anweisung: Jeanshemd für den Vater, Sweatshirt für die Mutter. Ziemlich stark, eh . . .

Schon zum 888. Mal und immer noch schön: Seit zehn Jahren ist am Wochenende das Engtanzen im „Knust" an der Brandstwiete Gesetz – wer lieber kontaktlos tanzen möchte, muß sich eine andere Disco suchen.

Wenn es Nacht wird – nein, diesmal nicht in Paris, sondern in Hamburg – dann ist die winterliche City-Silhouette mit ihrem Spiegelbild auf der glatten Binnenalster schöner als am Tage. Über das Wasser grüßen die Türme von St. Jacobi, St. Petri, des Rathauses (von links) und die bunten Lichter der Kontorhäuser an Ballindamm und Jungfernstieg.

MINI-REPORT

Dreizehn Jahre berichtete Peter von Zahn aus den USA. Mit 80 ist er immer noch aktiv: in seiner Filmproduktionsfirma Anatol A V.

AUSHÄNGESCHILD. Der Trubel, den ein 80. Geburtstag mit sich bringt, war gar nicht im Sinne des Jubilars. Peter von Zahn, der „Reporter der ersten Stunde“, konnte sich der Gratulationen seiner Freunde und beruflichen Weggefährten kaum erwehren. NDR-Intendant Jobst Plog schrieb ihm: „Durch Ihre Jahre beim damaligen NWDR und durch Ihre einprägsame Amerika-Berichterstattung für den Hörfunk und das junge ARD-Fernsehen haben Sie einen Qualitätsstandard gesetzt, der Sie zu einem Aushängeschild des deutschen Hörfunk- und Fernsehjournalismus' gemacht hat.“ So ist es.

LEIDENSCHAFT. Er hat mehr als 100 Länderspiele kommentiert, er wurde als bester Hörfunkreporter ausgezeichnet und galt im Norden jahrzehntelang als die „Stimme des Sports“: Kurt Emmerich, gelernter Speditionskaufmann, hörte nach 38 Jahren für den NDR zu seinem 63. Geburtstag auf, über sein Mikrophon die Stimmung aus den Stadien der Welt in die Wohnzimmer zu übertragen. Mit exzellenter Sachkenntnis und noch größerer Leidenschaft ließ Emmerich sich bei seinen Reportagen von Fuß- und Handball, Traben, Hockey und Rodeln vom Sport mitreißen – und er riß seine Hörer mit.

Kurt Emmerich, seit 50 Jahren Mitglied von Viktoria Wilhelmsburg, reiste für den Norddeutschen Rundfunk um die ganze Welt.

SPITZENOPTIKER. Und wieder ist ein Hamburger einsame Spitze: Günther Fielmann, der sich selbst gern – mit hanseatischem Understatement – als „großer deutscher Optiker“ bezeichnet, ist zur Nummer 1 in Europa aufgestiegen. Mit 628 Millionen Mark Umsatz 1992 hat er seine Optiker-Kette, darunter 28 Niederlassungen in den neuen Bundesländern, ganz nach vorn katapultiert. In Deutschland will Fielmann seinen Marktanteil in den nächsten fünf Jahren von 10,9 auf 25 Prozent erhöhen und die Zahl seiner Filialen von 254 auf 450. Letztes Jahr kletterte der Umsatz um 26,2 Prozent.

NATURVERBUNDEN. Am Tag, als die bisher größte Präsentation seines künstlerischen Werkes – 112 Bilder aus vielen Schaffensperioden – eröffnet wurde, schloß der Nestor der Hamburger Maler, Albert Feser, im Alter von 91 Jahren für immer die Augen. Feser war einer der bedeutendsten Maler der Hamburger Landschaft. Man nannte ihn den „Impressionisten der Küste“, weil er direkt in der Natur malte und die Farben ohne Vorzeichnung direkt auf die Leinwand auftrug. Im Juni 1992 hatte der Senat Albert Feser mit der Senator-Biermann-Ratjen-Medaille geehrt.

Ausnahmsweise einmal keine Landschaft: Albert Feser mit einem Selbstporträt

SIRENEN AUS. Die Erinnerung an die Bombenalarme des Zweiten Weltkrieges, die vielen Hamburgern auch jetzt noch immer wieder in die Glieder fuhr, wenn die Sirenen zum Probealarm losheulten, wird den meisten künftig erspart bleiben.

Seit dem 1. Januar sind von Hamburgs 1033 Sirenen nur noch 290 in Betrieb, beispielsweise diejenigen im überschwemmungsgefährdeten Tidegebiet. Sollten auch die Bewohner anderer Stadtgebiete betroffen sein – etwa bei einem Atomunfall –, will die Innenbehörde die Menschen mit Lautsprecherwagen und über Radio warnen.

GEWALTWELLE. Die Auswüchse brutaler Gewalt nehmen auch in Hamburg immer unfaßbarere Formen an. Auf dem Heimweg von ihrem Büro stoppte neben einer alleinstehenden 42jährigen Hamburgerin an der Tilsiter Straße (Wandsbek) ein Wagen. Zwei Männer sprangen heraus, zerrten die Frau in das Fahrzeug und verbanden ihr die Augen. Ein dritter Mann fuhr das Auto zu einem Einzelhaus. Ein sechstägiger Horror begann: Die Täter schlugen oder vergewaltigten die Wehrlose, wie es ihnen gerade in den Sinn kam. Dann brachten sie ihr Opfer zurück zur Tilsiter Straße und warfen es aus dem Auto.

FRAUENARBEIT. Etwa 870 000 Frauen leben in Hamburg. Innerhalb von zehn Jahren stieg ihr Anteil an den Erwerbstätigen von 55,9 auf 64,6 Prozent 1990. Die Hansestadt lag damit sechs Prozent über dem Bundesdurchschnitt, Tendenz steigend. Das ist die Quintesssenz des neuesten Berichts aus dem Senatsamt für die Gleichstellung der Frau. Andererseits ist die Zahl der ganztags arbeitenden Frauen gesunken. 90 Prozent aller Teilzeitjobs sind von Frauen besetzt.

HUFEISEN. Vor 25 Jahren hängte der Türke Ali Riza Kaya (63) sein Volkswirtschaftsstudium an den Nagel und ein Hufeisen an die Tür eines kleinen Lokals an der Rutschbahn 11: die Geburtsstunde des „At Nali" (Hufeisen), des ersten türkischen Restaurants in Hamburg. Kaya (zu deutsch: Fels) trotzte hanseatischer Skepsis gegenüber Knoblauch und Kümmel. Aus der 20-Plätze-Budike ist ein Etablissement mit 120 Plätzen geworden – immer wieder besetzt mit alten Stammgästen. Und: Mancher Student von damals ist inzwischen Professor.

Sein türkisches Restaurant war das erste in Hamburg, und es ist immer noch das beliebteste: Ali Riza Kaya zelebriert anatolische Küche im „At Nali" am Grindel.

DROGENTOD. Hoffnung an der Drogenfront: Zum erstenmal seit Mitte der 80er Jahre ist die Zahl der Drogentoten gesunken, im Bundesgebiet insgesamt und in Hamburg am stärksten. Bis Anfang Januar hatte die Hamburger Polizei 131 süchtige Todesopfer 1992 registriert gegenüber 184 im Jahr 1991. Einen Trend könne man daraus nach Ansicht von Experten aber noch nicht ableiten, dafür sei die Zeit eines Jahres zu kurz.

Zwei originelle Bühnenblüten von der Sorte Musical

Ein Paar in tödlichem Eheclinch: Elisabeth Schwarz und Wolf-Dietrich Sprenger in Strindbergs „Der Vater" am Thalia Theater.

Frisuren und Schlager aus den 60er Jahren feierten im Neuen Theater Hamburg am Holstenwall eine fetzige Renaissance: In „Beehive" kopierten sechs Supergirls gekonnt die Stars von damals.

Hamburg als Musical-Stadt trieb – am Rande der längst zu Dauerbrennern gewordenen großen „Cats"- und „Phantom"-Shows – im Januar 1993 originelle Blüten. Im Neuen Theater am Holstenwall erlebten die 60er Jahre musikalisch eine Renaissance, und in Schmidts Tivoli setzte sich Ulrich Tukur auf die Spur des legendären Mörders Blaubart.

„Beehive" – das heißt Bienenkorb und meint die hochtoupierten Frisuren, die für die Girls der 60er Jahre in den USA fast schon zum Statussymbol wurden. Diesmal wurde „Beehive" zum Symbol für die Schlager jener Zeit. Stars wie Brenda Lee, Petula Clark, Diana Ross oder Janis Joplin wurden wieder lebendig in der stimmgewaltigen Interpretation von sechs jungen Musicaltalenten, unter denen Jacquie Virgil als Rockröhre Tina Turner besonders hervorragte. Da vergaß man fast das Original!

Handlungsmäßig allerdings hatte Autor Larry Gallagher seinem Publikum nur wenig zu bieten. Es ging um Teenie-Liebe, um Hoffnungen und Enttäuschungen auf dem Weg zum Erwachsenwerden, untermalt von den einschlägigen Songs. Den Zuschauern genügte es, auch wenn sie in den 60ern den Pampers noch nicht entwachsen waren. Tosender Beifall und Standing Ovations.

Ulrich Turkur tat sich da schwerer mit seiner nostalgischen Revue „Blaubarts Orchester", die er zusammen mit den Hamburger Stadtmusikatzen präsentierte. Als meuchelnder Galan Alphonse de Bleue, der seiner jüngsten Flamme vom Tod seiner verflossenen Geliebten erzählt, verpaßte er den Schlagern der 20er und 30er Jahre eine Frischzellenkur und ließ sie in neuem, zynischen Licht

„Blaubart" mit einer der „Stadtmusikatzen": In Schmidts Tivoli hatte Ulrich Tukur ein großes Solo als mörderischer Alphonse de Bleue, der seine Geliebten reihenweise ins Jenseits schickt.

funkeln. Ulrich Wallers Regie jedoch hätte bissiger sein können und die Stadtmusikatzen spielfreudiger. Sie überließen Tukur unangefochten das komödiantische und dramatische Feld.

Zwei Staatstheater, zwei nordische Antipoden: Ibsen und Strindberg. Im Schauspielhaus zeigte der Argentinier Augusto Fernandes seine aktualisierte Bearbeitung der „Kronprätendenten", 1864 von dem damals 26jährigen Henrik Ibsen geschrieben. Und im Thalia Theater führte Guy Joosten Strindbergs „Vater" auf ein eheliches Schlachtfeld, das eher einer Zirkusarena glich.

Von Anfang an setzte Joosten auf Aktion, in der das Groteske überwog. Seiner Inszenierung mangelte es jedoch an der klirrenden Kälte, die den Atem der Zuschauer gefrieren läßt und den tödlichen Ehekrieg Strindbergs zum nervenzerreißenden Schauspiel macht. Den Vater, der aus Schwäche zum Tyrannen wird, spielte Wolf-Dietrich Sprenger – ein Provinzneurotiker mit dem Hang zum Höheren, aber auch mit einem Hauch von tragischer Größe.

Bei Ibsen ging es weniger um die Vormachtstellung in der Ehe als vielmehr um die Macht im Reich. „Königsblut" nannte Augusto Fernandes seine Fassung von dem Kampf zwischen Hakon und Skule um die Königswürde, der sich eigentlich im 13. Jahrhundert abspielte. Das focht den Regisseur nicht an. Er ließ seine zwölf Darsteller in Smokings und Abendkleidern den Zuschauern gegenübersitzen, um wie die zwölf Geschworenen von den endlosen Zwistigkeiten im historischen Norwegen zu erzählen. Fast

Ankläger (Peter Gross) und Angeklagter (Herbert Föttinger) im Prozeß um Meuterei auf einem Kriegsschiff: Die Aufführung von Herman Wouks Erfolgsstück „Die Caine war ihr Schicksal" kam im Ernst-Deutsch-Theater über eine langatmige Gerichtsverhandlung kaum hinaus.

vier Stunden dauerte die Mär um Macht und Ehre. Das Premierenpublikum stand sie wacker durch und belohnte sie mit herzlichem Beifall.

Ein großes Solo hatte Peter Franke am Thalia Theater bei der Uraufführung des Monologs eines irakischen Rosenverkäufers. „Dreck" nannte der junge österreichische Autor Robert Schneider sein Stück, das Ausländerfeindlichkeit hautnah zur Diskussion stellt. Dreck – das ist Sad, der seine Identität bis zum Selbstverlust aufgegeben hat und über die Verhältnisse in einem Deutschland räsonniert, in dem es einem Ausländer noch schlechter geht als einem Hund. Ein eindrucksvolles Plädoyer und jede Menge Bravos für den Darsteller.

Zu einem weit weniger eindrucksvollen Plädoyer für einen Kommandanten der US-Navy aus dem zweiten Weltkrieg geriet im Ernst-Deutsch-Theater Volker Lechtenbrinks Inszenierung von Herman Wouks Literatur-, Film- und Bühnenbestseller „Die Caine war ihr Schicksal". Endlos zog sich dabei der Kriegsgerichtsprozeß gegen den Offizier hin, der es gewagt hatte, den neurotischen Kapitän Queeg (Gernot Endemann) abzusetzen. Und höchst anfechtbar blieb die Moral, die dem Menschenschinder von Kapitän am Ende doch das Recht auf bedingungslosen Gehorsam zugestand. Da erhob sich die Frage, ob dieses Stück überhaupt noch einen Platz auf der Bühne verdient.

Eine besondere Premiere erlebte Ludwig Thoma: Zum erstenmal wurde der bayerische Dichter auf Plattdeutsch gespielt. Das Ohnsorg-Theater zeigte seine Komödie „Die Lokalbahn" unter dem Titel „Tweemol retour". Die Übertragung ins norddeutsche Milieu klappte zwar vorzüglich, die Feinzeichnung der diversen Kleinstadttypen, die sich voll Feigheit der Obrigkeit anbiedern, blieb in Hans Timmermanns Inszenierung allerdings reichlich flach. Ein ziemlich zähes Vergnügen.

Von Susanne von Bargen

Nicht nur eine planerische Pleite

Der Gedanke hat viel für sich: Konzerte mit internationalen Stars bringen Hamburg in die Schlagzeilen und die Hotelauslastung auf den Höchststand. Sportliche Großveranstaltungen – endlich kann die Stadt auch auf diesem Gebiet mitreden. Und der Platz, an dem das alles stattfinden sollte, könnte zu einer architektonischen Sensation werden. Kurzum: Eine Mehrzweckhalle muß her.

Die Politikergeneration der 80er Jahre schien von diesem Gedanken geradezu beseelt. Mit planerischer Leidenschaft stürzte sie sich in die Suche nach Standorten und Betreibern. Die Zeit war günstig: Hamburg befand sich im Wandel von der reinen Hafenstadt zur Stadt der Medien und der modernen Technologien. Der Umbruch war nötig, um den Anschluß an die internationalen Märkte nicht zu verlieren.

Doch die Chance, diese Stimmung auch für den Bau einer Arena zu nutzen, ließen die Politiker vergehen. Sie verstrickten sich in Verhandlungen, Bürgerprotesten und parteipolitischen Eitelkeiten. Und sie machten einen Fehler: Der Vorsatz, eine solche Arena nur bauen zu lassen, wenn sie ausschließlich privat finanziert wird, war illusorisch. Keine Halle auf der Welt, die der in Hamburg geplanten Größenordnung entspricht, ist ohne öffentliche Gelder ausgekommen. Und so ging auch die Rechnung für das zuletzt diskutierte Gelände am Klostertor nicht auf.

Das mißlungene Arena-Projekt aber ist auch ein Spiegelbild der politischen Lage im Lande. Wer sich nicht gelegentlich aus dem traditionellen Rollenspiel von Regierung und Opposition verabschiedet, sollte von derlei größeren Vorhaben lieber gleich die Finger lassen. Im Falle Mehrzweckhalle gilt das für den Einstieg in und den Ausstieg aus dem Projekt.

Dabei hätte besonders der Ausstieg aus dem Arena-Plan Hamburgs Politikern Gelegenheit gegeben, bundesweit eine Trendwende einzuläuten. Nachdem das Land von den immensen Kosten der deutschen Einheit gebeutelt wurde, war die Zeit der Luxusobjekte vorbei. Ein schlichtes Nein hätte genügt, und die Solidarität mit den neuen Bundesländern hätte den Abschied von teuren Mammuts zur Nachahmung empfohlen.

Doch auch das ist Senat und Opposition nicht gelungen. Die einen hatten nicht den Mut, sich ohne jedes Hintertürchen von dem Projekt zu verabschieden, die anderen forderten wegen der „Fehlplanung“ sogar Rücktritte der verantwortlichen Senatoren. Und so ist auch die Arena, die es nicht geben wird, Beispiel einer planerischen und einer moralischen Pleite in der politischen Landschaft der Hansestadt.

FEBRUAR

96 *Ballett-Hoch im Norden trägt Neumeiers Namen*

100 *Schokolade und Parfum legen den Flughafen still*

102 *Tierisch, was mit Tieren in der Stadt passieren kann*

104 *Man muß nur Gas geben, dann hat man das Geld*

106 *Von Mickymäusen, Elfen, Astronauten, Haremsdamen*

108 *Der Weltmeister hat viel vor: „Ich werde Millionär“*

109 *Die Polizei spart, und bei der Feuerwehr liegen Babys besser*

110 *Die Köhlbrand-Brücke fordert Fotografen heraus*

112 *Sieht aus wie 'ne Baugrube, ist aber ein Kunstwerk*

113 *Das Verbrechen wächst uns über den Kopf*

114 *„Ich bringe Euch alle um“, schrie der Macheten-Mann*

116 *Berge von Müll und dazwischen hilflose Kinder*

118 *Mini-Report*

120 *Bühnen-Schocker haben auch in der Oper Konjunktur*

Das Ballett-Hoch im Norden trägt Neumeiers Namen

Vor 20 Jahren, mit Beginn der Spielzeit 1973/74, kam der damals 31jährige John Neumeier an die Hamburgische Staatsoper. August Everding hatte den jungen Amerikaner, der vier Jahre zuvor in Frankfurt sein Amt als jüngster Ballettdirektor Deutschlands angetreten hatte, an die Elbe geholt. Und mit ihm, das kann jetzt behauptet werden, zog das „Hoch im Norden“ ein.

Doch zunächst zeichnete sich für den Amerikaner ein Weg vor, der ihn in Verruf brachte: Mit einem großen Tänzer-Kehraus, der 16 Mitglieder des Staatsopern-Balletts die Verträge kostete, zog er sich den Zorn vieler Hanseaten zu. Ein Aufschrei ging damals durch die Oper bis vors Bühnenschiedsgericht. Doch Neumeier mußte so handeln, wollte er seine Vision von einer eigenen, von ihm selbst geformten Compagnie realisieren. Als Trost brachte er Tänzer mit, die heute beinahe schon Legende sind, wie Marianne Kruuse und Max Midinet, um nur diese beiden zu nennen.

Und schnell wurde aus dem „Buhmann“ der „Wundermann“ aus Milwaukee. Dem Sohn eines Dampfschiffahrtskapitäns vom Michigansee lagen die Hanseaten zu Füßen; bald war er zum „Messias“ des Ballets heiliggesprochen. „Wer ist der neue Wundermann?“ fragte eine Hamburger Zeitung damals. „Er hat den braungelockten Kopf eines griechischen Junggotts. Seine dunklen Augen sprechen nicht minder als seine feingliedrigen Hände.“ Wer er ist, bewies Neumeier mit seinem ersten abendfüllenden Balett „Romeo und Julia“ auf Sergej Prokoffiefs Musik, das er schon in Frankfurt choreographiert hatte, aber für Hamburg überarbeitete. Im zweiten Jahr machte er mit

Maurice Béjart hatte für die Hamburger Compagnie 1988 sein Ballett „Hamburger Impromptu“ geschaffen, in dem John Neumeier die Rolle des „Er“ tanzte (unser Bild). Dieses Ballett „Über Ionesco“ handelt von der Begegnung eines Choreographen mit seiner Compagnie und den daraus entstehenden Liebes- und Leidensbeziehungen.

John Neumeier vor seinem Ballettzentrum an der Caspar-Voght-Straße, einer ehemaligen Schule, vom Architekten Fritz Schumacher 1931 fertiggestellt. Ein klar gegliederter Klinkerbau, in dem jetzt Compagnie und Internat Platz haben.

Mahlers 3. Sinfonie Furore, einem bedeutenden Ballett-Wurf, dem freilich weniger bedeutende folgten. Er schuf den Tschaikowsky-Zyklus „Nußknacker“, „Illusionen – wie Schwanensee“ und „Dornröschen“, allesamt Liebeserklärungen an das klassische Ballett.

Neumeier lebte aber auch seinen Hang zu Sakral-Balletten aus in Bachs „Matthäus-Passion“, die er 1981 für den Michel choreographierte, gefolgt von Bachs „Magnificat“ und Mozarts „Re-

quiem". Nicht erst diese Werke spalteten vornehmlich Kritiker in zwei Lager. Die einen sahen und sehen in Neumeier einen Choreographen, mit dem es nur wenige an künstlerischer Effizienz aufnehmen können, andere vermuten in ihm einen verquasten Träumer. Was auch immer er sein mag, der heute 51jährige gehört international zu den außergewöhnlichen choreographischen Begabungen.

Neumeiers Fähigkeit, dramaturgische Fäden mit feinem Witz zu spinnen, offenbarte sich erst wieder in seinem jüngsten Ballett „Cinderella", das er mit leichter Hand hingeworfen hatte. Mit den sonntäglichen Ballett-Werkstätten und mit den traditionellen Hamburger Ballett-Tagen, nicht zuletzt auch als Leiter des Ballettzentrums an der Caspar-Voght-Straße, eine mäzenatische und kultursenatorische Einrichtung, hat John Neumeier sich fest in das Bewußtsein der Hanseaten eingegraben. Er ist einer von ihnen geworden.

Eines der schönsten Ballette von John Neumeier ist dessen tänzerische Adaption auf Shakespeares „Ein Sommernachtstraum", den er 1977 choreographierte. Auf unserem Bild tanzt Chantal Lefèvre die Rolle der Titania.

Das Roboterfahrzeug rollt aus dem Spezialwagen. Ferngesteuert greifen seine Arme später nach dem verdächtigen Handkoffer. Zu diesem Zeitpunkt galt die Lage im Flughafen als brisant; das Terminal 2 war evakuiert.

Schokolade und Parfum legen den Flughafen still

Großalarm im Flughafen Fuhlsbüttel: Eine Bombe soll eingeschmuggelt werden! Der Betrieb steht still. Fluggäste werden in Sicherheit gebracht. Mehr als 60 Polizisten, die Feuerwehr und Sicherheitskräfte sind angerückt. Der Koffer eines 19 Jahre alten Chinesen war in einem Spezialgerät als Sprengstoffladung identifiziert worden – ein fataler Irrtum.

Ein Roboterfahrzeug mit Greifarm rollt ferngesteuert ins menschenleere Terminal 2. Es ist evakuiert worden. Polizei, Notarzt und Löschwagen stehen bereit. Der Roboter soll den Koffer in ein bombenfestes Spezialfahrzeug befördern. Da weiß noch niemand: Zwar zeigte das hochempfindliche Spürgerät in der Kofferkontrolle Sprengstoff an, doch in Wirklichkeit enthält der Koffer nur Schokolade und Herrenparfüm. Das entdekken die Entschärfer erst, als sie den Koffer aufschießen. Po Tin L., der Besitzer des Gepäckstücks, wird festgenommen. Er hatte sich in der Sicherheitskontrolle geweigert, den Koffer zu öffnen. Statt dessen fuhr er sich schweigend mit der

Handkante über den Hals; die Beamten deuteten es als Zeichen für „Kopf ab“ – und lösten gegen 20 Uhr den Alarm aus.

Dabei war der Chinese schon vorher durch absonderliches Verhalten aufgefallen und hatte den vermeintlichen Sprengkoffer schon einmal öffnen müssen. Morgens um 5 Uhr war er per Taxi angekommen, sprang aus dem Auto, bezahlte nicht und ließ das schwarze Gepäckstück auf dem Rücksitz liegen. Nachdem der Taxifahrer hinter ihm hergelaufen war, durchsuchten Polizisten zum erstenmal den

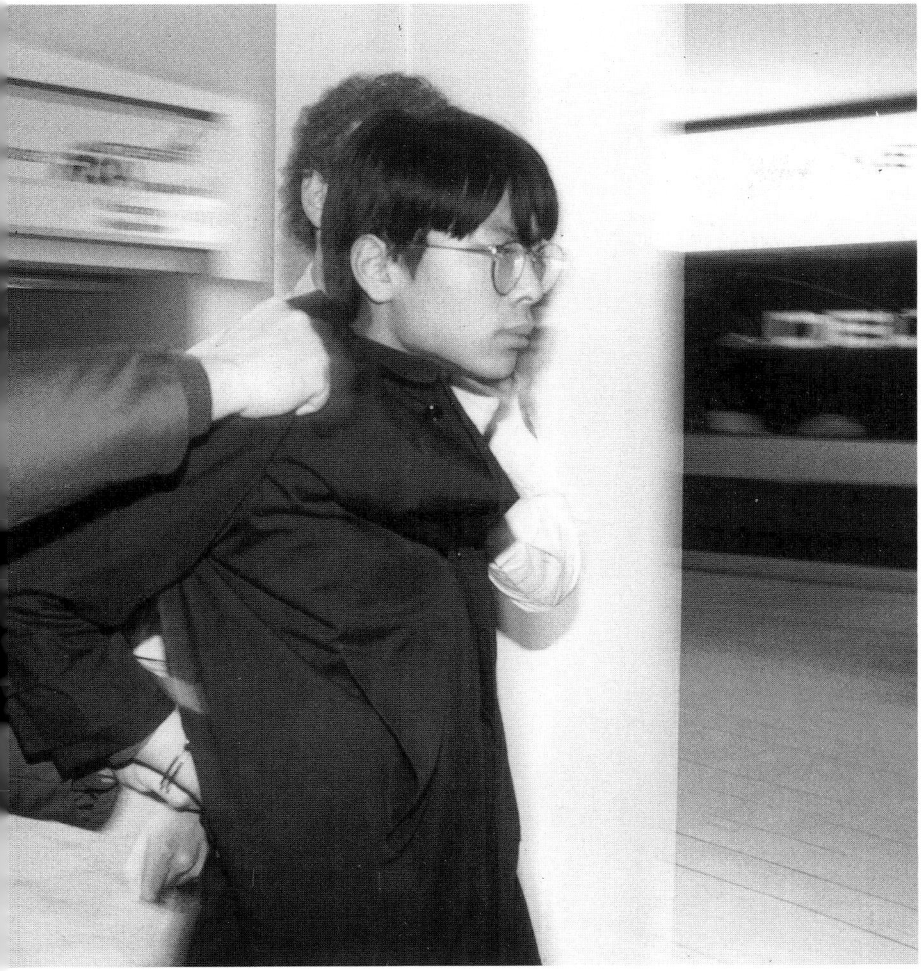

Der geheimnisvolle Besitzer des „Bomben-Koffers", Po Tin L., wird abgeführt. Zuerst galt der 19jährige Chinese als terrorismus-verdächtig. Dann wurde er zur Untersuchung in die Psychiatrie Ochsenzoll eingewiesen.

Dieses ominöse Röntgenbild des schwarzen Handkoffers sah der Sicherheitskontrolleur im Flughafen auf seinem Monitor, als der erste Verdacht entstand.

Koffer des Asiaten, der nur brockenweise in Englisch sprach. Ein Amtsarzt untersuchte den 19jährigen und ließ ihn gehen. Niemand ahnte, daß der Mann abends zurückkehren, seinen Handkoffer aufs Laufband eines Röntgengeräts stellen – und den Großalarm auslösen würde, weil diese erste Prüfung verdächtig ausfiel und er die Durchsuchung verweigerte. Warum der Fehlalarm? Entweder war das Sprengstoff-Spürgerät defekt oder es reagierte, weil tatsächlich einmal Sprengstoff in dem Koffer transportiert worden war.

Mit Heringshäppchen füttert Vogelwart Kim Heckers drei Trottellummen. Im Gegensatz zu vier anderen überlebten sie den unfreiwilligen Sturm-Flug von Helgoland bis nach Hamburg.

Tierisch, was mit Tieren in der Stadt passieren kann

Vom Orkan getrieben, landeten einige Trottellummen unfreiwillig in Hamburg. Der Landesverband Hamburg des Naturschutzbundes bot den völlig erschöpften Seevögeln ein Obdach und besorgte ihnen für die Rückkehr nach Helgoland eine Hubschrauber-Passage. Auf Irrwegen befand sich auch ein Uhu, der tagelang am Hafen, vor den Fenstern des Bismarck-Bades am Bahnhof Altona und andernorts in Ottensen gesichtet wurde. Da er keine Scheu vor Menschen zeigte und sich durch deren Anwesenheit selbst beim Verspeisen einer Maus nicht stören ließ, mußte er derlei Anblick aus einer Voliere gewöhnt gewesen sein, schlußfolgerten Ornithologen. Einen weiteren seltenen Gast bescherten die Sturmfluten der Stadt. In Höhe des Zollenspieker Fährhauses sahen Passanten zwei Wochen lang immer wieder einen Seehund seinen Kopf aus der Elbe recken. Trotz der hohen Verschmutzung bedeutete das Wasser keine direkte Gefahr für das Leben des Meeressäugers. Rettung vor dem Tod kam für fünf Welpen von Oliver

Vom Kurs abgekommen: Mit knopfrunden Augen schaute dieser Seehund bei Zollenspieker aus der Elbe.

Harms (24). Er hörte das Winseln der Tiere, die kurz nach der Geburt in Lohbrügge in den Müll geworfen worden waren, befreite sie und brachte sie zur Polizeiwache 43. Tierärztin Kerstin Bonn fand eine Pudel-Amme und später auch gute Menschen für die Mischlinge.

Keine Scheu vor Menschen zeigte dieser Uhu. Seelenruhig hockte er auf einem Betongemäuer mitten im Getriebe der Großstadt und ließ sich bestaunen, als säße er noch in der Voliere.

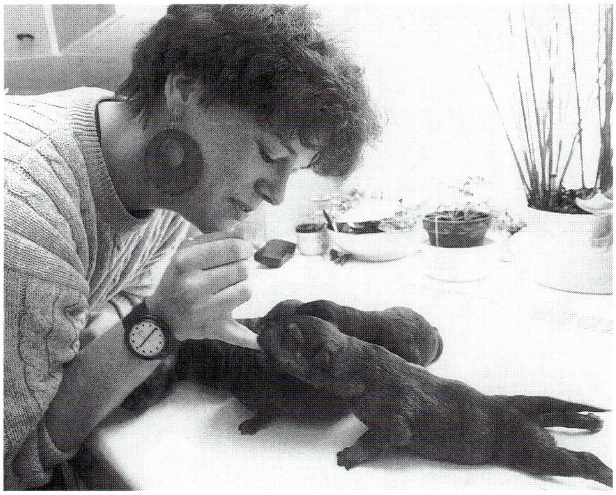

Tierärztin Kerstin Bonn hat alle Hände voll zu tun. Um fünf winzige schwarze Schäferhund-Mischlinge muß sie sich kümmern, damit sie den Schock des Ausgesetztseins überwinden und zu Kräften kommen.

Wieder einmal saß ein Mann als Geldtransport-Fahrer an der Quelle und konnte sich ziemlich mühelos bedienen: Millionendieb Stefan R. (24).

Man muß nur Gas geben, dann hat man das Geld

Der Coup dauerte nur wenige Minuten und könnte dem Sicherheitstransportfahrer Stefan R. (24) rund 1,3 Millionen Mark eingebracht haben. Einen Tag später stellte er sich der Polizei. Natürlich: von dem Geld keine Spur. Um 8.25 Uhr stoppte am 12. Februar der „Heros"-Geldtransporter vor der Vereins- und Westbank an der Großen Elbstraße in Altona. Stefan R. (24) schickte seinen Beifahrer in die Bank – und gab Gas. An der Carsten-Rehder-Straße warteten Komplizen und luden sechs Geldkoffer in einen hellen Ford. Ein in diesen Kreisen häufiger praktiziertes Verfahren. Als sich der Fahrer stellte, brachte er gleich seinen Anwalt mit. Über den Verbleib der Beute und seiner Komplizen schwieg er. Aus Angst – oder als Teil des Plans?

Der 24jährige war erst seit einem halben Jahr bei Heros beschäftigt. Bis kurz vor der Tat fuhr er „nur normale Kurierdienste", wie ein Firmensprecher sagte. Doch kaum saß Stefan R. am Steuer des Geldtransporters, schlug er zu. Es dauerte eine halbe Stunde, bis die vom Beifahrer alarmierte Polizei den verlassenen Geldtransporter entdeckt hatte. Das Protokoll der Dienstfahrt lag auf dem Beifahrersitz.

Wer waren die Komplizen? Und wo ist die Beute? Als Stefan R. knapp 30 Stunden nach der Tat bei der Polizei erschien, hatte er nur „ein paar Tausend Mark" dabei, wie ein Polizeisprecher sagte. Der Fluchtwagen, der am selben Tag

Von dem vielen Geld keine Spur: Polizeisprecher Dankmar Lund zeigt eine der leeren Geldkassetten, die Spaziergänger nach dem Coup am Rangierbahnhof Maschen gefunden hatten.

in einem Parkhaus an der Neuen Großen Bergstraße in Altona sichergestellt wurde, war leer. Die geplünderten Geldkassetten aus Stahl fanden Spaziergänger in der Nähe des Rangierbahnhofs Maschen.

In dem Geschäftsbetrieb von Stefan R.'s Eltern gab es in den folgenden Tagen nur eine Frage: Wie konnte Stefan das seinem herzkranken Vater antun? Eine Antwort blieb aus. Bei den Nachbarn seiner Wohnung galt der 24jährige immer als äußerst ruhig und unauffällig. Rund 250 Milliarden Mark werden jedes Jahr auf Deutschlands Straßen transportiert. Dieser Coup warf wieder die Frage nach der Personalpolitik und der Seriosität der Geldtransport-Firmen auf: Die Polizei hatte bereits wegen Betruges und Diebstahls gegen den 24jährigen ermittelt. Die Hoffnung der Polizei, daß er seine Komplizen preisgeben würde, erfüllte sich nicht. Auch als Stefan R. der Haftbefehl verkündet wurde, schwieg er. Zwar muß er für die Tat mit einer mehrjährigen Haftstrafe rechnen, doch das könnte er einkalkuliert haben.

Etwas ratlos stehen drei „Heros"-Mitarbeiter bei dem ausgeplünderten Geldtransporter, den die Polizei an der Carsten-Rehder-Straße entdeckt hatte. Der Mann in der Mitte, Andre B., war Beifahrer von Stefan R. Er rief sofort die Polizei.

Dirk Boje (24) und Ilja Reuter (22) verwandelten sich in eine futuristische Ausgabe der Blues Brothers, die mit dunkler Brille und goldenem Lametta-Haar auffielen. Die beiden betreiben übrigens den Kostümverleih professionell, mit einem Geschäft in Wandsbek.

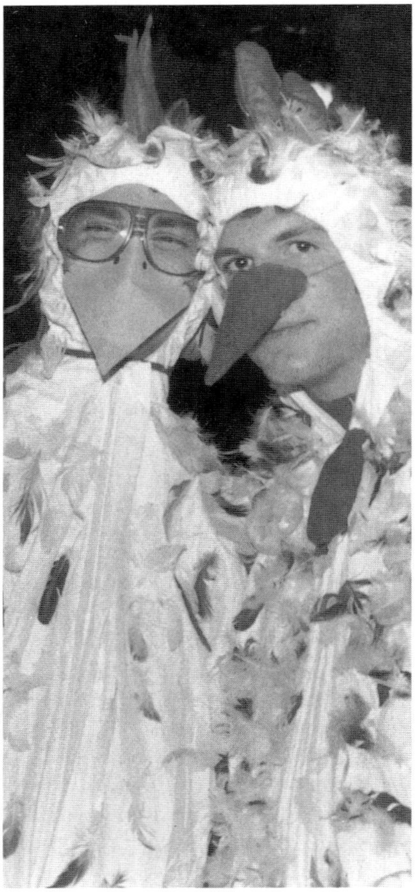

Zwei ulkige Vögel: Henry Bargest (18) und Florian Peters (18) kamen als das liebe Federvieh zum LiLaBe. Den beiden in ihrem „selbstgestrickten“ Daunenkostüm fehlte nur noch die passende Gruppe Damen, um den Abend als Hahn im Korb zu beschließen.

Von Mickymäusen, Elfen, Raumfahrern und Haremsdamen

Was ist eigentlich aus „LiLaBe“ geworden? Wie eine ausgelassen fröhliche Reise durch Zeit und Raum präsentierte sich Norddeutschlands größte Karnevalsfete in der Fachhochschule Bergedorf. Zwar wurde die Sause in diesem Jahr „nur“ noch von 5000 Jecken besucht, und Veranstalter Karsten Jahnke mußte einen leichten Rückgang im Eintrittskarten-Absatz verzeichnen. Aber diese Nord-Narren bewiesen, daß auch seriöse Hanseaten imstande sind, tolle Tage schwungvoll auszukosten.

In den buntgeschmückten Hallen der Fachhochschule wurden beim ausgelassenen Tanz der Jecken unter anderen so verrückte Gestalten wie die schwarz gekleideten Blues Brothers, schillernde Nachtschattengewächse, Elfen, die Panzerknacker, Mickymaus und allerlei Phantasie-Figuren gesichtet.

Da scherbelten Musketiere mit kekkem Dreispitz und Federwisch mit leichtgeschürzten Haremsdamen. Eine Nonne lud kühn einen professionellen Ganoven zum Bier ein, und an der Bar gesellte sich zu Mr. Spock vom fernseherprobten Raumschiff Enterprise eine kapriziöse Dame mit Federboa und Charleston-Kleid aus den angeblich goldenen Zwanziger Jahren.

Eine kühlere Karnevalsvariante entwickelte sich für die Kinder an der frischen Luft: auf der Kunsteislaufbahn in den Grünanlagen am Holstenwall. Dort konnten die jungen Akteure als Clowns, Mäuse, Hexen, Pumuckls und Prinzessinnen bei strahlendem Sonnenschein auf Schlittschuhen ihre Runden drehen. Manchen brachte es etwas ein: Die besten Kostüme wurden mit Jahreskarten für die Eisbahn prämiert.

Auf wackligen Füßen noch etwas unsicher, ließ sich dieser kleine Clown von seiner Mutter durch das karnevalistische Treiben auf der Eisbahn in den Wallanlagen führen. Aufs Dabeisein kommt's an, und sei es mit Schnuller im Mund.

Stark: Markus Bott (oben, links) gegen Tyrone Booze. „Wo ist mein Weib?" fragte Bott dann. Gattin Sylvia stand mit unterm Lorbeerkranz.

Der Weltmeister hat viel vor: „Ich werde Millionär"

Triumphierend und provozierend zugleich riß er die Arme hoch – obwohl der Kampf noch andauerte. Eine Minute später, nach Ende der zwölften Runde, wiederholte er die Geste. Der 13. Februar erwies sich für den 31jährigen Markus Bott als Glückstag. An jenem Sonnabend gewann der Boxer aus Pforzheim mit einem deutlichen Punktsieg in Hamburg die Weltmeisterschaft im Cruisergewicht gegen den 34jährigen Titelverteidiger Tyrone Booze aus den USA.

5200 Zuschauer in der Alsterdorfer Sporthalle feierten den dritten deutschen Profi-Champion nach Max Schmeling. Der Fight in der Klasse bis 86,2 Kilo war der erste WM-Kampf in der Hansestadt. Botts Manager Klaus Peter Kohl hatte ihn in seine Heimatstadt geholt. Das Box-Großmaul, in Anlehnung an den legendären Amerikaner Clay (Muhammad Ali) „Cassius" genannt, hielt in seinem 25. Profifight endlich seine Ankündigungen: „Der Kampf geht über volle zwölf Runden." Und: „Ich bin der bessere Boxer." Am Tag darauf, dem Valentinstag, präsentierte Bott seiner Frau Sylvia ein „Veilchen" – am linken Auge. Für die Familie konnte Bott eine Börse von 50 000 Mark einstreichen. Zum großen Schlag will der gelernte Maler und Lakkierer mit erfolgreichen Titelverteidigungen ausholen. Dabei schwebt ihm vor: „Ich werde Millionär."

Die Polizei spart, bei der Feuerwehr liegen Babys besser

Polizei und Feuerwehr brachen zu neuen Ufern auf. Aus Kostengründen setzen die Ordnungshüter auf optische Erneuerung, die Feuerwehr betrat mit einem Baby-Notarztwagen Neuland. Ganz in Weiß präsentiert sich der neue Peterwagen, nur an grüner Bauchbinde – und natürlich dem Blaulicht – als Polizeiauto erkennbar. Rund 1000 Mark spart die Polizei pro Wagen ein, wenn auf die grün-weiße Sonderlackierung verzichtet wird. Die grüne Binde ist nur aufgeklebt und wird einfach abgezogen, wenn der Peterwagen seine Pflicht getan hat. Das spart weitere Kosten, denn bislang mußten die staatlichen Autos vor dem Weiterverkauf erst umlackiert werden.

Komfortabel und sicher sollen Neugeborene im Baby-Notarztwagen aus der Geburtsklinik in eines der acht Hamburger Krankenhäuser mit spezieller Intensivüberwachung transportiert werden. Denn der normale Rettungswagen rüttelt so stark, daß bei Neugeborenen Hirnblutungen ausgelöst werden könnten. Nach sieben Monaten Entwicklungsarbeit von Feuerwehr, Industrie und Fachhochschule entstand der neue Baby-NAW, der die Säuglingssterblichkeit – in Hamburg mit sechs pro 1000 Geburten die niedrigste in Deutschland – weiter senken soll. Das Prinzip: Der Inkubator (Brutkasten) ist nicht mehr über der Hinterachse installiert, sondern in der ruhigen, speziell gefederten Mitte des Wagens. Aufwendige Geräte sichern die Atemluftversorgung.

So sehen Hamburgs neue Peterwagen aus. Nach einer Probephase entschied sich die Polizei für dieses Design. Die grüne Bauchbinde und die Aufschrift „Polizei" sind aufgeklebt.

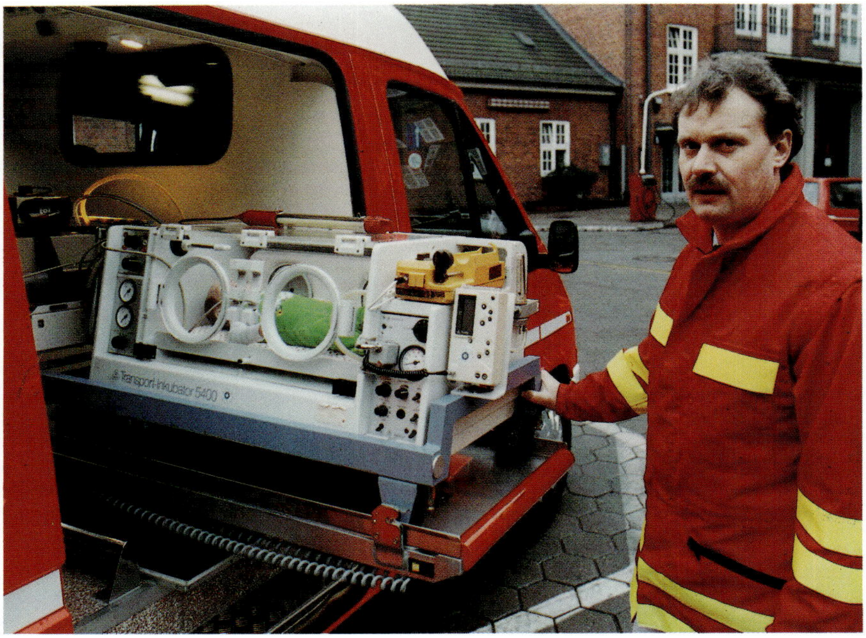

Der Inkubator (Brutkasten) steht im Baby-Notartwagen quer zur Fahrtrichtung. Das ist neu. Dadurch soll der Kopf des Säuglings besser geschützt sein, falls es zu einem Unfall kommt.

Seit ihrer Einweihung am 20. September 1974 ist die Köhlbrandbrücke eines der auffälligsten Bauwerke Hamburgs – ein neues Wahrzeichen. 120 Millionen Mark hat Deutschlands höchste Brücke (53 Meter über mittlerem Hochwasser) gekostet. Immer wieder fordert sie Fotografen heraus, ihre ungewöhnlichen Perspektiven wirkungsvoll einzufangen. Abendblatt-Fotograf Ingo Röhrbein wählte für diese Aufnahme ein extremes Teleobjektiv von 1200 Millimetern Brennweite.

Der Künstler und sein erstaunliches Werk. Piet Trantel (35) präsentiert „niemandes land“. Es ist ein Sandwall mit Loch an der Kreuzung Knoopstraße/Bremer Straße im Harburger Stadtzentrum.

Sieht aus wie 'ne Baugrube, ist aber ein Kunstwerk

Kann ein Sandwall Kunst sein? Das erregte im Stadtteil Harburg die Gemüter. Das Werk ist elf mal elf Meter lang, in der Mitte gähnt ein zwei Meter tiefes Loch. „Prädestiniert als überdimensionaler Abfallbehälter“, wie respektlose Zeitgenossen schon bei der Einweihung des Gebildes mit dem schönen Namen „niemandes land“ unkten. Den Künstler Piet Trantel – er erhielt für den Entwurf immerhin den mit 10 000 Mark dotierten 1. Harburger Kulturpreis – focht das nicht an. „Wir alle haben unsere Probleme damit, zu gewissen Dingen Zugang zu finden“, befand er selbstbewußt. Da mochte auch Umweltsenator Fritz Vahrenholt, er wurde eigens zur Einweihung über die Elbe geholt, nicht zurückstehen. Von Einfallsreichtum war die Rede in seiner Ansprache und von Verzicht und von der Rechtsabteilung des Bezirksamtes Harburg, das nach langer Suche einen Dreh gefunden habe, wie die Stadt auf den Boden unter „niemandes land“ verzichten könne. „Denn“, so sinnierte der Senator, „nur wo alles planlos ist, kann nichts mehr geplant werden.“ Solchen Feinheiten mochte ein vorbeieilender Passant nicht folgen. Sein herzloses Urteil: „Sieht aus wie 'ne Baugrube.“

Das Verbrechen wächst uns über den Kopf

Alarmierendes im Bereich der Inneren Sicherheit: Der zuständige Senator Werner Hackmann (SPD) schockierte die Hamburger im Februar mit der Nachricht, daß die Zahl der registrierten Straftaten 1992 im Vergleich zum Vorjahr um 11,5 Prozent angestiegen war. Zum erstenmal seit Einführung der Kriminalitätsstatistik wurde die magische Zahl von 300 000 Straftaten überschritten.

Eine ähnlich dramatische Entwicklung hatte es in Hamburg zuletzt 1981 gegeben, als die Zunahme im Laufe eines Jahres 13,7 Prozent betrug. Im Jahr zuvor waren es 10,8 Prozent mehr Straftaten gewesen, 1977 brachte einen Anstieg um 12,7 Prozent. Die durchschnittliche Zunahme an Kriminalität lag in den 80er Jahren aber „nur" bei 3,1 Prozent jährlich. Den Ausschlag für die Explosion der Verbrechenszahlen gaben vor allem die Eigentumsdelikte. Wurden zum Beispiel 1991 noch 7500 Autos aufgebrochen und gestohlen, zählte die Polizei 1992 bereits 9500 entwendete Wagen. Das ist eine Steigerung um fast 30 Prozent.

Schwerer Diebstahl nahm um 12,15 Prozent auf 135 244 Fälle zu. Allein in den Kaufhäusern wurden Langfinger 41 246mal ertappt; die Dunkelziffer dürfte höher liegen. Eine Ursache für die negative Entwicklung ist die Überlastung der Polizeibeamten mit Verwaltungsarbeiten. Effektive Verbrechensbekämpfung, wie die konsequente Fahndung nach Tätern, wird dadurch gehemmt.

Einen Schock ganz ähnlicher Art bereitete der italienische Mafia-Jäger Leoluca Orlando Bürgermeister Henning Voscherau. Bei seiner Hamburg-Visite offenbarte der Experte in Sachen organisiertes Verbrechen aus Palermo: „Hamburg ist eine der Mafia-Hochburgen Europas." Die Erklärung Orlandos für die unerwünschte Attraktivität der Hansestadt war verblüffend einfach: Was Hamburg wegen seiner Lage zwischen den ehemaligen Machtblöcken in Ost und West für die „normale" Wirtschaft so interessant mache, das ziehe auch das organisierte Verbrechen an.

Das Gästehaus des Senats glich einer Festung, als Orlando und Voscherau sich dort zum Gespräch im engsten Kreis zusammensetzten. Der 45 Jahre alte Sizilianer lebt in der ständigen akuten Gefahr, von Mafiosi liquidiert zu werden. Als Bürgermeister von Palermo versuchte er, die Korruption in den Behörden zu bekämpfen und Mafia-Anhänger aus ihren Ämtern zu vertreiben. 1990 wurde der unbequem Gewordene von seiner Partei, den italienischen Christdemokraten, aus dem Amt gedrängt. Zwei Jahre später gründete Orlando die Anti-Mafia-Partei „Rete" (Netz), die zur viertstärksten politischen Kraft aufstieg. Seitdem wird Orlando rund um die Uhr bewacht.

Mafia-Jäger Leoluca Orlando (l.) ließ sich in der Loge der Bürgerschaft von Bürgermeister Henning Voscherau die Arbeit des Parlaments erklären. Eine Schar von Sicherheitsbeamten behielt den gefährdeten Politiker stets im Auge.

Polizisten des Mobilen Einsatzkommandos stürmen durch den Hintereingang in das Haus an der Steilshooper Straße. Der durch einen Schuß ins Bein verletzte Martin A. hat sich in der Wohnung seiner Freundin verschanzt.

„Ich bringe euch alle um", schrie der Mann mit Machete

Wild mit einem Hackmesser um sich fuchtelnd, trat der 25 Jahre alte Martin A. am 6. Februar in einem Haus an der Steilshooper Straße Wohnungstüren seiner Nachbarn ein und bedrohte die verängstigten Menschen. Mit einem Schuß in den Unterschenkel mußte der Rasende von der Polizei gestoppt werden, als er mit der 80 Zentimeter langen Klinge ausholte und sie auf einen am Boden liegenden Polizisten niedersausen lassen wollte.

Martin A. hatte sich eine Bundeswehrhose angezogen, in die er Fahrtenmesser, Bowiemesser und Hammer steckte. Mit schwingender Machete hetzte er durch das Treppenhaus des Mehrfamilienhauses und brüllte: „Ich bringe euch alle um!" Als die Polizei eintraf, randalierte er auf dem Fußweg der Steilshooper Straße.

Alle Versuche, den ausgerasteten Mann durch Gespräche zu beruhigen, blieben erfolglos. „Er war überhaupt nicht ansprechbar", sagte ein entsetzter Beamter. Als Martin A. plötzlich auf die Polizisten zurannte, geriet der Einsatzleiter ins Straucheln und stürzte. Der Tobende holte mit seiner Machete zum Hieb auf den Beamten aus, als der Schuß fiel. Ein Polizist hatte blitzschnell reagiert und auf die Beine des Angreifers gezielt.

Der Angeschossene schleppte sich in die Wohnung seiner Freundin und verschanzte sich dort. Das Mobile Einsatzkommando (MEK) mußte die Wohnungstür aufbrechen, um Martin A. zu überwältigen. Zunächst wurde er ins Krankenhaus Barmbek gebracht.

Seine Machete schwingend, rennt der Gewalttätige durch den Garten. Er trägt eine schwarze Wollmütze und eine Militärhose mit Messern und Hammern.

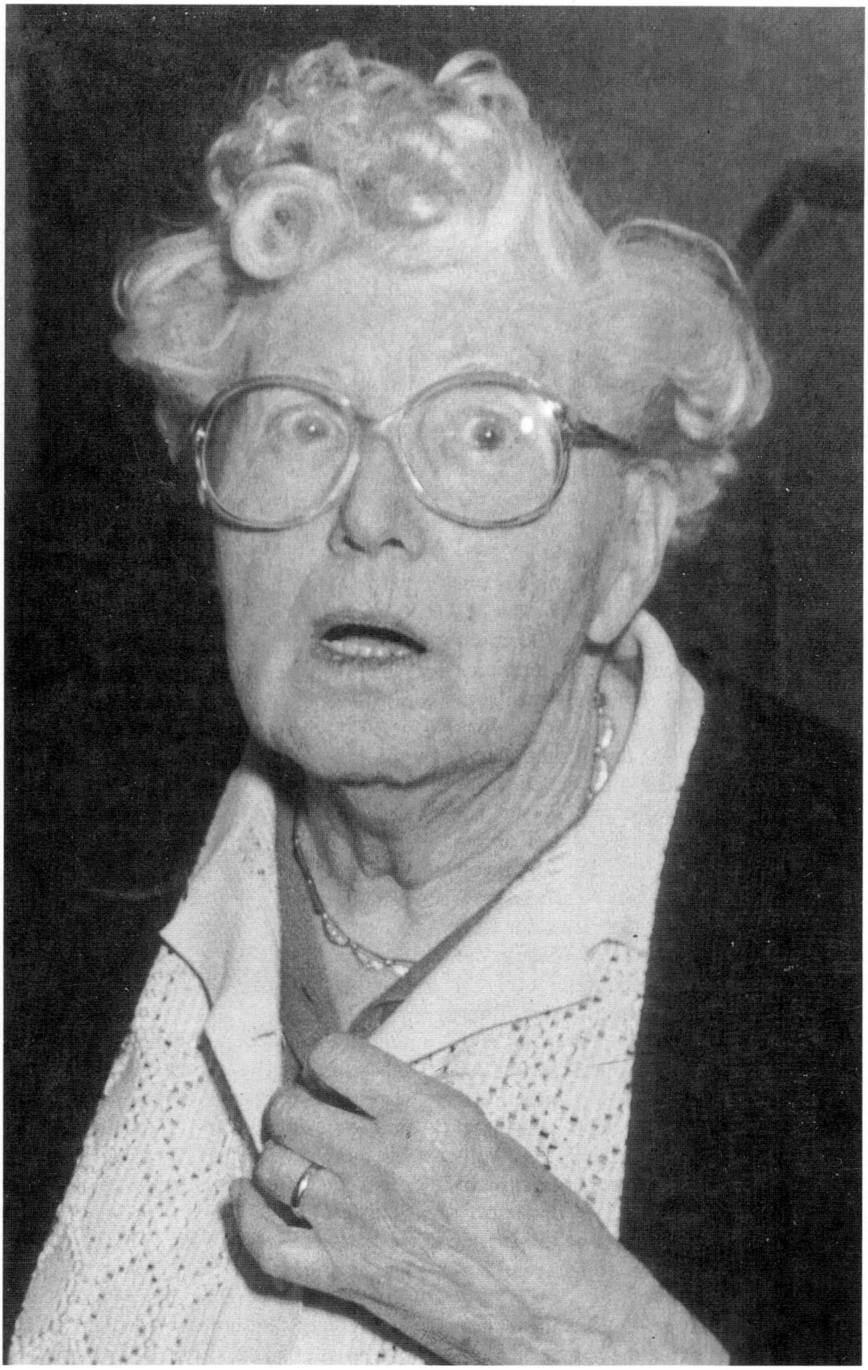

Rentnerin Hella C. ist geschockt: Der 25 Jahre alte Angreifer schleuderte die 86jährige Frau gegen eine Zimmerwand, bedrohte sie mit Messer und Machete, nachdem er ihre Wohnungstür eingetreten hatte.

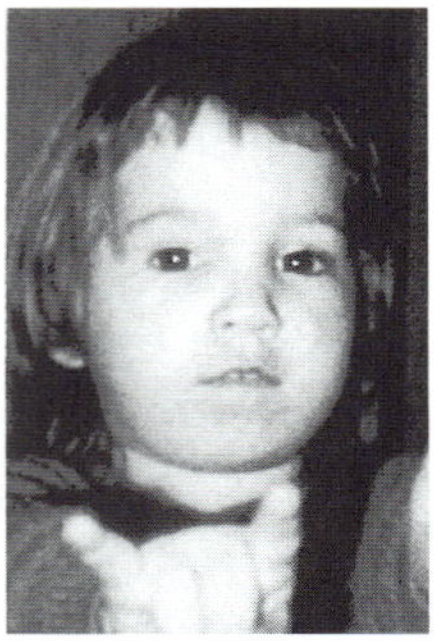

Das Mädchen vegetierte im Dreck. Es wird viel aufzuholen haben.

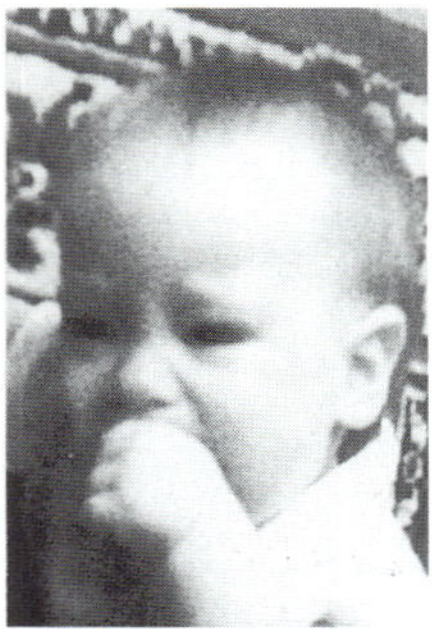

Der kleine Junge: Nackt und voller Kot, als man ihn fand.

Überfordert: Tanja S. (27) kam mit dem Leben nicht zurecht.

Berge von Müll und dazwischen zwei hilflose Kinder

Das Schicksal zweier verwahrloster Geschwister in Barmbek erschütterte ganz Hamburg. Der zweijährige Junge und seine vierjährige Schwester waren über und über verdreckt, unterkühlt und von Parasiten befallen, als Polizeibeamte nachts die SAGA-Wohnung an der Weidestraße öffneten. Sie waren gerufen worden, weil ein Wasserrohrbruch vermutet wurde. Die Kinder hatten einen Wasserhahn laufen lassen – das war ihre Rettung.

Als die Polizisten die Wohnungstür mit dem Schlüssel einer Nachbarin geöffnet hatten, prallten sie entsetzt zurück. Überall war der Fußboden mit einer um die 40 Zentimeter hohen Müllschicht bedeckt; Möbel gab es nicht. Die Beamten scheuchten Schwärme von Ungeziefer auf. Im Müll verfaulende Essensreste, dazwischen die hilflosen Kinder. Ihre Körper waren mit Kot und Urin bedeckt – ein herzzerreißender Anblick. Die Polizisten brachten die kleinen Wesen ins nächste Krankenhaus. Sie waren unterkühlt und unterernährt, ihre Haut von Wunden übersät, die von Flaschenscherben stammten. In der Kopfhaut der Kinder steckten die Köpfe von Fliegen, die sich darin festgebissen hatten.

Von der 27 Jahre alten Mutter, Tanja S., fehlte von nun an wochenlang jede Spur. Die Sozialhilfe-Empfängerin ließ sich auch in den beiden Bars nicht mehr blicken, in denen sie nachts gearbeitet hatte. Die Grundreinigung der Wohnung, mit der die SAGA ein Spezialunternehmen beauftragen mußte, dauerte 16 Stunden. Sicherheitshalber nahm sich am nächsten Tag der Kammerjäger die Räume noch einmal vor.

Nachbarn hatten die Rettungsaktion der Polizei schockiert beobachtet. Man-

chen traten Tränen in die Augen, als sie sahen, in welchem Zustand die Kinder waren. Sie reagierten mit Unverständnis und Wut: „Schon vor einem Jahr haben wir die Behörde informiert, doch nichts geschah.“ Die Zuständigen im Amt für Soziale Dienste des Bezirksamtes Nord bestritten das nicht. Das Amt, das gesetzlich verpflichtet ist, darüber zu wachen, ob eine alleinerziehende Mutter ihre Pflichten erfüllt, hatte regelmäßig Vorladungen geschickt. Manchmal war Tan-

ja S. dann mit den Kindern vorbeigekommen, und dem Sachbearbeiter sei nichts Ungewöhnliches aufgefallen, hieß es. Stets hätten die Kinder einen normalen Eindruck gemacht. Nur hatte sich leider nie ein Sozialarbeiter einmal die Wohnung angesehen . . .

Zehn Tage blieben der kleine Junge und seine Schwester im Krankenhaus Wilhelmstift. Dann kamen sie ins Kinderheim am Südring (Winterhude). Von der Mutter immer noch kein Lebenszeichen. Täglich meldeten sich Familien beim Hamburger Abendblatt, die den Geretteten ein neues Zuhause bieten wollten. Die Behörde wehrte ab: Es müsse das Ziel bleiben, daß die Mutter selbst ihre Kinder ordnungsgemäß betreue; von Amts wegen solle ihr dabei geholfen werden. Die Polizei ermittelte unterdessen wegen Kindesmißhandlung. Ein Monat verging, dann meldete sich Tanja S. endlich bei der Kripo – der Auftakt zu langen, schwierigen Gesprächen.

In diesem Chaos scheiterte das Leben der Tanja S. mit ihren beiden Kleinkindern. Zwischen verfaulenden Essensresten, Dreck und Müll und Kot in der unmöblierten Wohnung nisteten scharenweise Fliegen und anderes Ungeziefer.

MINI-REPORT

GEBURTSWEHEN. Der schwersten Geburt an der Universitätsklinik ging eine lange Schwangerschaft voraus: Am 1. Februar wurde das neue Operative Zentrum, Teil 1, eingeweiht. Auf diesen Neubau hatte der Chirurg Prof. Zukschwerdt schon vor 30 Jahren gedrängt. Das Zentrum enthält auf 6300 Quadratmetern Fläche neun Operationsräume für die Urologie, Allgemein-, Transplantations-, Herz- und Kinderchirurgie sowie Räume für den Blutspendedienst und die Intensivmedizin. Wann die Mediziner sich über den zweiten Bauabschnitt, mit dem schon 1991 begonnen werden sollte, freuen dürfen, ist ungewiß . . .

KÖNIGSKAMPF. Majestäten-Treff im CCH: 1328 Könige und ebenso viele Damen, im Gefolge Pferde, Läufer und jede Menge Bauern – dirigiert von 2656 Schülern – das kann nur „Rechtes gegen linkes Alsterufer" sein, das größte Schachturnier der Welt. Beim 35. Wettbewerb siegten die Linksseitigen in einem Kopf-an-Kopf-Rennen mit 677 zu 651 Punkten zum sechsten Mal in Folge. Elf ihrer Mannschaften blieben ungeschlagen, so daß das Los entscheiden mußte, wer den begehrten goldfarbenen Pokal mitnehmen durfte: die Spieler von der Schule an der Oppelner Straße in Jenfeld.

DROGENGELD. Es gibt in Hamburg eine Lindenstraße, die mit der Heile-Welt-Fernsehserie nichts zu tun hat. Sie liegt in St. Georg und beherbergt Hamburgs kleinstes Postamt. Über dessen Tresen allerdings riesige Geldmengen gereicht wurden: 80 Millionen Mark in bar haben türkische Drogendealer hier innerhalb eines halben Jahres eingezahlt und so in die Heimat transferiert. Die Polizei- und Zollfahnder der Ermittlungsgruppe Rauschgift mußten machtlos zusehen, wie tagtäglich jugendliche Türken ins Postamt kamen und das Geld plastiktütenweise einzahlten. Das deutsche Recht ließ Beschlagnahme nicht zu.

TAUSENDSASSA. Am 20. Februar war es soweit: Der HSV absolvierte sein 1000. Spiel in der Fußball-Bundesliga. Von 1963 an haben 185 Spieler – von Harry Bähre (DFB-Profipaß Nr. 001) bis Uwe Seeler, der die meisten Tore schoß (137) – dafür gekämpft, daß der HSV immer erstklassig blieb. Die erste Deutsche Meisterschaft, nach 1923 und 1928, errangen die Rothosen in der Bundesliga erst 1979. Den höchsten Sieg schafften sie 1966 mit 8 : 0 gegen Karlsruhe, die höchste Niederlage erlitten sie 1964 bei München 1860 mit 2 : 9. Die längste Siegesserie genoß der HSV 1982/83: 36 Spiele ungeschlagen. Dieser Rekord gilt noch.

RAUSWURF. Das hat es in der Bürgerschaft seit 1949 nicht mehr gegeben, daß eine Fraktion von der Teilnahme an der Sitzung ausgeschlossen wurde. Den Eklat hatten die Abgeordneten der Grün-Alter-

Ungeschlagen im Schach und Glück beim Losentscheid: Jubel bei den Schülern und Lehrer Klaus von Geiso aus Jenfeld.

„Die Ordnung des Hauses gröblich verletzt": Diese GAL-Demonstration im Plenarsaal führte zum Ausschluß von der Bürgerschaftssitzung.

nativen Liste (GAL) bei einer Debatte über die Reduzierung der Arbeitsbeschaffungsmaßnahmen (ABM) provoziert. Sie hatten sich mit T-Shirts im Plenarsaal aufgestellt, auf denen – auf jedem Hemd ein Teil – zu lesen war: „Gegen Armut und Arbeitslosigkeit in Hamburg. Wir fordern: Haushaltsmittel sofort zum Erhalt aller ABM-Projekte." Bürgerschaftsvizepräsident Hans-Joachim Meissner (SPD) beriet sich mit dem Ältestenrat und verhängte den Hinauswurf.

Gabriele Ludwigs Rezept: „Ich verlasse mich auf meinen gesunden Menschenverstand."

TOP-MANAGERIN. Gabriele Ludwig (46), seit einem halben Jahr Gesamtvertriebsleiterin der Hamburger Jil Sander AG, ist vom Wirtschaftsmagazin „Forbes" zur Managerin des Jahres 1993 gekürt worden. Die erste Preisträgerin 1992 war Treuhand-Chefin Birgit Breuel. Gabriele Ludwig stieß ohne akademische Ausbildung, als Seiteneinsteigerin aus der Filmbranche, ins Top-Management vor. In der Modebranche arbeitet die Münchnerin, zunächst bei Escada, seit 1980. Über weiblichen Führungsstil sagt sie: „Frauen sind geduldiger und offener als Männer. Wir konzentrieren uns mehr auf die Sache, Macht ist seltener ein Motiv."

KUNSTBESESSEN. In Posen geboren, in Greifswald zum Dr. jur. promoviert, gab er dann doch seiner Neigung zu Kunstgeschichte und Germanistik nach: Gottfried Sello feierte seinen 80. Geburtstag. 1945 kam er von Berlin nach Hamburg und gründete mit seiner Frau, der renommierten Photographin Ingeborg Sello, an der Steinstraße die „Galerie der Jugend". Als Autor, Filmemacher und einer der profiliertesten deutschen Kunstkritiker gewann er hohes Ansehen über die Grenzen der Stadt hinaus. Beim Hamburger Abendblatt war Sello Kritiker der ersten Stunde.

Statt Jura ein Leben für die Kunst: der Autor, Kunstkritiker und Filmemacher Gottfried Sello.

Bühnen-Schocker haben auch in der Oper Konjunktur

Provokation an der Hamburgischen Staatsoper: John Dew inszenierte Verdis „Aida“ als radikales Anti-Kriegs-Stück, in dem die Soldaten zum berühmten Triumphmarsch in Rollstühlen antraten. Begeisterte Bravos und heftige Buhs hielten sich nach der Premiere am 7. Februar die Waage.

Die heftigsten Reaktionen löste die turbulente Satire im zweiten Akt aus: Dew machte aus dem Triumphmarsch mit seinen Showeinlagen das Bild einer dekadenten, von machtgeilen Militärs geführten Gesellschaft.

An der Spitze Radames (Michael Sylvester), der mit stolzverzerrter Miene per Knopfdruck einen Atomschlag auslöst. Am Ende ereilt auch ihn sein spektakuläres Schicksal: Zusammen mit Aida, mit strahlendem Sopran gesungen von Maria Guleghina, wird er von einer giftig-orangefarbenen Nachbildung des Kriegerdenkmals vom Stephansplatz zermalmt. Während in der Staatsoper noch Historie in Gegenwart umgemünzt wurde, beschäftigten sich zwei Sprechtheater tatsächlich mit der aktuellen Situation Deutschlands. Spektakulär war die Premiere von Rolf Hochhuths „Wessis in Weimar“ schon deshalb, weil er versucht

„Vom Fischer und seiner Frau“: Holger Ehlers, Sabine Schmidt als Meeresbewohner.

„Wessis in Weimar“ im Ernst-Deutsch-Theater: Peter Gross sinniert in der Badewanne darüber, warum er in einem Fernsehspiel nicht einen „Ossi“ und einen „Wessi“ zugleich spielen kann.

hatte, die Uraufführung – kurz zuvor in Berlin – verbieten zu lassen. Dabei war dort wenigstens noch ein einigermaßen fesselnder deutsch-deutscher Bruderkrieg über die Bühne gegangen, während die Hamburger Inszenierung von Yves Jansen nichts als Hochhuths papierene, blutarme Thesen präsentierte. Gezeigt wurden Szenen aus den Alltag nach der Wende, in dem skrupellose Politiker, abgebrühte Wirtschaftsbosse und Bodenspekulanten ihr Schnäppchen im Osten zu machen versuchen.

Die Ausländerfeindlichkeit nahm Klaus Pohl in seinem Stück „Die schöne Fremde“ aufs Korn. Da wird im winterlichen Bebra ein Pole erschlagen, eine dunkelhäutige Amerikanerin vergewaltigt. Neonazismus, Feigheit, schmierige Männerphantasien – Jürgen Flimms Inszenierung im Thalia Theater schraubte sie leider auf ein ekelhaftes Primitiv-Niveau ohne jede Glaubwürdigkeit zurück. Da wurden keine Menschen, sondern klischeehafte Abziehbilder von Typen gezeigt, die der Autor offenbar zur Abschreckung erfunden hatte.

Auch im Schauspielhaus ein Gegenwartsthema: die Einsamkeit der Alten. Tom Coles satirisch-melancholisches Endzeitspiel „Es wird Zeit“ beschäftigt sich mit einem alten Ehepaar, das isoliert in der eigenen Wohnung dem Tod entgegenlebt. Zwar flackert mit neuen Sex-Praktiken noch einmal ein bißchen Leidenschaft auf, doch die Gewohnheit, die Eintönigkeit beherrscht die endlos scheinenden Tage. Susanne von Almassy und Bruno Dallansky ernteten in dieser Aufführung Bravos und Beifall als liebenswertes altes Paar.

Es schien so, als wollten sich die Kammerspiele partout übernehmen, als sie sich Shakespeares Schurkendrama von „Richard III.“ vornahmen. Aber es ging noch einmal gut. Mit dem Kabarettisten Michael Quast in der Titelrolle und nur sieben Darstellern, die sich die übrigen Rollen teilten, balancierte Theaterchef Stephan Barbarino geschickt auf dem Grat zwischen Politfarce und Menschheitstragödie.

Verdis „Aida“ als Anti-Kriegs-Schauspiel: Am Triumphmarsch beteiligten sich Soldaten in Rollstühlen, Krankenschwestern ließen Hüften kreisen und zeigten Bein.

Seit 25 Jahren besteht das Theater für Kinder. Zur Jubiläumsfeier gab es zum erstenmal ein Opernauftragswerk: „Vom Fischer und seiner Frau“.

Wolfgang Söring untermalte das bekannte Märchen von Philipp Otto Runge mit einfühlsamen Tonbildern, die die Atmosphäre der norddeutschen Landschaft ebenso trefflich vermittelten wie die verschiedenen Schauplätze vom einfachen Landleben bis zum höfischen Prunk. Ein optisches und akustisches Vergnügen, das auch Kultursenatorin Christina Weiss genoß.

MÄRZ

122 *Menschen mit Brandwunden: Hamburg ist nicht gewappnet*

127 *Schlangen per Post sind ein Fall für Heinz Grünwaldt*

128 *Babys zum Betteln benutzt – Greift denn niemand ein?*

130 *Der jüngste in der Airbus-Familie ist Hamburger*

132 *Affenschande, wenn man dauernd nur Freizeit hat!*

134 *Zwei Schüsse, zwei Tote und ein großes Rätselraten*

136 *Hafengäste zum Bestaunen, piekfein und riesengroß*

138 *„Vergessener" Stadtteil Veddel auf der Kippe*

140 *Hamburger „Hausbrigade" – das war einmal*

142 *Hereinspaziert zu Kitsch und Kunst fremder Völker*

143 *Auf der Fitneßwelle ein blühendes Gewerbe*

144 *Frecher Spatz, wo bist du denn nur geblieben?*

145 *Wenn Füllfederhalter zur Leidenschaft werden*

146 *Mini-Report*

148 *Das Fiasko drohte, bis „Siegfried" sang und siegte*

Menschen im Feuer: Da ist Hamburg nicht gewappnet

Mit dem Mut der Verzweiflung stürzte sich Michael Hüttry in die Flammen, um seine Söhne zu retten. Vergebens. Das Kinderzimmer brannte schon lichterloh. Der Jüngste der Familie, der kleine Manuel (2), starb in seinem Gitterbett, sein Bruder Oliver (3) erlag im Krankenhaus

den Verbrennungen. Der Vater konnte dem Feuer schwer verletzt entkommen.

Die übrigen sieben Söhne der Familie Hüttry entgingen nur durch Zufall den Flammen. Als ihr Haus am Mohnhof in Bergedorf abbrannte, waren sie zur Kur in Wyk auf Föhr. Ihre Mutter Rita wurde mit leichten Brandverletzungen und einem schweren Schock ins Krankenhaus gebracht. Sie konnte den Verlust ihrer Kinder auch Wochen nach der Katastrophe nicht verwinden; ihr Arzt verordnete über lange Zeit Beruhigungsmittel.

Vierzig Feuerwehrleute hatten am 2. März die Flammen bekämpft, die aus dem hölzernen Treppenhaus des Altbaus nach draußen schlugen. Nur unter schwerem Atemschutzgerät gelangten die Männer in das Sieben-Zimmer-Haus aus der Jahrhundertwende. Im Kinderzimmer bot sich ein grausiges Bild: Manuel lag bis zur Unkenntlichkeit verbrannt in seinem Kinderbett. Nur seinen älteren Bruder Oliver konnten die Brandschützer zunächst noch lebend bergen; er kauerte im Wohnzimmer auf dem Boden, bewußtlos

Familie Hüttry vier Jahre vor dem Feuer neben ihrem Haus, das sie im März '93 verloren haben: Mutter Rita mit Baby Oliver im Arm. Manuel, den der Brand wie Oliver das Leben kostete, war noch nicht geboren.

Rita Hüttry zeigt den Beileidsbrief des Bundespräsidenten Richard von Weizsäcker, dem Paten ihres achten Sohnes Oliver. Der Junge war drei Jahre alt, als er im Feuer sein Leben verlor.

Traurige Pflicht: Ein Bestatter trägt den leblosen Körper des zwei Jahre alten Manuel Hüttry aus der Brandruine in Bergedorf. Das Feuer im Haus hatte dem Kind keine Chance gelassen.

und schwer atmend. Das Kleinkind wurde mit 40prozentigen Verbrennungen im Rettungshubschrauber zum Kinderkrankenhaus Wilhelmstift geflogen. Nach zweieinhalb Wochen im Koma starb Oliver auf der Intensivstation. Er war als achter Sohn der Familie ein Patenkind des Bundespräsidenten, der in einem Brief an die Hüttrys sein Beleid bekundete und materielle Hilfe versprach.

Der 39 Jahre alte Vater mußte zwei Monate lang im Unfallkrankenhaus Boberg behandelt werden. Der arbeitslose Kraftfahrer hatte bei den vergeblichen Rettungsversuchen schwere Verbrennungen an Kopf und Rücken erlitten. Mehrere Wochen lang blieb Michael Hüttry in akuter Lebensgefahr.

Die Familie, die ihre Wohnung und alle Habe verloren hatte, bekam vom Bezirksamt Bergedorf ein Haus in Lohbrügge. Ehe sie dort einen Monat nach dem Feuer einziehen konnten, lebten die Hüttrys bei Verwandten. Zugleich kam eine Welle der Hilfsbereitschaft für die kinderreiche Familie in Bewegung. So stifteten Abendblatt-Leser über die Redaktion „Von Mensch zu Mensch" mehr als 5000 Mark. Auch Sachspenden gingen über das Abendblatt an die Familie – von der kompletten Wohnungseinrichtung über Bettzeug, Geschirr und Gardinen bis hin zu Plüschtieren.

Am wichtigsten für die Familie Hüttry aber war, daß Vater Michael wieder gesund wurde. Möglicherweise hat er nur deshalb überlebt, weil der 39jährige unmittelbar nach dem Feuer ins nahegelegene Unfallkrankenhaus Boberg gebracht wurde. Es verfügt über eine Spezialeinrichtung mit drei Intensiv-Behandlungsplätzen für Patienten mit schwersten Brandverletzungen. Es sind die drei einzigen solcher Spezialbetten zwischen Lübeck und Hannover. Das Dilemma: Wenn sie belegt sind, kann es Wochen dauern, bis ein Platz frei wird. Bundesweit existieren nur 117 vergleichbare Bet-

Ende eines Einsatzes: Feuerwehrmänner beseitigen die noch glimmenden Fensterrahmen des Kinderzimmers. Dort war das todbringende Feuer aus ungeklärter Ursache ausgebrochen.

ten, in die Patienten mit schweren Verbrennungen verlegt werden können, wenn Plätze verfügbar sind. Deshalb gehören Überführungen Schwerstverbrannter durchs ganze Bundesgebiet – beispielsweise in eine Spezialklinik nach Dortmund – zur Tagesordnung.

Selten wurde diese Misere so deutlich wie in den ersten Monaten des Jahres 1993: Ungewöhnlich viele Wohnungsbrände, deren Häufung sich kein Experte erklären konnte, forderten ungewöhnlich viele Schwerstbrandverletzte. Der Chefarzt der Abteilung für Anästhesie und Intensivmedizin am Unfallkrankenhaus Boberg, Dr. Peter Voeltz, schlug Alarm. Der Mediziner sprach im Abendblatt von einem „Ausnahmezustand“: Waren in den beiden Vorjahren pro Monat fünf Patienten eingeliefert worden, so wurden in den ersten Monaten 1993 durchschnittlich 6,5 schwerverletzte Brandopfer in Boberg behandelt.

Und das, obwohl im AK St. Georg, unbemerkt von der Öffentlichkeit, zwei Brandopfer-Spezialbetten verschwunden sind. Die Einrichtung war erst 1982 für 522 000 Mark angeschafft worden, weil schon damals immer mehr Feuerverletzte in geeignete Kliniken außerhalb Hamburgs geflogen werden mußten. Doch schon sieben Jahre später wurden die Betten in St. Georg nicht mehr belegt – weil angeblich Pflegepersonal fehlte.

Noch schlimmer ist, daß kein Krankenhaus auf die Spezialbehandlung von Verletzten nach großen Brandkatastrophen vorbereitet wäre, etwa nach einem Hochhausbrand oder Flugzeugunglück. Nach Angaben der Hamburger Feuerwehr bliebe in solchen Fällen nur, diese Menschen nach Dänemark oder in die Benelux-Länder zu verlegen, um sie gut zu versorgen. Erst Ende 1994 sollen in Hamburg mehr Spezialbetten hinzukommen. Das Unfallkrankenhaus Boberg soll dann mit insgesamt zehn Intensiv-Behandlungsplätzen ausgestattet sein.

In dieser „Wanne“ beginnt die Behandlung schwer brandverletzter Menschen im Unfallkrankenhaus Boberg: Pflegekräfte reinigen den Verunglückten. Hamburg ist auf diesem medizinischen Spezialgebiet Entwicklungsland.

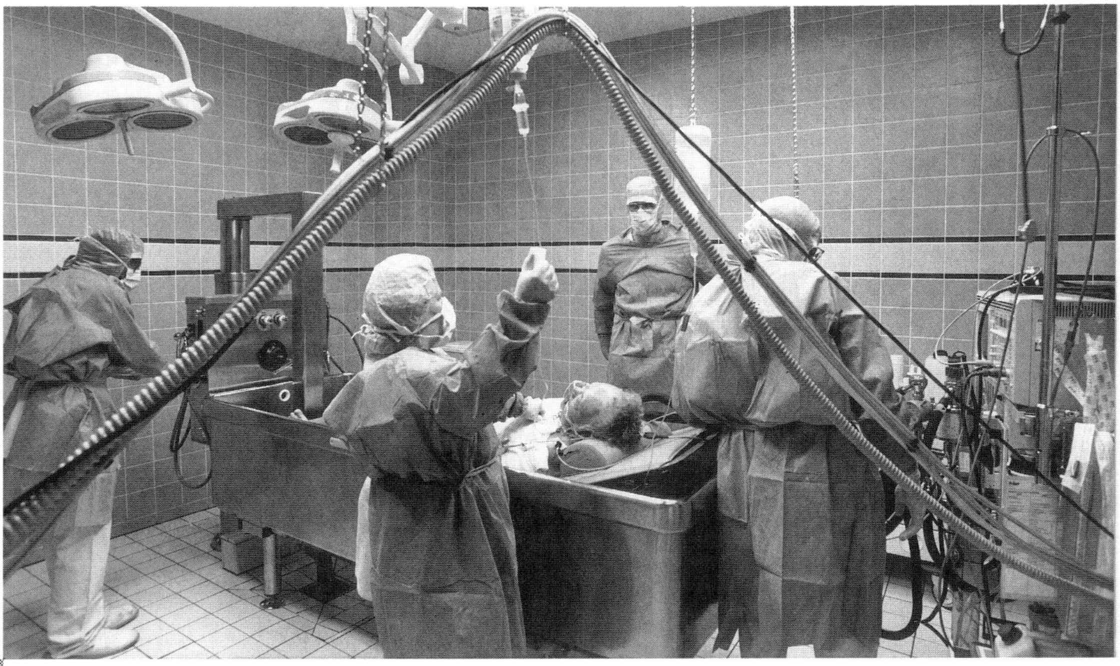

Schlangen per Post sind ein Fall für Heinz Grünwaldt

Flughafen Fuhlsbüttel: Zwei Zöllner entdecken ein Postpaket aus Thailand, aus dem ungewöhnliches Rumpeln dringt. Beunruhigt schieben die Beamten den Karton, der mit „Food and Jeans" deklariert ist, in den Röntgen-Scanner. Züngelnde Schlangen sind zu sehen. Sofort holt die Polizei per Peterwagen Paul-Heinz Grünwaldt aus Poppenbüttel: Er ist amtlich bestallter Sachverständiger für Reptilien und Amphibien. Als Grünwaldt das Paket geöffnet hat, erkennt er 19 hochgiftige Bambusottern. Leicht hätten Zöllner bei einer Routine-Kontrolle von den 60 Zentimeter langen Reptilien gebissen werden können. „Lebensgefährlich", weiß der Schlangenexperte, „die beißfreudige Bambusotter injiziert mit ihrem Giftzahn Substanzen, die Nerven lähmen und Gewebe zersetzen." Grünwaldt nimmt die Schlangen mit nach Hause und pflegt sie in einem seiner Terrarien. Etwa viermal im Monat wird der 63jährige aus dem Haus geklingelt, wenn Schlangen, Echsen oder Vogelspinnen in Pflanzen- oder Holzladungen aus exotischen Ländern nach Hamburg kommen. Oder wenn einem Schlangenliebhaber sein Hausgenosse entläuft und entsetzte Passanten auf das Tier stoßen . . .

Fest im Griff: eine der leuchtend grünen Bambus-Ottern. Paul-Heinz Grünwaldt (63) ist Schlangenexperte für Zoll und Polizei.

Als lebende Stolpersteine versuchen aus Rumänien eingereiste Roma- und Sinti-Frauen mit ihren fest in Decken geschnürten Babys die Herzen der Passanten zu erweichen. Doch sie wurden zum öffentlichen Ärgernis.

Momara Seydovic und Danuta R., zwei Sozialarbeiter der Roma- und Sinti-Union, kümmern sich um Stefan und Victoria Constantin, um Monica und Minodur (v. l.)

Babys zum Betteln benutzt – greift denn niemand ein?

Sie hocken auf dem naßkalten Pflaster des Jungfernstiegs, schlafende Babys im Arm, und halten die Hand auf. Für Roma und Sinti ist Bettelei keine Schande. Frühzeitig lehren sie ihren Nachwuchs die demütigen bis aggressiven Verhaltensweisen, die dieses Geschäft einträglich machen sollen. Zu ihren Taktiken gehört es auch, Wickelkinder als Mitleidserreger einzusetzen. Das aber empörte Passanten. Sie erwarteten, daß der Staat gegenüber hilflosen Kindern seiner Fürsorgepflicht nachkommt.

Polizei und Verwaltung, wochenlang blind für die erbarmungswürdigen Szenen, zogen sich darauf zurück, daß Betteln in Hamburg nicht verboten ist und daß gegen die Mütter nur vorgegangen werden könne, wenn ihnen das Sorgerecht entzogen ist. Obwohl die Roma- und Sinti-Frauen ihr Sorgerecht eindeutig mißbrauchten, rührte sich das Jugendamt nicht. Und das sonst so pingelige Ordnungsamt störte sich auch nicht an der ungenehmigten gewerblichen Nutzung öffentlichen Straßenraums.

Doch Rosemarie Raab, Senatorin der Behörde für Schule, Jugend und Berufsbildung, hatte ein Einsehen. Drei Mitarbeiter vom Amt für Soziale Dienste des Bezirks Hamburg-Mitte wurden beauftragt, die Mütter zum Verzicht auf diese Bettelei zu bewegen oder wenigstens die Kinder aus dem Spiel zu lassen. Als Asylbewerber erhalten sie ohnehin das Nötigste aus Steuergeldern. Der Verdacht, die auffallend stillen, doch für gesund befundenen Säuglinge seien betäubt, bestätigte sich nicht.

Da der Einsatz der deutschen Straßensozialarbeiter wenig fruchtete, wurden zwei von ihnen durch Mitglieder der Roma- und Sinti-Union ersetzt – für 175 000 Mark jährlich aus dem Staatssäkkel. Sie konnten ihre bettelnden Stammesgenossen zwar zum Verlassen der Innenstadt bewegen. Aber in anderen Stadtteilen tauchten sie wieder auf.

Premierenflug des größten in Deutschland gefertigten Verkehrsflugzeuges und erster Start dieses neuen Airbus-Typs von Hamburger Boden – die A 321 schreibt Luftfahrtgeschichte.

Der jüngste in der Airbus-Familie ist Hamburger

Der Start sah aus wie einer von vielen – und doch war es der allererste: Mit 272 km/h, aber flüsterleise, hob am 11. März 1993 um 12.06 Uhr der Airbus A 321 zu seinem Jungfernflug ab. „Dabei weiß die Mühle doch gar nicht, wie das geht!", murmelte ein Ingenieur, als der jüngste Sproß der Airbus-Familie seine 69 Tonnen Startgewicht nach nur 22 Sekunden von der Runway auf der einstigen Fischerhalbinsel Finkenwerder stemmte.

Erst nach vier Stunden und 37 Minuten kehrte der „Jet des 21. Jahrhunderts" zurück. „Ein schönes Flugzeug – und fast ein Routineflug", befand „Charly" Nagel (53), der deutsche Flugzeugkommandant. Und Frankreichs Testpiloten-Star Pierre Baud jubelte: „Fast fünf Stunden am Himmel – und nicht ein einziger Defekt! Die Hamburger haben erstklassige Arbeit geleistet." Die Endmontage des 70 Millionen Mark teuren Kurz- und Mittelstreckenflugzeuges findet nämlich in der Otto-Lilienthal-Halle der Deutschen Aerospace Airbus auf Finkenwerder statt. Die Serienfertigung eines solchen Düsenriesen dauert nur noch 46 Tage.

Hob als erster deutscher Testpilot einen neuen Airbus-Typ in den Himmel: Karl „Charly" Nagel aus Halle/Saale war früher Bergmann.

Warten in der Halle auf den ersten Testflug: Die Piloten gingen sofort an die technischen Grenzen der Maschine – 11 900 Meter Höhe und 880 km/h Geschwindigkeit wurden erreicht.

Tierpfleger Karl Roeske denkt sich ständig neue interessante Möglichkeiten der Beschäftigung für die Orang-Utans aus, damit es ihnen nicht zu langweilig wird.

Mit Inbrunst wringt Orang-Utan-Dame Bella (31) ein Wäschestück über der Plastikwanne aus. Sie ist mit dieser „Arbeitsbeschaffungsmaßnahme“ augenscheinlich sehr zufrieden.

„Sucht mich!" Mogo hat sich in einen Pappkarton verkrochen. Das mobile Versteck des Affenmädchens hat auch eine soziale Funktion: Hierhin zieht sie sich bei Rangstreitigkeiten zurück.

Wenn die Mutter mit der Tochter . . . In der improvisierten Korbschaukel wiegt Bella sich gutgelaunt mit ihrer kleinen Rosa hin und her.

Affenschande, wenn man dauernd nur Freizeit hat!

In Hagenbecks Tierpark nimmt menschliche Fürsorge den Tieren ihren täglichen Überlebenskampf ab. Sie müssen weder Nahrung suchen noch vor Feinden flüchten und haben permanent „Freizeit". Damit die Zoobewohner vor lauter Langeweile nicht trübsinnig werden, haben sich die Tierpfleger Beschäftigungstherapien einfallen lassen. Besonders vielseitig ist die Freizeitgestaltung für Orang-Utans: Sie bauen sich Schlafnester aus Pappkartons, verstecken sich in Futtersäcken und wringen über wassergefüllten Bottichen alte Wäschestücke aus. Regelrechte „Lernmittel" sind die Futterrohre, mit Leckerbissen gefüllte Röhren, an die die Menschenaffen nur herankommen, wenn sie Äste als Werkzeug benutzen.

Torsten Jarling (24) aus Wismar starb durch die Kugel aus der Waffe eines türkischen Diplomaten. Warum hatten sich die Männer gestritten?

Ali Mangaoglu (41) war als Geistlicher Religionsattaché des türkischen Generalkonsulats in Hamburg. Als Diplomat durfte er eine Waffe tragen.

Zwei Schüsse, zwei Tote und ein großes Rätselraten

Die wahren Umstände dieser Todesschüsse von St. Georg werden wohl nie ganz geklärt werden können. Denn die beiden einzigen Zeugen sind tot. Soviel scheint festzustehen: Der türkische Religionsattaché Ali Mangaoglu (41) hatte den Arbeiter Torsten Jarling (24) aus Wismar nachts um 1.45 Uhr mit Tritten über die Rostocker Straße getrieben und dann mit einem großkalibrigen Revolver niedergeschossen. Der Türke kniete noch auf seinem Opfer, als ein 26 Jahre alter Zivilfahnder hinzukam. Mangaoglu richtete die Waffe gegen den Polizisten, der Beamte schoß. Der Diplomat starb kurz darauf im Krankenhaus.

Kannten sich die beiden Männer? Was hatte der Attaché so spät noch in den Straßen von St. Georg zu tun? Worüber gerieten die zwei in Streit? Auf diese Fragen wird kaum jemals eine Antwort möglich sein. Torsten Jarling war kurz zuvor von seiner Firma aus Wismar nach Hamburg geschickt worden. Er wohnte in

Ein Scheinwerfer taucht den Ort des Geschehens an der Rostocker Straße in gespentisches Licht. Vorn links der getötete Torsten Jarling. Im Hintergrund Beamte der Mordkommission.

Weinend steht die Frau von Ali Mangaoglu vor dem Türkischen Kulturzentrum in Hamburg am Sarg ihres Mannes. Zur Beisetzung wurde der von einem Polizeibeamten in Notwehr erschossene Diplomat in seine Heimat überführt.

einem Firmenheim in Seevetal. Am Abend vor seinem Tod hatte er einen Kollegen gefragt, wo man in Hamburg gut essen könne. Ein Blutprobe ergab: Der 24jährige hatte Alkohol getrunken.

Der türkische Religionsattaché betreute im Fastenmonat Ramadan die gläubigen Moslems in Hamburg und Schleswig-Holstein. Gegen Mitternacht, so sagten Zeugen, habe er das türkische Kulturzentrum am Borstelmannsweg in Hamm, wo er sein Büro hatte, verlassen. Was er dann tat, ist ungeklärt. Der Geistliche lebte seit vier Jahren mit seiner Frau und zwei Kindern in Billstedt.

Tagesschau-Sprecherin Dagmar Berghoff, hier neben Kapitän Hartvig von Harling, taufte die neue „Hanseatic".

Mit Luxuskabinen, Pool, Hospital, Kino, Sauna, Boutique und Spitzenküche: die „Hanseatic" für Fünf-Sterne-Kreuzfahrten.

Hafengäste zum Bestaunen, piekfein und riesengroß

Im März gaben gleich zwei nagelneue Luxusliner dem Bild des Hamburger Hafens Glanz: „Silja Europa“, die größte Fähre der Welt, und das Kreuzfahrtschiff „Hanseatic“. An der Überseebrücke war die von der Papenburger Meyer-Werft im Emsland gebaute „Silja Europa“ (60 000 BRZ, 178 Meter Länge, 32 Meter Breite) zu bewundern. Sie hat Platz für 3000 Passagiere und 400 Autos. Der Gigant wird zwischen Helsinki und Stockholm pendeln und ist in jeder Hinsicht ein Schiff der Superlative. Der Bau kostete ca. 500 Millionen Mark. Als schwimmendes Freizeitzentrum bietet die „Silja“ den Passagieren vielerlei Möglichkeiten: Tanzen, Schmausen, Glücksspiel, Saunen, ins Theater gehen, Einkaufen. Der Gast kann zwischen acht Restaurants und Cafés wählen. Auch in nautischer Hinsicht ist die „Silja Europa“ supermodern: vollautomatische Betriebsabläufe, elektronisch gesteuert, sind die Norm.

Höchsten Komfort für Kreuzfahrten „im kleinen Kreis“ läßt die elegante „Hanseatic“ erwarten, die am 23. März von Tagesschau-Sprecherin Dagmar Berghoff an den Landungsbrücken getauft wurde. Nur 188 Passagiere sollen auf dem 123 Meter langen und 18 Meter breiten Luxusliner von 120 Besatzungsmitgliedern verwöhnt werden. Der Hamburger Reiseveranstalter Hanseatic Tours hat die feine Dame mit dem traditionsreichen Namen von einer finnischen Werft gechartert, die das 120 Millionen Mark teure Schiff ursprünglich für einen anderen Auftraggeber gebaut hatte. „Wunderbar, daß nach 20 Jahren wieder ein Kreuzfahrtschiff mit diesem Namen auf den Weltmeeren kreuzt“, freute sich Firmenchef Dirk Moldenhauer bei der Taufe.

Hinter dem größten Fährschiff der Welt, der „Silja Europa“ mit ihren 60 000 Tonnen, wirkt die Silhouette der Hansestadt bescheiden. Gerade schaut die Michel-Spitze noch über dem Fährriesen hervor.

„Was heute hier passiert, ist ein Trauerspiel", sagt Fischküchen-Betreiber Gerhard Matthes. Er lebt seit fast 60 Jahren auf der Veddel.

Ausländer stellen auf der Veddel die stärkste Bevölkerungsgruppe – vor den Rentnern. Nur 45,7 Prozent der Veddeler sind noch Deutsche.

„Vergessener" Stadtteil Veddel auf der Kippe

Man könnte sie die größte Hamburger Verkehrsinsel nennen: die Veddel. Zwischen der Elbe im Norden, der Eisenbahnlinie im Westen, der Autobahn 255 im Osten und dem Müggenburger Zollhafen im Süden leben aber noch etwa 4700 Menschen.

Der Stadtteil am Rande der „Boomtown" Hamburg ist eines der letzten Arbeiterquartiere der Hansestadt – und heute ein Viertel auf der Kippe zwischen Fortschritt und Verfall. Das einzige Ver-

gnügen, das den Bürgern dort vergönnt zu sein scheint, kommt aus dem All: Mit Satelliten-Antennenschüsseln holen sich die Veddeler Neuigkeiten, Unterhaltung, Spannung und Romantisches auf ihre Fernseher in die Wohnzimmer.

Besonders intensiv genutzt wird die moderne Technik von den vielen Ausländern, die in den heruntergekommenen SAGA-Backsteinhäusern auf der Veddel wohnen: „Wir haben hier 54,3 Prozent Ausländeranteil", sagt Monika Gawron. Die SPD-Bürgerschaftsabgeordnete lebt selbst dort und kämpft um verbesserte Lebensqualität in dem „vergessenen Stadtteil", wie sie ihn nennt. „Die jungen Leute sind längst weggezogen", sagt Frau Gawron. „Hier gibt es eben kein Freizeit-Angebot, und schick ist es auch nicht."

Der einzige Treffpunkt in dem Stadtteil ist die Veddeler Fischküche. Das kleine Holzhaus steht mitten auf einem Parkplatz für Lastwagen. Der Betreiber der Futterstation, Gerhard Matthes (62), ist seit fast 60 Jahren hier zuhause. Die Rentner, nach den Ausländern zweitstärkste Bevölkerungsgruppe auf der Veddel, bekommen bei ihm Fischgerichte zum Spezialpreis von 5 Mark, „weil sie es ja sonst schon schwer genug haben", wie Matthes genau weiß.

In drei Jahren wird er selber Rentner und muß sich nach sechs Jahrzehnten ein neues Zuhause suchen. Die Fischbratküche soll von dem Parkplatz geschluckt werden. „Boomtown" braucht Platz.

Die abgewohnten Backsteinbauten der SAGA sehen auf der Veddel fast überall gleich aus. Neuzeitliches Accessoire an den Fassaden der Häuser sind die Satelliten-Schüsseln zum Fernsehempfang.

Die Bezeichnung „Panzergrenadierbrigade 17" entstand 1959, davor hieß die Einheit „Panzerkampfgruppe A 3". Bis zu 3500 Soldaten waren in Rahlstedt stationiert.

Oberst Hans-Jürgen Rennack war zwei Jahre lang Brigadekommandeur in Hamburg. Inzwischen dient er als General der Panzertruppen am Heeresamt in Köln.

Die Hamburger „Hausbrigade" – das war einmal

„Wehmut" war das Wort, das am häufigsten fiel unter den mehreren hundert Gästen, die sich am 25. März in der Rahlstedter Boehn-Kaserne versammelt hatten. Der Anlaß des Treffens war Erklärung genug für solche Gefühle: Hamburgs Hausbrigade, die Panzergrenadierbrigade 17, wurde 34 Jahre nach ihrer Aufstellung aufgelöst – eine Folge der vertraglich vereinbarten Abrüstung, die auch die Bundeswehr schrumpfen läßt.

Ein Abschied, dem auch die Anwesenheit von Verteidigungsminister Volker Rühe nicht den Hauch von Bitterkeit nehmen konnte. Zu positiv hatte sich in Jahrzehnten das Verhältnis zwischen Bevölkerung und Soldaten entwickelt, zu schnell kam das Aus.

„Eine Träne im Knopfloch" hatte auch Oberst Hans-Jürgen Rennack, als Brigade-Kommandeur mit der Auflösung betraut, bei den meisten seiner langgedienten Kameraden ausgemacht. „Aber es war absehbar, daß Hamburgs Soldaten zur Dispositon stehen würden, weil die Stadt nicht so sehr wie andere Gemeinden auf die Bundeswehr als Wirtschaftsfaktor angewiesen ist."

Wie auch immer. Die Panzergrenadierbrigade 17 hat Spuren in Hamburg hinterlassen. Zuerst skeptisch beäugt, als 1956 wieder die ersten Tanks nach Rahlstedt rasselten, dann geduldet. Der große Umschwung im Verhältnis der Hanseaten zu ihren Soldaten kam Anfang 1962 mit

der großen Sturmflut. 1700 Soldaten der Brigade retteten zahllose Menschen und Tiere vor dem Ertrinken oder Erfrieren.

Beim ersten öffentlichen Feierlichen Gelöbnis auf dem Rathausmarkt am 21. Juni 1966 sprach Bürgermeister Herbert Weichmann erstmals von der Panzergrenadierbrigade 17 als „Hamburgs Hausbrigade". Ein Begriff, der seither zum geflügelten Wort wurde. Wie sehr die Soldaten in Rahlstedt mitterweile verwurzelt waren, hatte Ortsamtsleiter Rolf Mietzsch der Einheit 1984 ins Stammbuch geschrieben: „Aus der Brigade ist ein wichtiger Faktor des öffentlichen Lebens geworden." Worte von gestern.

Mit einem Großen Zapfenstreich verabschiedeten sich die Soldaten der Hamburger Hausbrigade am 25. März von der Hansestadt (oben). Einen Tag zuvor war die letzte der schweren Panzerhaubitzen Me 109 abtransportiert worden (links).

Mit Masken wie diesen aus Ceylon fing alles an: Harry Rosenberg erweiterte seine Sammlung vor fast 40 Jahren zum Basar. Der ist inzwischen in aller Welt bei Leuten bekannt, die sich für solche Kuriositäten interessieren.

Hereinspaziert! Kitsch und Kunst fremder Völker

Urlaubsreisen? Solche Anstrengungen erspart sich Harry Rosenberg. Und doch hat er täglich mit repräsentativen Objekten aus aller Welt zu tun – in seinem 2000 Quadratmeter großen Kellerlabyrinth, Eingang Bernhard-Nocht-Straße 63. Denn dort auf St. Pauli liegt „Harrys Hamburger Hafenbasar", der nichts anderes ist als ein Sammelsurium von Kitsch und Kunst der fremden Völker. Gegen 4 Mark Eintritt stehen jedem die Türen offen, links nach Afrika, rechts nach Südostasien. Seit den fünfziger Jahren, als Matrose Rosenberg für immer an Land ging, häufte er Raritäten wie ausgestopfte Affen und Echsen, geschnitzte Elefanten, lederne indonesische Schattenspielfiguren und 2300 exotische Masken an. Transportkosten braucht er nicht zu zahlen. See- und Fernhandelskaufleute liefern ihm die Kuriositäten frei Haus. Daß Rosenberg noch Besitzer dieses originellen Schatzhauses ist, verdankt er seinem Hund „Lord". Der weckte den Rauschebart, als ein defekter Ofen schon den Eingangsraum in Brand gesetzt hatte.

Auf der Fitneß-Welle schwimmt ein blühendes Gewerbe

Die Muskelprotzerei der Bodybuilder zieht nicht mehr. Das Körperbewußtsein der neunziger Jahre bevorzugt „Wellness“, ein allgemeines Wohlbefinden, das aus ranker Beweglichkeit entspringt. Für diese Elastizität martern sich 100 000 Hamburger ein- bis zweimal wöchentlich in den Geräteparks von etwa 200 Fitneß-Studios.

Die Spitzenstellung auf dem Kamm der Topfit-Welle wird Hamburg jedoch von Berlin streitig gemacht, das 120 000 Sportmaschinisten zu bieten hat. Bundesweit stieg die Zahl der Fit-Fans allein im letzten Halbjahr um 20 Prozent.

Die auf dem Bürosessel abhanden gekommene Kondition soll sich nicht nur mit Hilfe von Hanteln, Stufensimulatoren, computerisierten Fahrrädern, Laufbändern und Rudergeräten, sondern auch durch Aerobic, Gymnastik und Tanz wieder einstellen. Statt Einseitigkeit ausgewogene Ganzkörperaktivität.

Jedes Studio verfolgt seine eigene Linie. Mit imposantem Gerätepark, aber nicht so qualifizierten Trainern und deshalb niedrigen Beiträgen locken die Hardliner, während andere mit einem zusätzlichen Kranz von Luxuseinrichtungen wie Swimmingpool, Solarium, Sauna, Vitaminbar, Massage, Krankengymnastik und Kinderhort auftrumpfen. Da wird aus dem Spezialbetrieb Fitneß-Studio schon eine vielseitige Freizeitanlage. Nach der schweißtreibenden Arbeit am Körper bietet sie Labsal und Entspannung. Denn immer noch lebt die altrömische Wunschvorstellung vom gesunden Geist im gesunden Körper: Mens sana in corpore sano. Um sie zu erreichen, lohnt sich in schwierigen Fällen die etwas aufwendigere „Rebalancing-Anwendung“.

Zahlungskräftige Besucher können sich in den anspruchsvolleren Studios von diplomierten Sportlehrern auch Trimmprogramme zusammenstellen lassen, die genau auf ihre individuellen Bedürfnisse zugeschnitten sind. Besonders wenn sich schon Zivilisationsschäden wie zu hoher Blutdruck, erhöhte Cholesterinwerte und Übergewicht eingestellt haben, hängt der gute Erfolg aller Bemühungen von der Feinabstimmung zwischen dem Trainer und einem Arzt ab.

Strapazen für den Bestzustand von Körper, Geist und Seele: Tausende strömen allwöchentlich an die Geräte der Hamburger Fitneß-Studios.

***Passer domesticus*, der einst allgegenwärtige Haussperling, früher wegen seines dreisten Naturells nicht besonders geliebt. Nun gilt ihm unerwartet große Aufmerksamkeit, denn er ist vom Untergang bedroht.**

Frecher Spatz, wo bist du denn nur geblieben?

Ihre aufgeregt tschilpenden, leicht zerzausten Auftritte im Straßenverkehr, in den Gebüschen der Parks, rund um bekrümelte Frühstückstische im Freien und auf Restaurant-Terrassen werden rar in Hamburg. Nicht nur der augenscheinliche Eindruck deutet auf den Rückgang der Spatzen, ein Zahlenvergleich bestätigt es.

Günther Helm, Leiter der Staatlichen Vogelschutzwarte, ermittelte mit Hilfe einer Rasterkartierung in St. Georg auf einer Fläche von exakt einem Quadratkilometer 1983 noch 295 Hausspatzen. Im Frühjahr 1992 hatte sich der Bestand auf 157 vermindert.

Über die Gründe des allmählichen Verschwindens dieses den Menschen seit eh und je begleitenden geselligen und gewitzten Vogels gibt es vorerst nur Spekulationen: An glattsanierten Hauswänden findet er keine Nischen mehr für sein Nest. Zudem findet er in der Stadt wohl immer weniger Halme, Federn und Fasern als Baumaterial. Weil Gärten und sonstiges Grün jahrelang von Wildkräutern befreit wurden und deren Samenkörner nicht mehr reifen können, wird das Naturfutter knapp.

Seine Jungen, die bis zu viermal im Jahr aus Gelegen mit fünf bis sieben Eiern schlüpfen, werden durch chemische Pflanzenschutzmittel um ihre erste Nahrung, die Insekten, gebracht. Weiter schwächt es den Spatz, daß er auf asphaltierten und gepflasterten Straßen keine Gelegenheit mehr zum Staubbad hat, durch das er lästige Parasiten vertreibt.

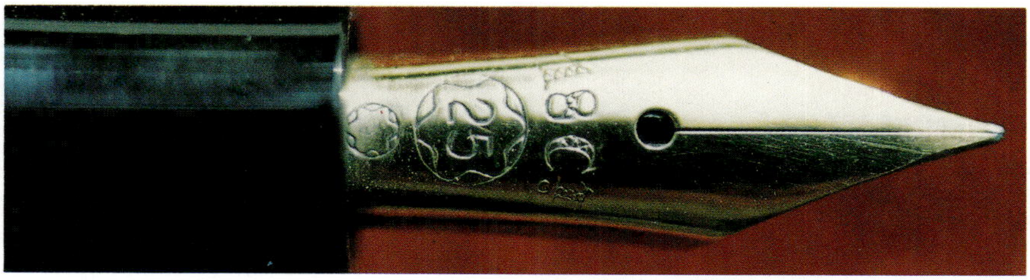

Wenn Füllfederhalter zur Leidenschaft werden . . .

Der Mann hat ein ausgefallenes Hobby, das ganz schön ins Geld geht: Jens Rösler aus Hamburg sammelt Füllfederhalter, vorwiegend die der Marke Montblanc. Auf 1000 Exemplare hat es der „Penmaniac“ binnen zehn Jahren gebracht. Der 28jährige ist ein Enkel der 97jährigen Annemarie Rösler, der Tochter des Mitbegründers der Firma Montblanc, Carl Voß. Rösler hat sich auf Schreibgeräte aus der Zeit vor 1945 spezialisiert. Diese Füller aus Hartgummi oder Zelluloid, konzipiert als nüchterne Gebrauchsgegenstände des Alltags, spiegeln aber auch den Zeitgeist einer Epoche wider – ob in Jugendstil oder Art deco, ob klobig und pompös, schlank und schlicht. „Einfach toll, mit welcher Phantasie man sie entwickelt hat“, findet Jens Rösler.

Kennzeichen eines guten Füllfederhalters: die hochwertige Feder (oben). Das „Meisterstück 4810“ (rechts) gehört zu den schönsten Exemplaren aus Jens Röslers Sammlung. Unten: Der „Penmaniac“ aus Blankenese mit einer kleinen Auswahl seiner Schätze, über die er auch schon ein Buch veröffentlicht hat.

Auch nach der Pensionierung aktiv: Klaus Losch. Die Hände in den Schoß zu legen, hätte nicht zu ihm gepaßt.

Immer gut für eine ausgefallene Idee: Charly Schütze mit selbstgebauter Breitbildkamera des Formats 6 × 19 cm.

MINI-REPORT

HERR LOMBARD †. Er war der Mann, der Anfang der 60er Jahre im Verlauf einer Aktion des Hamburger Abendblatts jedem Hamburger, der ihn auf der Straße erkannte, einen 100-Mark-Schein schenkte: Der Journalist Klaus Losch, als „Herr Lombard" bekannt wie der berühmte „bunte Hund", ist tot. Wenige Monate vor seinem 76. Geburtstag starb er auf dem Weg zum Urlaub in der Türkei. Zur Redaktion des Abendblatts gehörte Losch, ein Mann der ersten Stunde, schon 1948. Bis zuletzt zeichnete der frühere Seemann, der alle Weltmeere befahren hatte, für den Hamburger Presseball mitverantwortlich.

FOTO: SCHÜTZE. Sein erstes Foto erschien 1949 im Hamburger Abendblatt, geschossen bei einer Modenschau auf dem Jungfernstieg. Am 31. März hatte Carl „Charly" Schütze, der fast immer mit Baskenmütze und Zigarillo unterwegs war, seinen letzten Arbeitstag beim Abendblatt. Sämtliche Hamburger Bürgermeister seit Max Brauer, die Flutkatastrophe 1962, Derbypferde, Uwe Seeler und den HSV – einfach alles, was in Hamburg Rang und Namen hat – sowie unzählige Polizei- und Feuerwehreinsätze hat der asketisch wirkende Fotograf mit sensiblem Auge und schneller Reaktion auf seinen Bildern festgehalten.

KRAFTWERK. Generationswechsel an der Billwerder Bucht. Dort haben die Hamburgischen Electricitätswerke am 22. März das modernste Heizkraftwerk Europas in Betrieb genommen. Gleichzeitig gingen im 76 Jahre alten Vorgänger die Feuer aus. Eine Milliarde Mark, soviel Geld hat bisher noch kein Unternehmen in Hamburg in ein Einzelprojekt investiert. Schwefeldioxide, Stickoxide, Staub – der neue 600-Megawatt-Koloß, der täglich 2000 Tonnen Steinkohle frißt und 40 Prozent der Hamburger Fernwärme liefert, wird in 25 Jahren nur soviel Schwefeldioxid wie das alte Kraftwerk allein im Jahr 1983 ausstoßen.

KÖNIG DAVID. Der Künstler, der das Werk geschaffen hat, blieb zwar im dunkeln, aber sein Werk aus dem frühen 17. Jahrhundert geriet im März zur kulturhistorischen Hamburger Sensation: „König David mit der Harfe" im Herrensaal in der Hamburger Hauptkirche St. Jacobi. Niemand hatte geahnt, daß sich hinter auf Nadelholzbohlen gespannten, bemalten Leinwänden ein derartiges, für Norddeutschland fast einmaliges Kunstwerk befand. Entdeckt wurde das Fresko bei Restaurierungsarbeiten des aus dem 15. Jahrhundert stammenden Herrensaals. Restauriert und konserviert wird nun auch „Hamburgs David".

PFEFFERSÄCKE. Die Hamburger Gewürzimporteure bangen um ihre Existenz. Die Zeiten gepfefferter Gewinne im Gewürzhandel sind vorbei. Weißer Pfeffer beispielsweise kostete 1985 noch

15 Mark pro Kilo, 1993 nur noch 3 Mark. Etliche Gewürzimporteure der Hansestadt, weltweit drittgrößter Umschlagplatz nach Singapur und New York und neben Rotterdam der einzige in Europa, haben bereits kapituliert. Von den 25 Hamburger „Pfeffersäcken" die es 1960 noch gab, blieben vier übrig. Doch auch ihre Zukunft wäre bei weiter fallenden Preisen unsicher. Es scheint, daß deutsche Geschmacksnerven zu wenig scharf auf Würze sind . . .

SCHNELLE MÄZENE. Vier Jahre hing es als Leihgabe in der Hamburger Kunsthalle: „Meeresufer im Mondschein" von Caspar David Friedrich (1774 – 1840). Dann drohte Hamburg, das Gemälde aus dem Jahre 1836 zu verlieren, weil die Inhaberfamilie, in deren Besitz das Ölbild 134 Jahre war, es unter den Hammer des Londoner Auktionshauses Christie's geben wollte. Aber die Stadt und hanseatische Mäzene waren schneller. In einer einzigartigen gemeinsamen Aktion kauften sie das Bild – Hamburg gab 700 000 Mark – für 3,5 Millionen Mark. Hamburg besitzt mit 14 Gemälden und zahlreichen Zeichnungen eine der größten Friedrich-Sammlungen der Welt.

COMEBACK-NENA. Blumen, Teddys und eine Geburtstagstorte aus Plastik fliegen auf die Bühne, als Nena – im Netz-Body mit Jeans-Hotpants und langen Stiefeln – ihren Welthit „99 Luftballons" anstimmt. Dann werden die 1250 Fans im ausverkauften „Docks" noch lauter: „Happy birthday to you, dear Nena." Dem 33jährigen Geburtstagskind schlottern die Knie. Aber nur kurzfristig: In 200 Minuten legt Comeback-Nena eine farbenprächtige Rock-Show hin, bei der sie, passend zu den Songs, in die verschiedensten Kostüme schlüpft. Am Ende ist Nena fix und fertig; dankbar für den gemeinsamen Riesenerfolg wird sie von ihren Musikern hinausgetragen.

Geburtstagskind Nena (33) als Bongo-Girl im Bananenröckchen. Im „Docks" feierte sie ein bärenstarkes Bühnen-Comeback.

„De Kortenleggersch" hilft dem Schicksal gern nach eigenem Gutdünken etwas auf die Sprünge: Ursula Hinrichs und Kurt Nolze im Ohnsorg-Theater.

Im Rausch der Mitsommernacht läßt sich das adelige „Fräulein Julie" mit dem Diener Jean ein: Christine Pauli und Armin Dallapiccola im Theater im Zimmer.

Das Fiasko drohte, bis „Siegfried" kam, sang und siegte

Die Neuauflage von Richard Wagners „Ring des Nibelungen" an der Hamburger Staatsoper drohte nach der „Walküre" zum Fiasko zu werden. Doch dann kam „Siegfried", sang und siegte. Heinz Kruse vollbrachte die Meisterleistung, 52 Jahre alt, doch mit der Kraft eines jugendlichen Helden. Das Premierenpublikum tobte vor Begeisterung.

Getragen von dieser Sympathiewelle, geriet der „Siegfried" nun endlich zu jenem geschlossenen sängerischen Ereignis, das man von den ersten „Ring"-Abenden („Rheingold" und „Walküre") vergebens erhofft hatte. Das Regiekonzept von Günther Krämer allerdings ließ viele Fragen offen, und auch die Philharmoniker unter der Leitung von Gerd Albrecht fanden erst spät zum harmonischen Einklang mit dem Geschehen auf der Bühne.

„Alpenglühen" am Rande der Alster: In Co-Produktion mit dem Wiener Burgtheater brachte das Thalia Theater Peter Turrinis neuestes Stück heraus – und siehe da, die Bergmoritat überzeugte auch im hohen Norden.

Der rüde Poet aus Kärnten hat die globale Gemütslage einer Zeit eingefangen, in der scheinbar alle Utopien verworfen, alle Hoffnungen verbraucht sind. Ein einsamer Blinder jedoch erlebt in diesem Zeitchaos noch einmal das Glück: Der Blindenverein hat ihm eine Frau geschickt, eine Julia hat er sich erhofft, eine schlamperte Hure ist gekommen. Doch was soll's: Er sieht sie ja nicht.

In Claus Peymanns Inszenierung entwickelte sich zwischen Traugott Buhre und Kirsten Dehne ein bissig-witzig-wütendes Spiel, das traurig und schön zugleich war.

Strindbergs „Fräulein Julie“ sorgte bei der Uraufführung 1889 noch für einen Skandal. Im Theater im Zimmer blieb jetzt davon nur noch freundlicher Beifall übrig. Schon lange erregt die Liebschaft zwischen einem adeligen Fräulein und einem Domestiken die Gesellschaft nicht mehr. Regisseur Gerhard Hess versuchte, mit einer ungewohnten Konstellation trotzdem noch Funken aus dem Drama zu schlagen:

Er besetzte die Julie mit Christine Pauli ungewöhnlich reif. Doch das Konzept funktionierte nicht. Zu zerdehnt war die Aufführung, zu unentschieden zwischen Arroganz und Verzweiflung die Julie, zu ekelhaft sadistisch gezeichnet der fiese Diener Jean.

Der Sympathie des Publikums sicher sein konnte dagegen „De Kortenleggersch“ im Ohnsorg Theater. Ursula Hinrichs spielte die schlitzohrige Wilhelmine Lührs, die nach dem Grundsatz lebt „Die Welt will betrogen sein – na, dann ward se dat eben.“ Selbst vor Gericht funktioniert diese Lebensweisheit zum Vergnügen der Zuschauer noch. Ein niederdeutscher Klassiker von Wilfried Wroost, ein Erfolg auch heute noch.

Erfolg auf der ganzen Linie auch für einen Boulevard-Dauerbrenner in der Komödie Winterhuder Fährhaus: Susanne Uhlen und Herbert Herrmann lieferten sich eine liebenswert komische Eheschlacht in Neil Simons „Barfuß im Park“, und das Publikum war begeistert.

Ein „Siegfried“ voller Saft und Kraft am Amboß: Heinz Kruse begeisterte in der Wagner-Oper schon im ersten Akt bei den gefürchteten Schmiedeliedern.

APRIL

153 *Königin der Instrumente klingt schöner denn je*

154 *Eine neue Truppe: Wachsame Augen im Untergrund*

156 *Hamburg im Feuersturm*

158 *Erst jetzt entdeckt: Erste Farbfotos vom Bombenhagel 1943*

160 *Alter Brauch vor dem Osterfest auf Sparflamme*

162 *Explosiver Staub bringt schweren Schaden im Hafen*

163 *Hamburgs Universität unter „ferner liefen"*

163 *Ein Mann sieht rot; seine Kinder kostet es das Leben*

165 *Max Schmeling redet nicht nur, er handelt auch vernünftig*

167 *Neuer Glanz für die Perlenkette entlang der Elbe*

168 *Käfer zum Fürchten und niedliche Käfer*

170 *Elbtunnel zum Telefonieren und fürs Fernsehen*

172 *Mini-Report*

174 *„Kabale und Liebe" so aktuell wie vor 200 Jahren . . .*

Eine diffizile und teure Restaurierung hat der schönsten, größten und klangreichsten Hamburger Orgel, dem Meisterwerk von Arp Schnitger in der Hauptkirche St. Jacobi, wieder allen Glanz verliehen. Hier Orgelbaumeister Jürgen Ahrend aus Leer/Loga in Ostfriesland auf dem zehn Meter hohen Orgelprospekt, das genauso aussieht wie Arp Schnitger es vor über 300 Jahren schuf. Weil die alte Holzverkleidung im Zweiten Weltkrieg verbrannt war, wurde der Prospekt aus hellem Eichenholz nachgearbeitet. Die Prospekt-Pfeifen (im Vordergrund) sind neu und stammen aus Ahrends Werkstatt, wurden aber in Arp Schnitgers alter Handwerkstechnik gefertigt und montiert. (Mehr auf den folgenden Seiten).

Schwierige Montage der restaurierten Arp-Schnitger-Orgel in St. Jacobi: Meister Jürgen Ahrend dirigiert eine 2,56 Meter hohe Prospekt-Pfeife (Ton C) in ihre richtige Position.

Die Königin der Instrumente klingt schöner denn je

Hamburg ist zum Wallfahrtsort für Kirchenmusik-Enthusiasten aus fast allen Erdteilen geworden. Ziel ihrer Träume ist die mit 3880 Pfeifen größte Arp-Schnitger-Orgel, die von 1689 bis 1693 in der Hauptkirche St. Jacobi entstand und deren 5,9 Millionen Mark teure Restaurierung nun abgeschlossen wurde. Allerdings: Eine Million ist noch aufzubringen.

Seit der Wiedereinweihung des historischen Instruments am Ostersonntag 1993 kamen und kommen Tausende Besucher zu den regelmäßigen Orgel-Führungen am Dienstag und Donnerstag, darunter ein orgelspielender Maori aus Neuseeland, viele Japaner und Amerikaner. Die gründliche Aufarbeitung des historischen Instruments war unaufschiebbar geworden, weil Zinnfraß viele alte Pfeifen wie Käse durchlöchert hatte.

Das Abenteuer Restaurierung der Arp-Schnitger-Orgel begann 1983 mit einem Internationalen Symposium zur Rettung des kostbaren Instruments. Zusammen mit dem Hamburger Abendblatt begann St. Jacobi eine beispielgebende Spendenaktion, die viele Unternehmer, Bürger und Politiker mobilisierte.

Orgelbaumeister Jürgen Ahrend aus Leer/Loga in Ostfriesland widmete sich dem unbezahlbaren Meisterwerk so einfühlsam und geschickt, daß Orgelexperten nun den originalen Arp-Schnitger-Klang voller Begeisterung loben.

Anno 1720 hatte sich übrigens Johann Sebastian Bach um die Organistenstelle an St. Jacobi beworben, war aber abgelehnt worden, weil er keine 4000 Taler Einstand hinlegen konnte. Bei dieser Ausnahme-Orgel ging es immer schon auch um klingende Münze, nicht allein um erhebende Musik.

Rudolf Kelber, Kantor und Organist der Hauptkirche St. Jacobi an der Steinstraße, ist glücklich, ein so kostbares Instrument spielen zu können. Die Tasten wurden originalgetreu aus Buchsbaum gefertigt, die Registergriffe rechts und links aus dunkelbraunem Ebenholz.

Hamburgs neue U-Bahn-Wache: Dunkelblaue Uniform mit dem aufgenähten „Dienstabzeichen" am Ärmel (Foto unten), flottes Barett und eine solide Ausbildung. Sie vermittelte Kenntnisse im Recht, in der Psychologie und der Selbstverteidigung.

Eine neue Truppe: Wachsame Augen im Untergrund

Hamburgs U-Bahnhöfe sollen sicherer werden: Die im September 1992 von der Hamburger Hochbahn AG (HHA) und der Gesellschaft für Eigentumsschutz (GfE) gegründete U-Bahn-Wachtruppe hat ihre Arbeit aufgenommen.

Ein Griff an den Gürtel, die Handschellen sind parat. Gleich daneben baumeln Taschenlampe, Tränengassprüher und Trillerpfeife. Und im Notfall weiß die resolute junge Frau auch sehr gut, wie sie sich gegen Rowdys zur Wehr setzen kann. Ein gefährlicher Alltag? Claudia M., (23), schüttelt amüsiert den Kopf. Nein, die Wirklichkeit sehe anders aus: „Angst darf man nicht haben. Aber schließlich sollen wir ja auch schlichten und nicht mitmischen", sagt sie.

Claudia M. ist eine von sechs Frauen, die in der neuen U-Bahnwache arbeiten. Von Angst wird sie wirklich nicht geplagt, das glaubt man der schlanken Frau mit den braunen Locken unter dem schräg darauf plazierten Barett aufs Wort. Allerdings ist sie auch familiär „vorbelastet", was die Neigung für einen solchen Beruf betrifft: die Schwester und der Schwager sind bei der Kriminalpolizei.

Zu ihrem neuen Job kam die gelernte Kauffrau dann aber doch per Zufall: Von Schreibtischarbeit hielt sie ohnehin nicht viel, und als sie die Anzeige der GfE in der Zeitung las, wußte sie: „Das ist es." Viel Bewegung, der Kontakt zu Menschen und das Gefühl, helfen zu können.

Vier Monate lang lernte Claudia M. gemeinsam mit ihren 74 Kollegen. Die „Fächer": Psychologie, Rechtskunde, Selbstverteidigung, Erste Hilfe und der Umgang mit Suchtkranken. Immer wieder wurden die neuen Kenntnisse und Fähigkeiten zwischendurch im U-Bahn-Betrieb getestet.

Diese Ausbildung sieht Claudia M. als ein Kapital, nicht nur in diesem Beruf: „Man bekommt viel Menschenkenntnis. Und ich habe gelernt, hinzusehen, wo man sonst achtlos vorbeigeht."

Claudia M. ist eine von sechs Frauen, die zusammen mit 69 männlichen Kollegen seit dem 1. April 1993 in U-Bahn-Zügen und auf den Bahnhöfen für mehr Sicherheit und Sauberkeit sorgen sollen.

Willi Beutler (oben) fotografierte im Sommer 1943 die alliierten Luftangriffe auf Hamburg mit einer Leica und verwendete den damals sehr seltenen Agfa-Farbumkehrfilm. Rechts eines dieser Bilder: Rauch verdunkelt nach Bombentreffern den Himmel über Hamburg bis zum Horizont. Nach dem schwersten Angriff war die Sonne drei Tage lang nicht zu sehen. *(Bericht auf den folgenden Seiten).*

Willi Beutler in Aktion: Auf einem Hausdach in der Neustadt hat er 1935 das Stativ mit seiner „Bergheil"-Kamera plaziert. Beutler war 1927 nach einer Glasschleifer-Lehre nach Hamburg gekommen.

Erst jetzt entdeckt: Farbbilder aus dem Kriegsinferno

Es sind erschütternde Dokumente des Infernos, und es ist zugleich eine fotohistorische Sensation: Im Keller der Landesbildstelle an der Kieler Straße entdeckte deren Leiter Joachim Paschen zwei Holzkästen mit 300 Dias. Es sind bislang unbeachtete Farbaufnahmen der Folgen massierter alliierter Bomber-Angriffe auf Hamburg zwischen dem 25. Juli und dem 3. August 1943.

Die Bilder stammen von dem bekannten Hamburger Fotografen Willi Beutler (1903 – 1978), der während des todbringenden Feuersturms und danach mit seiner Leica unterwegs war. Beutler, der bis 1968 die Foto-Abteilung der Landesbildstelle leitete, hatte eine Sondergenehmigung, die es ihm erlaubte, die schreckliche Wirkung des Bombenhagels mit der Kamera festzuhalten. Raritäten sind Beutlers Aufnahmen auch deswegen, weil er den seltenen, erst 1938 entwickelten Farb-Umkehrfilm von Agfa verwendete.

Die Luftangriffe auf Hamburg – von den Alliierten „Unternehmen Gomorrha" genannt – kosteten 35 000 Menschen das Leben. Etwa 100 000 Frauen, Männer und Kinder wurden verletzt. Weite Teile von Hamm, Hammerbrook, Rothenburgsort, Eimsbüttel, Altona, Barmbek-Uhlenhorst und der Innenstadt wurden ausradiert.

Auf Beutlers Fotos sehen wir die brennenden Häuserzeilen in Vierteln wie Altona oder Hamm; sie dokumentieren das Ausmaß der Zerstörung. Die Dias zeigen aber auch die Menschen im Inferno: Feuerwehrleute zum Beispiel, die bei den Löscheinsätzen ihr Äußerstes geben, und ihre Erschöpfung nach der Anstrengung. Beutler nahm Farbbilder auf, die

sich nicht nur durch bedrückende Authentizität auszeichnen. Es sind vor allem Dokumente, die den Schrecken des Krieges mit modernen Massenvernichtungswaffen vor Augen führen.

In einer Zeit der Verzweiflung setzte Beutler mit scheinbar belanglosen Szenen auch Zeichen der Hoffnung: Ein in der Hitze des Feuersturms entlaubter Baum ist im Spätsommer offensichtlich noch einmal nachgegrünt – erstes neues Lebenszeichen in der Trümmerwüste. (Siehe auch die Seiten 236 – 241).

Blick vom Graskeller entlang der Trümmer und Ruinen an der Stadthausbrücke in Richtung Kaiser-Wilhelm-Straße: Das von Bomben getroffene Gebäude rechts war zur NS-Zeit Hauptquartier der „Geheimen Staatspolizei“ (Gestapo).

So sieht es dort heute aus: Nur das Gebäude rechts von der Bildmitte (allerdings ohne Kuppel) – heute Sitz der Baubehörde – erinnert an die Innenstadt vor 50 Jahren. Links die Neubauten der Fleetinsel.

Freudenfeuer vor dem Osterfest auf Sparflamme

Der Gigantismus früherer Jahre ist passé: Die Osterfeuer auf dem Elbstrand vor Blankenese loderten am Ostersonnabend etwas bescheidener auf. Jugendliche hatten vier Scheiterhaufen zusammengetragen: maximal acht Meter hoch und nur fünf Meter breit, streng nach behördlicher Vorschrift. Im Nu verwandelten sich Reisig und altes Bauholz nach Einbruch der Dunkelheit in zehn Meter hohe prasselnde Flammensäulen, die einen Funkenregen versprühten. Etwa 8000 Zuschauer lockte das mit heidnischen Bräuchen zur Vertreibung des Winters in Verbindung gebrachte Schauspiel an.

Ein anderes österliches Symbol, das Ei, erweckte die Begeisterung des Wandsbeker Elektrikers Dietrich Müller. Im Küchenschrank seiner Familie sind Kartons mit über 300 Beispielen seiner Sammelleidenschaft gestapelt. Er hat sie alle ausgepustet und im Laufe der letzten 25 Jahre von Künstlerhand bemalen lassen. Wo immer ein bekannter Maler auf einer Vernissage erschien, war auch Müller zur Stelle und bat um eine Dekoration für eines der zerbrechlichen Naturkunstwerke. Joseph Beuys hinterließ einen Filzhut auf zarter Schale, Horst Janssen ein Selbstbildnis.

Es war aprilfrisch, als Tausende von Hamburgern abends zum Strandweg strömten. Vor Blankenese wollten sie die lange vorbereiteten Osterfeuer lodern sehen.

Blütenzweige mit bemalten Eiern geschmückt: Ein schöner Brauch zu Ostern auch in manchen Hamburger Gärten, Symbol für die neu erwachenden Lebenskräfte in der Natur.

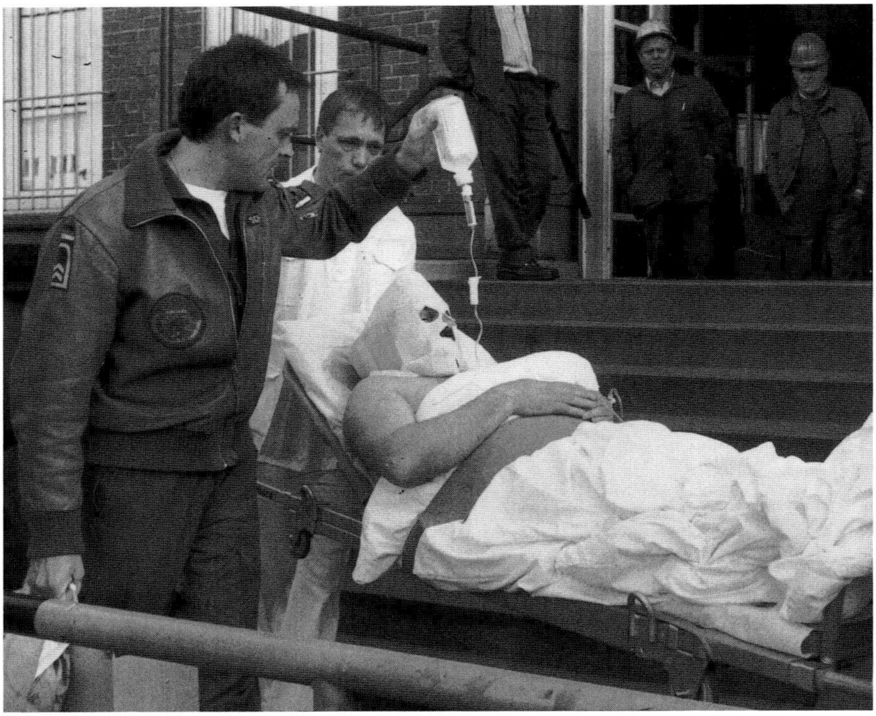

Der Notarzt hat einem verletzten Arbeiter das Gesicht verbunden. Er erlitt schwere Verbrennungen. Drei Männer waren mit dem Löschen eines Binnenschiffs beschäftigt, als der Getreidesilo explodierte.

Ein riesiges Loch klafft in dem Silo. Die Wucht der Staubexplosion hat die Wände des Großbehälters teilweise weggesprengt; danach bestand Einsturzgefahr.

Explosiver Staub bringt schweren Schaden im Hafen

Ein ohrenbetäubender Knall hallte über die Veddel. Eine 60 Meter hohe Betonwand krachte herunter, ein Silo fiel zusammen. Eine Staubexplosion hatte den Versorgungsschacht Getreidesilos der Club-Kraftfutterwerke an der Hovestraße weggerissen und den Aufnahmesilo nebenan zerstört. Drei Arbeiter erlitten schwere Verbrennungen. Die Männer waren dabei, ein Binnenschiff im Hovekanal zu entladen. Ein Saugbagger beförderte Getreide aus dem Schiff in den Silo. Dabei muß sich das explosive Staubgemisch gebildet haben; ein Funke genügte zur Zündung. In dem Silo lagerten etwa 10 000 Tonnen Erbsen und Weizen.

Hamburgs Universität unter „ferner liefen“

Sie wissen Hamburg als Stadt zu schätzen, aber bei der Universität gehen die Daumen nach unten: 700 Professoren von 51 westdeutschen Hochschulen wurden im Auftrag des Magazins „Stern“ nach dem Image der jeweils anderen Universitäten befragt. Das Ergebnis: Die Hamburger Alma mater wurde in fast allen Bereichen nur dem unteren Mittelfeld zugeordnet. Spitzenreiter sind dagegen Göttingen, Aachen und München.

Beim Punkt „beste Ausbildung für wissenschaftliche Tätigkeiten“ sahen die Experten in eigener Sache Hamburg auf Platz 28, bei der praktischen Ausbildung auf Platz 37 und beim guten Ruf der in Lehre und Forschung tätigen Wissenschaftler auf Platz 27.

Weit besser schnitt die Kieler Christian-Albrecht-Universität ab: Sie wurde in diesen Kriterien auf die Plätze 23, 25 und 21 gesetzt. In Hamburg waren die Betroffenen nicht überrascht: Die Untersuchung bestätige Altbekanntes, hieß es aus der Uni. Die Hochschule leide an schlechter Ausstattung mit Personal, Sachmitteln und Räumen. Allerdings sei die Gesamtrangliste eine Addition von Äpfeln und Birnen, weil man Technische und andere Universitäten miteinander verglichen habe.

Zudem wies die Uni der Hansestadt weiter darauf hin, daß der Wissenschafts-Standort Hamburg Spitzenkräfte aus dem In- und Ausland gewinnen müsse, um die Wettbewerbsfähigkeit gegenüber anderen Hochschulen zu erhalten. Es gelte darüber hinaus, zu vermeiden, daß gefragte Fachleute abwandern und neue nicht gewonnen werden könnten, weil die Arbeitsbedingungen in Hamburg einfach zu mäßig sind.

Getötet vom eigenen Vater: die sechs Jahre alte Jennifer und ihr jüngerer Bruder, der vierjährige Daniel. Im Streit um das Sorgerecht für die Kinder verlor der Vater jede Kontrolle über sich.

Ein Mann sieht rot, und seine Kinder kostet es das Leben

Auf dem Kinderbett liegt der vier Jahre alte Daniel, im Schlafzimmer auf dem Ehebett seine sechs Jahre alte Schwester Jennifer. Beide sind tot – erwürgt vom eigenen Vater. Nur die älteste Tochter, die zwölfjährige Jessica, kann dem rasenden Mann entkommen und ruft die Polizei, als der Gartenarbeiter Roland S. (32) an diesem Sonntagabend in Lurup seine Kinder umbringt.

Warum? Der Mann konnte nicht verwinden, daß seine ins Frauenhaus gezogene Frau Angela (32) einen neuen Freund hatte, und daß sie den Nachwuchs zu sich holen könnte. „Ich bringe die Kinder um!“, hatte Roland S. ihr gedroht, als sie die Kinder von einem Besuch nach Lurup zurückbrachte.

Der Mann soll sie oft geschlagen haben. Schulden plagten das Paar. Einige Tage vor den Morden hatte der Vater einen verzweifelten Brief an das Amt für Soziale Dienste geschickt. Er erreichte den Dezernenten einen Tag zu spät.

Max Schmeling kam am 28. September 1905 in Klein-Luckow in der Uckermark zur Welt und wuchs in Hamburg auf. Seinem Geburtsort überwies der ehemalige Box-Weltmeister im Schwergewicht im Jahre 1993 eine Spende von 15 000 Mark.

Max Schmeling redet nicht nur, er handelt auch vernünftig

Den Ring verließ er für immer am 31. Oktober 1948 – mit einer Punktniederlage gegen den Hamburger Richard Vogt. Aber Max Schmeling blieb der Hansestadt und vor allem sich selbst treu. Der frühere Box-Weltmeister aller Klassen – er trug den Profi-Titel im Schwergewicht von 1930 bis 1932 – ist nach wie vor *das* deutsche Sportidol.

Noch heute, mit 88 Jahren, fährt Schmeling von seinem Wohnort Hollenstedt nach Hamburg, um täglich vier Stunden als Geschäftsführender Gesellschafter der Coca-Cola-Niederlassung zu arbeiten. Nur Interviews wolle er künftig nicht mehr geben, betonte er. Eine letzte Ausnahme machte Schmeling im April '93 für die Deutsche Presseagentur.

„Ich kann noch immer ohne Brille lesen", erwähnte „Maxe" nicht ohne Stolz. Das Radfahren, die Jagd und Skat sind seine Hobbys, und aufmerksam verfolgt er das Zeitgeschehen. Ganz besonders natürlich Boxkämpfe.

»Es ist nicht seriös, wenn Boris Bekker sechs oder sieben Millionen Mark von Coca Cola bekommt, nur weil er ein Logo auf dem Hemd trägt.«

Gefreut habe ihn der WM-Sieg des Halbschwergewichtlers Henry Maske („eine echte Identifikationsfigur") aus Frankfurt/Oder, sagte Schmeling. „Durch ihn kommt der Boxsport zumindest gedanklich von St. Pauli weg. In Bumshäusern zu trainieren, das wäre mir nie in den Sinn gekommen. Das ist es, was mich von dem Sport weggebracht hat", offenbarte der Altmeister. Hart kritisierte er auch das „ganze System der Kommerzialisierung" und meinte über die Gefahren des Berufssports: „Siebzehnjährige können heute schon Millionäre werden. In dem Alter kann man unmöglich ermessen, was diese Geldmenge bedeutet."

Gern erinnerte Schmeling an alte Zeiten, ohne sie zu glorifizieren. Von den Olympischen Spielen 1936 in Berlin hatte er nur den Eröffnungstag miterlebt:

„Eingeprägt hat sich mir, daß alle, auch wenn sie es heute verleugnen, mit erhobener Hand dagestanden haben. Meine schönsten Erinnerungen verbinden sich mit Jesse Owens. Er war einer von vielen Schwarzen, mit denen ich im nachhinein gut befreundet war." Dazu zählte auch Joe Louis, den Schmeling 1936 als erster K. o. schlug, gegen den er aber 1938 im WM-Kampf verlor.

»Für mich bedeutet Religion Geben, also etwas Gutes tun. Man sollte immer so leben, als wenn es wirklich einen Gott gäbe.«

Heute bereiten Schmeling die zunehmende Ausländerfeindlichkeit und die politische Rechtsbewegung „echt Kopfschmerzen". Er sagte: „Ich hoffe, daß die Menschen ein Mitgefühl für den Mitmenschen entwickeln. Wenn das nicht geschieht, nehmen die gesellschaftlichen Spannungen weiter zu." Aber der große alte Mann redet nicht nur, er handelt auch. Vor zwei Jahren richtete er die „Max-Schmeling-Stiftung" ein: „Das Geld kommt älteren, pflegebedürftigen Menschen zugute, unabhängig von Religion, Partei, Rasse und Volkszugehörigkeit." Auch das Rote Kreuz, Kirchen, SOS-Kinderdörfer und Körperbehinderte würden bedacht.

Denn schließlich solle man ihm nicht nachsagen: „Als Sportler taugte er so viel, als Mensch taugte er wenig." Schmeling: „Das könnte ich nicht ertragen."

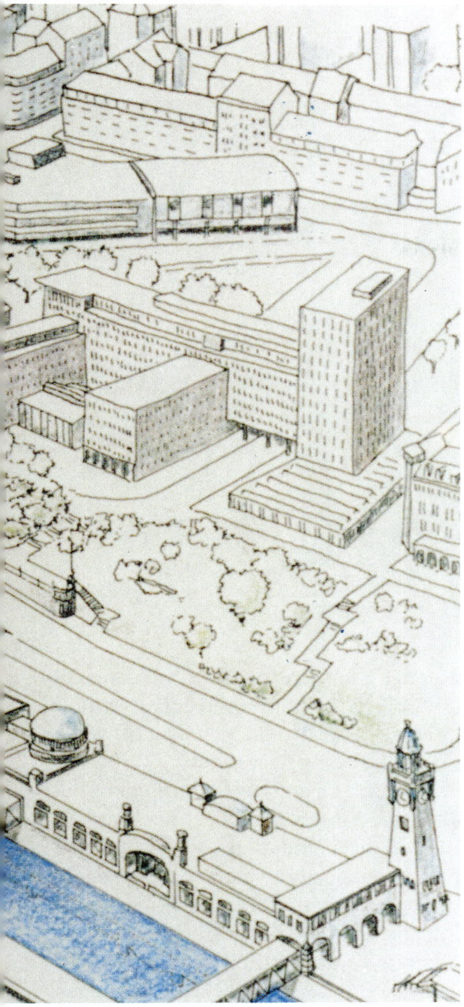

Gleich hinter dem alten Elbtunnel geht's los: Neben den Landungsbrücken soll nach den Vorstellungen eines für die Hamburger Investoren Büll & Dr. Liedtke arbeitenden Frankfurter Architekturbüros in einer Glaskonstruktion mit Aussichtsturm ein Freizeitkomplex entstehen (oben). Links das Hanseatic Trade Center, das ab 1996 als neuer Blickfang an der Kehrwiederspitze das Bild des Hamburger Hafens bestimmen wird.

Neuer Glanz für die Perlenkette entlang der Elbe

Hamburgs Hafenmeile soll ein neues Gesicht bekommen. Vier Investoren bemühen sich um das 21 000 Quadratmeter große Grundstück zwischen den St.-Pauli-Landungsbrücken und der Elbpromenade, dessen Wert auf etwa 20 Millionen Mark geschätzt wird. Im April wurden die Entwürfe für dieses Filetstück im Stadtplanungsausschuß Mitte vorgestellt. Eins haben die Entwürfe der vier Investorengruppen gemeinsam: Sie wollen alle ein großes Freizeitzentrum mit Kinos (bis zu 3000 Plätze), Ladenpassage, Bars, Disco und Hotel bauen. Der angepeilte Eröffnungstermin ist das Jahr 2000.

Konkreter geht es an der Kehrwiederspitze im Freihafen zu. Mit der Vorstellung des engültigen Modells geht das derzeit größte Bauprojekt in der Hansestadt in die heiße Phase: Das Hanseatic Trade Center, ein 800 Millionen Mark teures „Büro im Fluß", soll Ende 1996 fertig sein. Auf 90 000 Quadratmetern Nutzfläche wollen die Investoren – der britische Konzern P & O und die Citibank – Büroraum für 4000 Arbeitskräfte schaffen. Der erste Abschnitt des in fünf Bauphasen entstehenden Projekts, „Speicher K" genannt, ist fertig und zu 91 Prozent vermietet.

Sehr zufrieden mit dem neuen Gesicht der Kehrwiederspitze zeigte sich Oberbaudirektor Egbert Kossack: „Die Perlenkette an der Elbe bekommt endlich ihre Brosche." Ein Schmuckstück, dessen Entwurf aus dem Jahre 1991 noch einmal überarbeitet worden war. Die Bauherren werden jetzt weniger Glas einsetzen. Die Gebäude mit einem 18 Stockwerke hohen Turm in der Mitte des Ensembles werden nun in der typischen Hamburger Backstein-Bauweise hochgezogen.

Für den Fichtenborkenkäfer, seines regelmäßigen Fraßbildes wegen auch Buchdrucker genannt, war die ungewöhnliche Wärme der letzten Jahre günstig: Er hat sich übermäßig stark vermehrt.

Käfer zum Fürchten und Käfer, die wir niedlich finden

Im April zeigte es sich deutlich: Eine Borkenkäferplage bedroht die Wälder. Betroffen sind vor allem der Klövensteen und die Harburger Berge. Die zerstörerischen Aktivitäten des fünf bis sechs Millimeter langen Schädlings richten sich bevorzugt gegen Fichten.

Wenn an warmen Tagen die Temperatur 20 Grad erreicht, schwärmt er aus und bereitet die Paarung vor. Dann bohrt er sich durch die Rinde der Hölzer, um darunter Kammern anzulegen, in denen die Weibchen befruchtet werden. Wenn die dann Gänge für die Eiablage und die Larven später überdies eigene Gänge für ihre Verpuppung ins Holz fressen, werden die Saftbahnen in den Stämmen durchschnitten, so daß die Bäume austrocknen. Die Rinde blättert ab, der Baum stirbt.

Um die Gefahr abzuwenden, stellen die Förster Fallen auf: schwarze doppelwandige Kunststoffbehälter, aus denen es für die Käfer verführerisch duftet, woraus es aber kein Entrinnen mehr gibt, wenn sie der Lockung nachgehen.

Keinen Grund zur Beunruhigung liefert dagegen der Maikäfer, der einst als Blattvertilger und damit Vernichter von Laubbäumen gefürchtet war. Er zeigte sich zwar schon frühzeitig Ende April, trat aber in nur geringer Zahl auf. Daß er sich seit geraumer Zeit sehr rar macht, dafür sind unterschiedliche Erklärungen zu hören: Die Bekämpfung mit DDT in den fünfziger Jahren habe den Bestand fast bis zur Ausrottung reduziert. Das Klima war dem Krabbeltier nicht hold. Es braucht eine bestimmte Temperatur und Luftfeuchtigkeit, um aus dem Erdreich ans Licht zu steigen. Andernfalls bleibt es im Boden und verendet. Durch intensive Landwirtschaft, Überdüngung und Schadstoffe wurde ihm der Lebensraum genommen. Doch der Maikäfer existiert noch, und es ist möglich, daß er sich – wie schon früher beobachtet – nur für ein paar Jahrzehnte zurückgezogen hat, um dann wieder umso kräftiger in Erscheinung zu treten.

Der putzige Maikäfer – seit langem eine Seltenheit. Es ist nicht nur sein Rückzug, der uns Rätsel aufgibt. Ingenieure haben berechnet, daß er eigentlich zu schwer ist, um sich in die Luft erheben zu können. Und er fliegt doch!

Neuer Elbtunnel zum Telefonieren und fürs Fernsehen

Knapp vier Jahre hat es gedauert, dann war der neue Elbtunnel fertig. Was denn für ein neuer Elbtunnel? Dieser ist 2700 Meter lang, verläuft zwischen Blankenese und Cranz und dient allein dem Postunternehmen Telekom.

In die fast mannshohen Stahlbeton- und Kunststoffrohre, die in einer Tiefe von 25 Metern unter dem Strom liegen, werden Glasfiberleitungen eingezogen. Dieser enorme technische Aufwand soll den wachsenden Fernmeldeverkehr zwischen Nord- und Südeuropa sicherstellen. Wenn der erste Ausbauabschnitt beendet ist, können 170 000 Ferngespräche, dazu Rundfunk- und Fernsehübertragungen, gleichzeitig durch die Kabel geleitet werden. Bei Bedarf läßt sich die Kapazität auf elf Millionen Verbindungen erweitern.

Während der Tunnel hochmodern bestückt ist, mußte vor Ort wie eh und je mit Schweiß und Muskelkraft gearbeitet werden. Gebückt mußten sich die Bautrupps durch die Rohre (Durchmesser 1,50 Meter) quälen. Eine Vortriebsmaschine fräste im Untergrund die Bahn für den Tunnel, aber sobald ein größerer Stein in die Quere kam, mußten die Männer ihn per Hand entfernen. Und die kleine elektrische Tunnelbahn für den Abtransport der Findlinge funktionierte fast nie, also: Knochenarbeit. Kleiner Trost: Manchmal stießen die Männer auf Bernstein und Versteinerungen – und durften die Funde behalten.

Das Stahlbetonrohr tief unter der Elbe hat nur eineinhalb Meter Durchmesser. Betonbauer Hans-Jürgen Tomczak (59) und seine Kollegen mußten ständig gebückt arbeiten.

M I N I - R E P O R T

Prof. Rolf Stödter ist tot. Unter seiner Präsidentschaft im Übersee-Club gaben sich die europäischen Staatschefs in dem weißen Haus am Neuen Jungfernstieg die Klinke in die Hand.

ROLF STÖDTER †. Im April trauerte Hamburg um einen der engagiertesten Hanseaten, die je in der Stadt gelebt haben: Prof. Rolf Stödter starb nach Jahren schwerer Krankheit im Alter von 84 Jahren. Der geborene Hamburger war für seine Heimatstadt der große alte Mann der Seeschiffahrt. Zunächst Mitglied der Geschäftsführung der Reederei John T. Essberger, wurde der Jurist später Mitinhaber. In dieser Funktion öffnete Stödter der deutschen Seeschiffahrt nach dem Krieg das Tor zu Welt. In Erinnerung bleibt auch der elegante Herr mit der stets frischen weißen Nelke im Knopfloch: Rolf Stödter als Präsident des Übersee-Clubs – eine Position, in der er Hamburg ein Forum von internationalem Rang beschert hat.

FAMILIENVATER. Sein Publikum und sein Ensemble und er selbst als Vater dieser großen Familie – so sieht sich Hans Fitze, Chef des Altonaer und Harburger Theaters, mit Vorliebe. Mit Zustimmung von allen Seiten, denn Deutschlands dienstältester Intendant feierte am 16. April seinen 90. Geburtstag. In fast 350 Rollen stand er auf der Bühne, 250 Inszenierungen trugen seine Handschrift. Der theaterbesessene Lübecker gehört seit 48 Jahren zur Hamburger Bühnenszene. Anerkennung gab es für den „Chef", wie ihn seine Schauspieler knapp und respektvoll nennen, in all den Jahren reichlich, von der Senator-Biermann-Ratjen-Medaille bis hin zum Bundesverdienstkreuz Erster Klasse.

Nach der Banklehre gab es für Hans Fitze nur noch das Theater. Die Paraderollen des Neunzigjährigen waren Kleists Dorfrichter Adam, der Theaterdirektor Striese und Marcel Pagnols Cesar.

SONDERSTELLUNG. Die beiden Hamburger Jugendherbergen „Auf dem Stintfang" und an der Horner Rennbahn sind bei jugendlichen und jung gebliebenen Reisenden aus aller Herren Ländern gefragt. 1992 wurden 143 000 Übernachtungen gezählt. Mit einer Auslastung von 60 Prozent liegen sie deutlich über dem Durchschnitt der übrigen Herbergen im Landesverband Nordmark (Hamburg und Schleswig-Holstein). Der Verband beabsichtigt, das Horner Gästehaus um 80 auf 360 Betten zu erweitern und das hoch über dem Hafen gelegene 365-Betten-Haus am Stintfang für neun Millionen Mark zu renovieren.

ZURÜCKGEKEHRT. Er ist wieder da. Anfang April kehrte Felix Magath (39) zum Hamburger Sportverein zurück. Der ehemalige Nationalspieler und Mittelfeldregisseur der Rothosen unterschrieb einen Einjahresvertrag als Co-Trainer der Profis und als Chefcoach der Oberligaamateure. Magath, der seine Glanzzeit als Spieler unter den herausragenden Trainern Branco Zebec und Ernst Happel hatte, holte den derzeitigen Cheftrainer Benno Möhlmann 1988 von Werder Bremen nach Hamburg. Magath war damals Manager des HSV, Möhlmann Spieler bei Werder.

„HAMBURG" ADE. Dreißig Jahre war der Zerstörer „Hamburg", das Typschiff der sogenannten Hamburg-Klasse, auf See; 500 000 Seemeilen (rund 900 000 Kilometer) hat er zurückgelegt. Im April trat er zur letzten Reise an: ein Abschiedstörn in die Karibik, ein letztes Flugkörperschießen vor Puerto Rico, Endstation Wilhelmshaven. Anfang 1994 soll dort die Flagge endgültig niedergeholt werden. Eine neue „Hamburg" wird es in der Bundesmarine nicht geben, „weil die Bundesmarine immer weniger Schiffe hat", wie es von der Bonner Hardthöhe hieß und „weil neue Schiffe auch die Namen neuer Bundesländer tragen sollen", wie das Flottenkommando in Glücksburg mitteilte.

NOSTALGIE ZUR SEE. Seit Anfang April gibt es eine zweite Fährlinie der Reederei DFDS/Scandinavian Seaways von Hamburg nach Großbritannien. MS „Winston Churchill" mit Platz für 840 Passagiere und 180 Personenwagen pendelt (zunächst bis Ende September '93) im viertägigen Rhythmus zwischen der Hansestadt und Newcastle in Nordengland. Die Überfahrt – besonders günstig für Schottlandreisende – dauert 23,5 Stunden. So ehrwürdig wie sein Name, so alt ist das Schiff. Vor 26 Jahren in Italien gebaut, ist der Oldtimer ein Stück Nostalgie im Schwarm der modernen schwimmenden Fähr-Hotels.

FLEISCHMUFFEL. Zu hohe Miete, kein Nachfolger oder zu hohe Investitionen wegen immer neuer EG-Hygieneauflagen: In Hamburg haben im vergangenen Jahr 44 Schlachtereien aufgegeben. Die Zahl der Betriebe ging auf 345 zurück. 1980 gab es in Hamburg noch 581 Metzgereien. Und noch ein Grund läßt sich für das Sterben der Schlachtereien finden: Wie in der gesamten Bundesrepublik ist der Fleischkonsum auch in Hamburg kontinuierlich zurückgegangen.

Die „Hamburg" (oben), Marine-Patenschiff der Hansestadt, wird 1994 außer Dienst gestellt. Auch diese Ärmel-Aufnäher (unten) werden dann keine Bundesmarineuniform mehr zieren.

„Wenn ich einmal reich wär' . . . " Als Milchmann Tevje im Musical „Anatevka" wurde der Opern- und Fernsehstar Gunther Emmerlich im St.-Pauli-Theater gefeiert.

„Kabale und Liebe" so aktuell wie vor 200 Jahren . . .

Im Thalia Theater gab es viel Jubel über einen jungen deutschen Dramatiker. Sein Name: Friedrich Schiller. Regisseur Nicolai Sykosch hatte aus seinem Jugendwerk „Kabale und Liebe" eine kräftige, grellfarbige Limonade gemixt und damit die Bühne im Sturm und Drang erobert. Kein Klassiker, sondern ein Stück so aktuell wie vor zweihundert Jahren.

Ob am Fürstenhof oder in den Parteien und Konzernen – der Klüngel bleibt sich immer gleich. Wer in der Hierarchie nach oben will, geht über Leichen, und auf der Strecke bleibt die Liebe.

Was aber an dieser Aufführung mehr als alle Aktualität die Unbeholfenheit des frühen Stückes und die Bizarrheiten der Regie hinwegfegte, war die Kraft der Sprache, das immer wieder aufsteigende Schillersche Pathos, mit dem vor allen die beiden jungen Hauptdarsteller überzeugend umzugehen wußten.

Dietmar König als Ferdinand und Cornelia Schirmer als Luise gaben der jugendlichen Gefühlssprache Schillers, ohne sie zu verletzen, einen modernen, heutigen Klang. Zu Recht wurden die beiden Darsteller bei der Premiere enthusiastisch gefeiert.

Gefeiert wurde auch der Opern- und Fernsehstar Gunther Emmerlich. Er spielte im St.-Pauli-Theater den Milchmann Tevje, der im Dörfchen „Anatevka" die Tradition hochhält. Ein zeitloses Musical, das immer wieder zu Herzen geht, gerade, wenn der Rassismus gärt und brodelt wie in diesen Tagen.

Manfred W. von Wiedemann inszenierte es auf der kleinen Bühne mit liebevoller Ausmalung des jüdischen Alltags und einem kräftigen Schuß Humor. Was machte es da schon, daß der stimmkräftige Show-Hüne Emmerlich gelegentlich eher wie ein Wikinger wirkte, den es aus Versehen ins jüdische Dorf verschlagen hatte . . .

Gleich zweimal Büchner an einem Abend brachte das Ernst-Deutsch-Theater: „Woyzeck" und „Leonce und Lena". Einen reizvollen Kontrast hatte Regisseur Johannes Kaetzler versprochen. Doch nach drei Stunden Büchner fühlte man sich schließlich leicht überfüttert.

Zuerst das expressionistische Fragment mit einem kecken Woyzeck, dann die melancholischen Todessehnsüchte des Prinzen Leonce (beide Cornelius Knüpffer). Die Darsteller hatten prachtvolle Gelegenheit, ihre Wandlungsfähigkeit zu beweisen, doch fiel es schwer, am Ende noch die Geduld für Liebeselegien aufzubringen.

Mehr zu Herzen ging die Aufführung des Ohnsorg-Theaters von Gerhart Hauptmanns „Rose Bernd", von Konrad

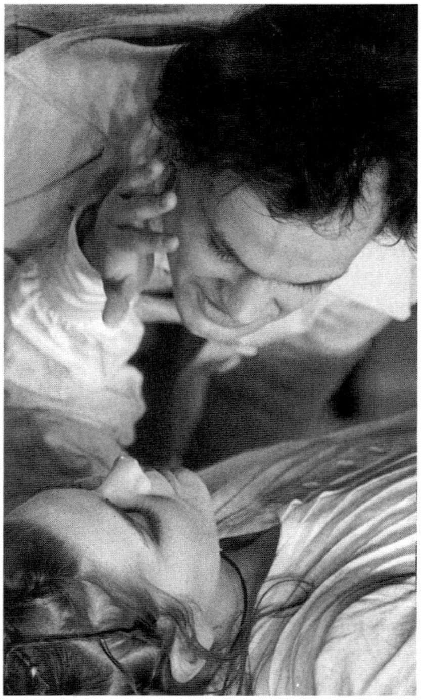

Höfisches Ränkespiel mit tödlichem Ausgang: Dietmar König (Ferdinand) und Cornelia Schirmer (Luise) spielten Schillers „Kabale und Liebe" im Thalia Theater, als wär's ein Stück von heute.

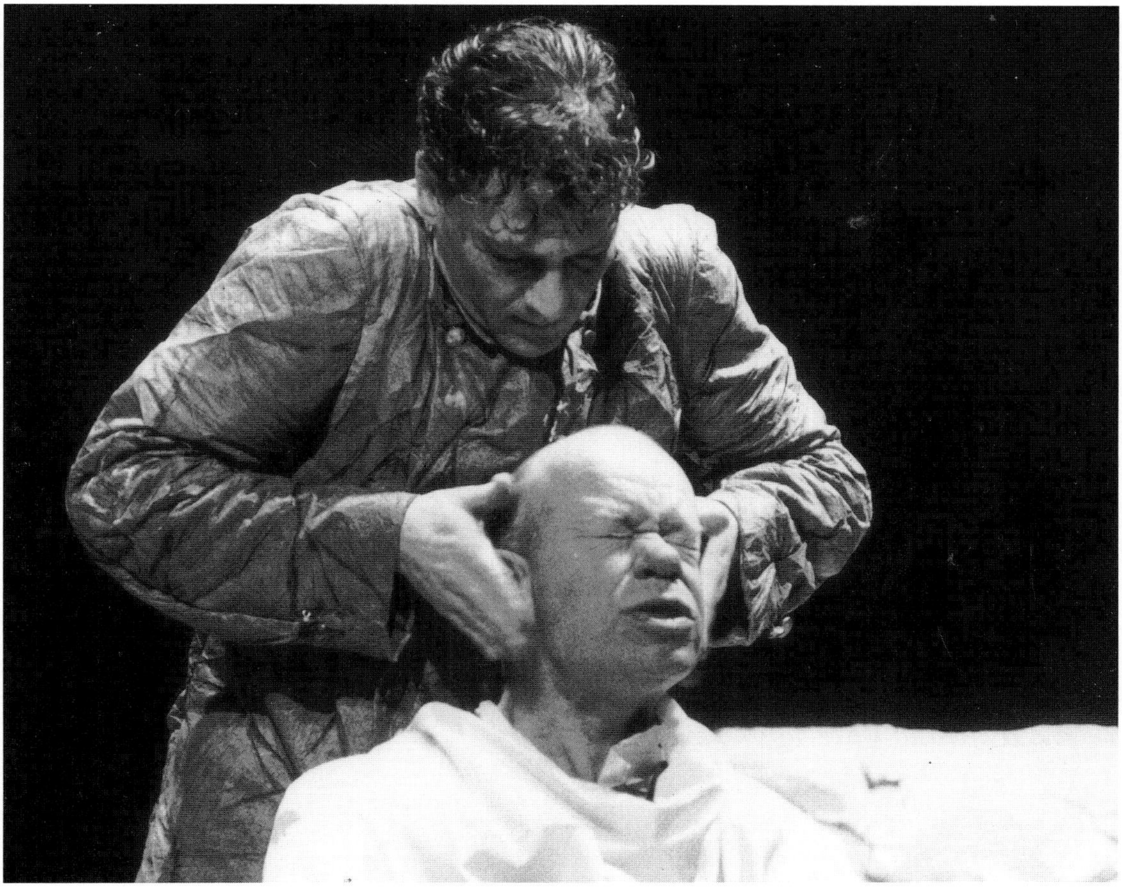

Hansen milieugerecht ins Niederdeutsche übertragen. Das Bauernmädchen Rose, vergewaltigt, verleumdet und erpreßt, schwört einen Meineid und bringt ihr Kind um. Überholte Moralvorstellungen und eine gehörige Portion Heimatschnulze – hier wurden sie von menschlicher Tragik und schlichter Darstellung aufgefangen.

Regisseur und Bühnenbildner Hans-Joachim Heyse vermied Emotionsausbrüche, ließ jedoch den Gefühlen freien Raum. Für Beate Kiupel als kraftvolle Rose Bernd und vor allem auch für die starke Charakterstudie von Jürgen Pooch als Gutsbesitzer gab es begeisterten Beifall und Bravos. – Solche Ovationen blieben diesmal dem Weltmeister der Zauberer, Mr. Cox, versagt. Hatte er sich doch auf ein Theaterabenteuer in den Kammerspielen eingelassen, das seine magischen Kräfte überforderte: die Uraufführung des Stückes „Tod im Zylinder". Wünsche und Wirklichkeit sollte der große Illusionist in einer merkwürdigen Jubiläumsfeier verschmelzen lassen.

An seinen Zauberkunststückchen gab es dabei nichts auszusetzen, der Rest jedoch, von Thomas Höft erdacht, entpuppte sich als eine chaotische Horror-Peinlichkeit: ohne Witz, ohne Einfälle und ohne Talent.

Woyzeck (Cornelius Knüpffer, stehend) muß den Hauptmann (Uli Krohm) rasieren und wird von ihm wie ein Stück Dreck behandelt. Szene aus dem Büchner-Abend im Ernst-Deutsch-Theater.

M A I

176 *Der Schock beim Tennis: Attentat auf Monica Seles*

180 *Michael Stich und sein Traum vom Rothenbaum*

182 *Es muß noch einmal gewählt werden*

184 *Zwerg im Riesendock*

185 *Einschleicher leben gefährlich, doch es werden immer mehr*

186 *Warum nicht mal Oper in der Speicherstadt*

188 *8024 Läufer und ein Ziel*

190 *Marathon-Siege sind noch schöner in einer grünen Stadt*

192 *„Dann wäre von Aumühle nicht viel geblieben“*

193 *Wer sagt, daß Gottesdienst nur für Menschen ist?*

194 *Das Chilehaus wurde um 200 Millionen Mark teurer*

195 *Neue Ära in der Finanzwelt*

196 *Dein Auto – der Diebesbanden liebstes Stück*

197 *Ist Junior fotogen, winkt ein hübsches Sümmchen*

198 *Mini-Report*

200 *Und das Drama wurde gleich mit umgebracht*

Der Schock beim Tennis: Attentat auf Monica Seles

Es war ein schwarzer Freitag für das Tennis. Was am 30. April um 18.50 Uhr beim Damen-Turnier am Hamburger Rothenbaum geschah, erschütterte die Welt des weißen Sports: Ein fanatischer Steffi-Graf-Anhänger sprang während eines Seitenwechsels aufs Spielfeld und rammte der damaligen Weltranglisten-Ersten Monica Seles ein 23 Zentimeter langes Ausbeinmesser in den Rücken.

Der Stich hinterließ eine 15 Millimeter tiefe Verletzung in Höhe des vierten Brustwirbels. Monica Seles wurde im Universitätskrankenhaus Eppendorf sofort behandelt. Aber, schlimmer als die Wunde: Es blieben tiefe Narben in der Seele der 19 Jahre alten Serbin. Monatelang konnte sie nicht mehr Tennis spielen, sogar die Fortsetzung ihrer Karriere geriet in Gefahr.

Der Attentäter, der arbeitlose Dreher Günter P. (38) aus dem Dorf Görsbach in Thüringen, hatte damit das Ziel seines Anschlages erreicht. Er wollte Steffi Graf wieder auf dem ersten Platz in der Damen-Weltrangliste sehen. Genau fünf Wochen später stand sie dort, weil die anderen Spitzenspielerinnen zwar allseits Betroffenheit über die Attacke äußerten, bis auf Steffi Graf selbst aber nicht bereit waren, ihre Solidarität zu beweisen. So stieß der Vorschlag, Monica Seles' Weltranglistenpunkte bis zu ihrer Genesung „einzufrieren“, auf fast einhellige Ablehnung.

Sekunden nach dem Anschlag auf Monica Seles. Zwei Zuschauer bemühen sich am Rothenbaum um die blutende Tennisspielerin, die kurz darauf in Ohnmacht fiel. Ärztliche Hilfe setzte nur eine Minute später ein.

Milch-
chnitte

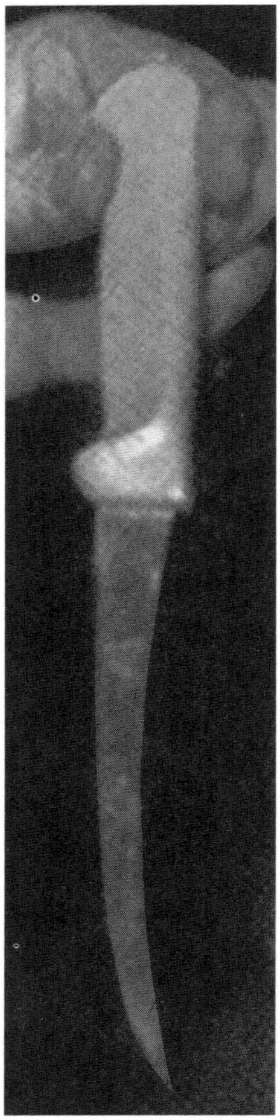

Die Tatwaffe, ein gewöhnliches Küchenmesser mit spitzer Klinge, 23 Zentimeter lang. Attentäter Günter P. hatte es von zu Hause mitgebracht; seine Tante hatte es ihm gegeben.

Der Anschlag am Rothenbaum war in der Sportgeschichte ein bis dahin einmaliger Vorfall. Er setzte monatelange Diskussionen um die Sicherheit von Sportlern in Gang. Das Fazit blieb ernüchternd: Gegen einen Fanatiker gibt es keinen absolut zuverlässigen Schutz.

„Die Sicherheitsvorkehrungen am Rothenbaum", sagte deshalb im nachhinein Gerard Smith, der Exekutiv-Direktor der Profispielerinnen-Vereinigung WTA, „waren vorbildlich. Sie waren weit besser als bei den meisten Tennisturnieren der Welt. Niemand war auf eine solche Tat vorbereitet. Sie hätte überall passieren können."

Eine Million Mark gibt der Deutsche Tennis Bund jährlich für die Sicherheit der 14 Turnier-Tage am Rothenbaum aus. Ein 125 Mann starker Ordnungsdienst hatte bisher jeden Zwischenfall verhindern können. „Es war auch diesmal alles in Ordnung, wir hatten nichts zu beanstanden. Der Ordnungsdienst hat trotz des Anschlages nicht versagt", gab Polizeisprecher Dankmar Lund später zu Protokoll.

Monica Seles hatte, auch weil sie Serbin ist, unter besonderer Beobachtung gestanden. Sie war nicht im Spielerhotel Intercontinental untergebracht. Verließ sie ihr Quartier, waren ständig vier im Personenschutz geschulte Begleiter in ihrer Nähe. Einen Bodyguard direkt vor der Hotelzimmertür hatte Vater Karoly Seles im Gegensatz zum Vorjahr diesmal nicht erbeten.

Monica Seles mußte die Anlage am Rothenbaum zudem jedesmal durch einen anderen Eingang betreten und durfte nie denselben Umkleideraum benutzen. Noch am Tag des Anschlages hatte sich Wolfgang Burandt, Leiter des privaten Sicherheitsdienstes auf der Anlage, beim zuständigen Polizeirevier 17 an der Sedanstraße nach Hinweisen auf eine Gefährdung der besten Tennisspielerin der Welt erkundigt. Es gab keine.

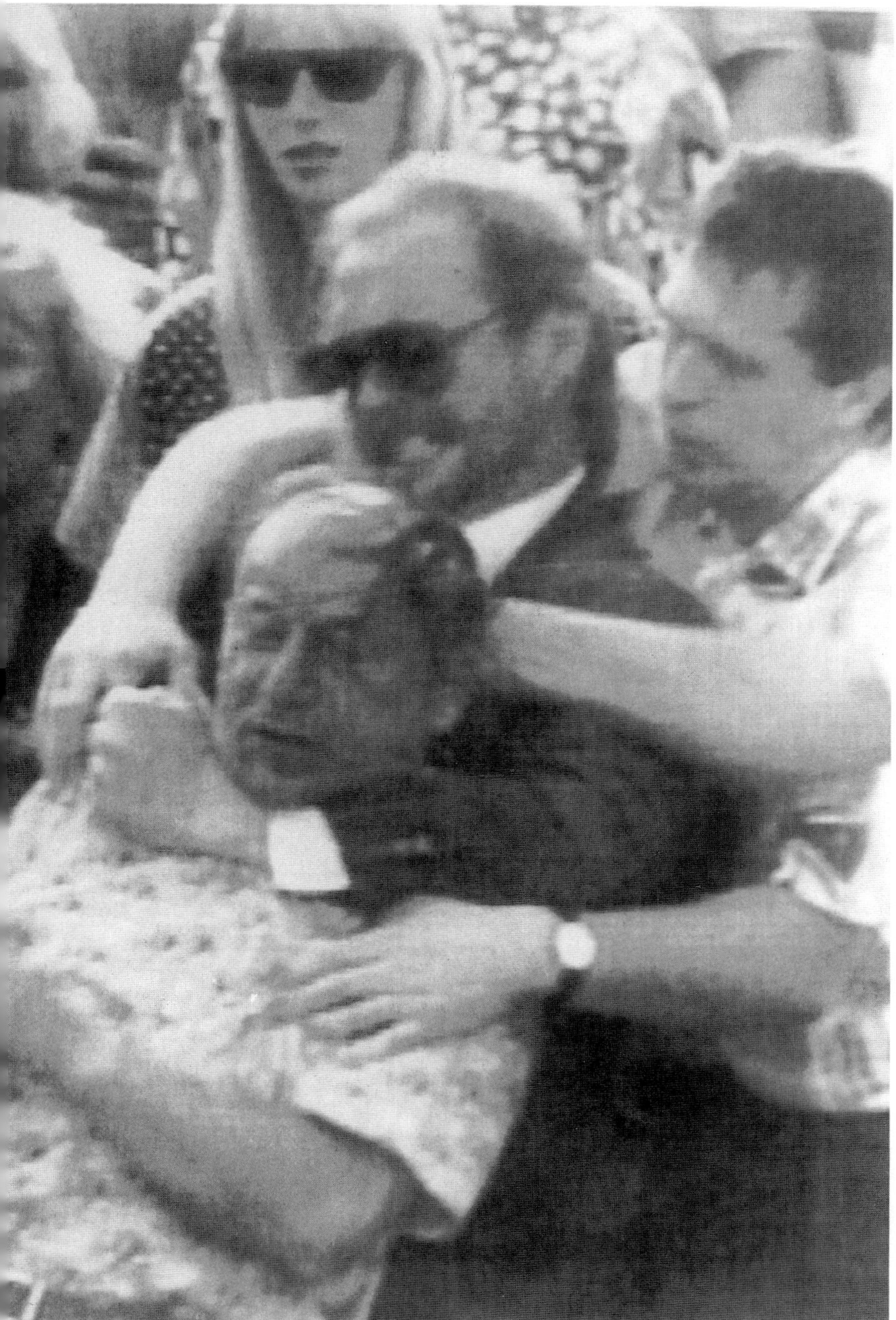

Sofort nach seinem Angriff auf Monica Seles wurde Günter P. von zwei Ordnern überwältigt. Sie hatten ihn kommen sehen, aber nichts Verdächtiges an ihm bemerkt. Erst im letzten Augenblick zog er das Messer aus seinem Einkaufsbeutel.

Umarmung und Küsse in der Ehrenloge: Michael Stich (24) aus Elmshorn feiert mit Ehefrau Jessica Stockmann seinen ersten Rothenbaum-Sieg. Nach drei Stunden und sieben Minuten hatte er den Russen Andrej Tschesnokow mit 6:3, 6:7, 7:6, 6:4 bezwungen und bekam 242 000 Dollar Preisgeld.

Michael Stich und sein Traum vom Rothenbaum

Am Ende gab es doch noch ein Tennis-Happy-End am Rothenbaum. Michael Stich hatte dort schon als neunjähriger Junge aus Elmshorn die Tennisgrößen aus aller Welt bewundert. 15 Jahre später gewann er als erster deutscher Spieler seit Wilhelm Bungert 1966 die Internationalen Tennismeisterschaften von Deutschland, die im Zuge von Show und Kommerz dieses Sports längst Panasonic German Open heißen.

Nach seinem Vier-Satz-Sieg gegen den Russen Andrej Tschesnokow stürmte Stich erst zu seiner Frau, der Schauspielerin Jessica Stockmann, in die Ehrenloge. Dann brachte er mit tränenerstickter Stimme heraus: „Ich habe mir einen Jugendtraum erfüllt.“ Boris Becker war diesmal am Rothenbaum nur zweimal zu sehen. Er schied schon im Achtelfinale gegen den Münchner Bernd Karbacher aus, kündigte aber seine Rückkehr an: „Ich werde es immer wieder probieren.“ In der Vorwoche hatte die siebte Auflage des Damenturniers um den Citizen Cup zum erstenmal eine andere Siegerin gesehen als Steffi Graf. Die Spanierin Arantxa Sanchez gewann gegen sie im Endspiel einer Veranstaltung, bei der nach der Messer-Attacke auf Monica Seles vom 30. April der Sport nur noch zweitrangig war. Steffi Graf, sichtlich betroffen von dem Anschlag, sagte: „Es war eine schwere Woche für uns alle.“

Kraftvoll beendete Arantxa Sanchez am Rothenbaum die Siegesserie von Steffi Graf, die dort 32 Spiele hintereinander nicht verloren hatte. Die Spanierin kassierte für ihren 6:3, 6:3-Sieg 75 000 Dollar.

Im Plenarsaal des Oberlandesgerichts verkündete das Hamburgische Verfassungsgericht sein Urteil: Präsident Helmut Plambeck (Mitte) und die Verfassungsrichter Jürgen Brüggemann, Eva Leithäuser, Wilhelm Rapp, Rudolf Toboll, Herbert Dau, Maja Stadler-Euler und Wolf-Dieter Hauenschild (v. l.)

Justitia verlangt's: Es muß noch einmal gewählt werden

Die Nachricht traf die Hamburger Politiker völlig unvorbereitet: Am 4. Mai erklärte das Hamburgische Verfassungsgericht die Bürgerschaftswahl von 1991 für ungültig und ordnete eine Wiederholungswahl an. Die höchsten Hamburger Richter begründeten ihr Urteil mit „schwerwiegenden Demokratieverstößen" in der CDU bei der Aufstellung ihrer Parlamentskandidaten.

Mit dem Richterspruch endete eine vierjährigen Auseinandersetzung des Verlegers und Juristen Markus Wegner mit den Hamburger Christdemokraten. Wegner und vier Mitstreiter hatten die innerparteiliche Demokratie der Hamburger CDU vor Gericht angezweifelt. Bisher hatte noch nie ein Gericht in der Bundesrepublik eine Landtagswahl aufgehoben. Die Hamburger Richter sprachen sich mit sechs gegen zwei Stimmen dafür aus.

In der mündlichen Urteilsbegründung sagte der Präsident des Verfassungsgerichts, Helmut Plambeck, daß Minderheiten bei der ausgeübten Praxis der Kandidatenkür „von vornherein diskriminiert" waren. Bei einem korrekten Verfahren hätte sich die Bürgerschaft höchstwahrscheinlich anders zusammengesetzt. Das Gericht forderte den Senat auf, nach Vorliegen der schriftlichen Urteilsbegründung „unverzüglich" einen Neuwahltermin zu bestimmen.

Die Verfassungsrichter sorgten mit ihrem Spruch und der zunächst noch ausstehenden schriftlichen Begründung für Verwirrung auf dem politischen Parkett. Die wichtigste Frage: Zieht das Urteil eine Wiederholungs- oder eine Neuwahl nach sich? Die Ergebnisse einer Wiederholungswahl hätten nur für die noch ausstehenden zwei Jahre der jetzigen Legislaturperiode gegolten, eine Neuwahl würde die Zusammensetzung von Parlament und Regierung für vier Jahre regeln.

Völlig unklar zunächst auch, welche Kompetenzen Bürgerschaft und Senat bis zum neuen Wahlgang überhaupt noch zustehen. Was die Frage der Wahl anging, nahm die Politik das Heft noch vor der Präsentation des schriftlichen Urteils selbst in die Hand. Die Fraktionen beschlossen eine Auflösung des Parlaments, woraus sich zwangsläufig eine Neuwahl und damit eine vierjährige Legislaturperiode ergibt. Die Frage der Kompetenzen blieb lange in der Schwebe. Allerdings

hatte Bürgerschaftspräsidentin Elisabeth Kiausch bereits am Tag der Urteilsverkündung gesagt, eine parlamentslose Zeit dürfe es in Hamburg nicht geben. Auch Bürgermeister Voscherau sah die Arbeit des amtierenden Senats nicht tangiert. Beide befanden, daß die in dieser Legislaturperiode bisher gefaßten Beschlüsse weiter gültig blieben.

Verläßliche Klarheit aber trat darüber erst ein, als sich Präsident Helmut Plambeck anläßlich eines Empfanges im Rathaus öffentlich zu diesen Fragen äußerte, und zwar im Sinne von Parlamentspräsidentin und Bürgermeister.

Die schriftliche Urteilsbegründung aber lieferte das Gericht erst gut vier Wochen nach seiner Entscheidung ab. Sie bestätigte die nach dem Urteil geübte „Praxis der Zurückhaltung" bei Bürgerschaft und Senat.

Während sich die Parteien bereits daran machten, erste Vorbereitungen für den Wahlkampf zu treffen, bereitete der CDU-Bürgerschaftsabgeordnete Ralf-Dieter Fischer einen Gang zum Bundesverfassungsgericht vor. Fischer war vom Hamburger Verfassungsgericht nicht beigeladen worden und wollte das Wahlurteil deshalb aufheben lassen. Doch die höchsten Richter in Karlsruhe nahmen seine Klage nicht an.

Er brachte den Stein ins Rollen: Markus Ernst Wegner (40) errang mit dem Urteil seinen größten Erfolg im Kampf um mehr innerparteiliche Demokratie in der Hamburger CDU.

Kleinkunst statt Großauftrag: So sah es aus (rechts), als „Das Schiff", Eberhard Möbius' (oben) berühmte schwimmende Bühne, zur routinemäßigen Überholung im Dock 11 von Blohm + Voss lag – mit 251 BRT gerade mal 34,5 Meter lang und 5,29 Meter breit. Da ist das zweitgrößte B + V-Dock ganz andere Kaliber gewohnt, etwa im vergangenen Jahr die 293,5 Meter lange und 32 Meter breite „Queen Elizabeth 2". Weil „Möbis" Schiff so klein ist, gab sich Blohm + Voss als Bezahlung mit einem Deal zufrieden: Der Theaterdirektor und seine Crew spielten auf Steinwerder für Mitarbeiter und Kunden der Werft viermal ihr Kabarett „Mehrwert Europa".

Einschleicher leben gefährlich, doch es werden immer mehr

Vor zehn Jahren waren es nur 60 binnen 12 Monaten, im vergangenen Jahr aber kamen über 140: Immer mehr „blinde“ Passagiere wollen im Hamburger Hafen an Land. Die Männer sind durchweg zwischen 16 und 22 Jahre alt und haben nur eines im Sinn: der Armut in ihrer Heimat zu entkommen. Für die Kapitäne bedeuten die ungebetenen Fahrgäste Streß. Sie werden die Einschleicher meistens nicht mehr so schnell los.

Denn hat ein solcher Flüchtling keine Papiere, „ist er kein Mensch mehr“, weiß Kapitän Dieter Klebe. Informiert der Schiffsführer die Hafenbehörden darüber, daß er einen „Blinden“ an Bord hat, wird der für die Liegezeit des Schiffes in Haft genommen; beim Auslaufen allerdings bekommt die Mannschaft „ihren“ Einschleicher wieder überreicht. „Oft fährt man mit ihm dann um die halbe Erde und setzt ihn in dem Hafen wieder aus, in dem er vermutlich eingestiegen ist“, sagt Klebe.

Es kommt also vor, daß ein gestrandeter Mensch aus Westafrika eine Weltreise macht, die Gefängnisse einiger seiner Traumländer kennenlernt, um dann nach Monaten wieder in der Heimat zu landen.

Nur in seltenen Fällen spendieren die Schiffseigner diesen Männern einen Rückflug nach Hause. So oder so – für die Reeder bedeuten „blinde“ Passagiere zusätzliche Kosten. Das ist auch der Grund dafür, warum es einigen Stowaways schlecht ergeht, wenn sie entdeckt werden. Das reicht von rüden Verhörmethoden bis hin zu Mord. Auch Kapitän Dieter Klebe traut einigen seiner Kollegen da einiges zu: „So ab und zu hört man, daß Stowaways außenbords gegangen sind.“

Alltag im Hafen: Eskortiert von Polizei, verlassen zwei „blinde“ Passagiere aus Afrika das Schiff ihrer Hoffnung. Der Traum vom besseren Leben ist ausgeträumt.

CLAUS D.

Warum denn nicht mal Oper in der Speicherstadt

Petrus spielte gut mit beim 804. Hafengeburtstag und half, einen Besucherrekord zu erreichen: 1,2 Millionen Gäste flanierten ein Wochenende lang zwischen Fischauktionshalle und Speicherstadt. Riesenandrang an allen Schiffen, die besichtigt werden konnten, doch den Vogel schoß die Bundesmarine ab. 11 000 Besucher drängten an Bord der Fregatte „Karlsruhe", der Minensuchboote und eines Unterseebootes.

Begeisterte Reaktionen auf das Wasserprogramm. Faszinierend wirkten vor allem die exotischen Boote, wie sie Drachenkopf an Drachenkopf durch den Zollkanal glitten. Kein Hafengeburtstag ohne Schlepperballett. Imposant tönten die Schiffstyphone zum Radetzky-Marsch, rhythmisch exakt wiegten sich die Kraftprotze im Dreivierteltakt. Mächtig wühlten die Schlepper dabei das Elbwasser auf, so daß die Vorstellung für Zuschauer auf den Pontons zum feuchten Vergnügen wurde. Und was in Zukunft aus dem Programm des Hafengeburtstags nicht mehr wegzudenken sein wird, ist der Schmuggler-Krimi, den Wasserschutzpolizei, Zoll und Feuerwehr gemeinsam inszenierten.

Eine Novität des dreitägigen Spektakels war allerdings nicht auf dem Wasser zu erleben, sondern an Land. Dort, wo sonst Kaffeesäcke gehievt und Teekisten gekarrt werden, in der Speicherstadt, ging Verdis Oper „Nabucco" über die Bühne.

Hamburg und seine Waterkant: Beim Hafengeburtstag wird die Elbe zur maritimen Bühne. Hier dampft das Museumsschiff „Claus D." an den Landungsbrücken vorbei.

Zur Feier der Hafengründung bemühen sich die Veranstalter um mehr Abwechslung im Programm. Beispiele: Clownerien vor den Landungsbrücken (oben) oder die lebensnahe Disziplin Trossenweitwurf, ausgeübt im Museumshafen Oevelgönne.

POTENBERG

Achttausendundvierundzwanzig Läufer – und ein Ziel. Breiten- und Spitzensport laufen nebeneinander her. Aus dieser reizvollen Kombination bezieht der Hamburger hanse-Marathon immer wieder von neuem seine Attraktivität. Sie wirkte auch beim achten Mal. Nach 5:32:33 Stunden – das bedeutet drei Stunden, 21 Minuten und 36 Sekunden nach dem kessen Sieger aus England – traf der letzte Läufer diesmal am Fernsehturm ein. Aber nicht einmal 13 Prozent der Gestarteten waren vorzeitig ausgestiegen. Der Hamburger Marathon-Kurs gilt zudem als der schönste in Deutschland. Experten wissen die Gründe aufzuzählen: eine sehr harmonische Streckenführung, keine Ecken wie in München, keine übermäßig langen Geraden wie in Berlin. Dazu noch das viele Grün an den Straßen. „Das spricht für die hohe Lebensqualität dieser Stadt“, so schloß Marathon-Läufer Manfred Steffny, Herausgeber des Lauf-Magazins „Spiridon“, seine Beurteilung. (Mehr über das Ereignis auf auf den beiden folgenden Seiten).

Der Sieger '93 kam aus Marlborough, 100 Kilometer westlich von London: Richard Nerurkar (29). In Tokio war er 1991 WM-Fünfter über die 10 000 Meter.

Wie schon 1992 war die Dortmunderin Gabriele Wolf (32) wieder die schnellste Marathon-Frau. Beinahe hätte sie diesmal wegen Magenproblemen aufgeben müssen.

Marathon-Siege sind noch schöner in einer grünen Stadt

Der Sieger, ein Ausländer, sprach Deutsch. „Hamburg", sagte Richard Nerurkar, „wird mir in schöner Erinnerung bleiben. Die Stadt gefällt mir, nicht nur weil ich hier gewonnen habe, sondern vor allem wegen des vielen Grüns und der herrlichen Alster-Auen."

Beim 8. hanse-Marathon lief niemand schneller als der 29 Jahre alte Sohn eines indischen Vaters und einer englischen Mutter. Dabei war es das erstemal, daß Nerurkar, der in Oxford und Harvard Deutsch und Russisch studierte, sich in einem Wettkampf auf die 42 195 Meter lange Strecke gemacht hatte.

Seine Unerfahrenheit geriet ihm zum Vorteil. Während die favorisierten Afrikaner sich auf der Jagd nach einer mit zusätzlichen 22 500 Mark prämierten Weltklassezeit unter 2:10 Stunden auf den ersten 15 Kilometern zermürbten, überlief der Engländer das Feld von hinten. Teilweise hatte er mehr als eine Minute Rückstand auf die Spitze. Erst bei Kilometer 37 schloß Nerurkar am Harvestehuder Weg zum führenden tansanischen Titelverteidiger Julius Sumawe auf, der, von Muskelkrämpfen geplagt, das Ziel erst als Vierter erreichte. Die Faszination des Massenlaufes hatte bei seiner achten Austragung jedoch ein wenig nachgelassen. Kaum mehr als 100 000 Menschen säumten noch die Straßen; die Teilnehmerzahl war früher größer.

Die Veranstalter haben reagiert. In den nächsten fünf Jahren soll wieder im etwas kühleren April gelaufen werden. Die Stars dieses Sports aber werden Hamburg wohl weiterhin meiden. Prämien und Antrittsgelder sind ihnen an Elbe und Alster zu gering. Da nützen auch die Schönheiten der Stadt nichts.

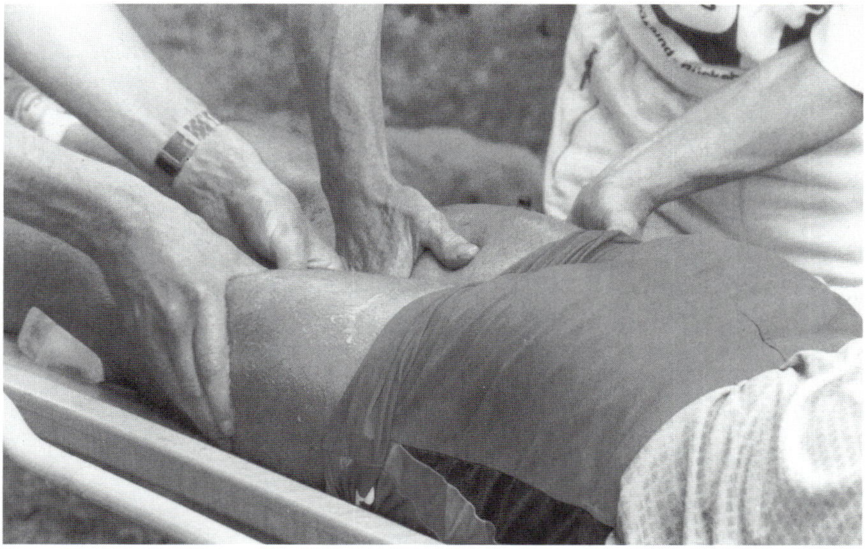

3500 Helferinnen und Helfer an der Strecke sorgten für das Wohl der Läufer. Elektrolytgetränke, Wassereimer, Bananen, Schwämme und Massagebänke gehören zum traditionellen Service des hanse-Marathons. Geholfen hat's. Die Sanitäter mußten nicht eingreifen.

Mit einem Kran werden die Tankwagen wieder aufgerichtet. Sieben Waggons waren in Aumühle aus den Gleisen gesprungen. Der Zugverkehr auf dieser Strecke lag für elf Stunden lahm.

„Dann wäre von Aumühle nicht viel geblieben“

Aumühle ist am 15. Mai einer Katastrophe entgangen. Sieben Kesselwagen eines Güterzuges waren im Ort entgleist. Zwei Waggons kippten um, einer beschädigte einen Brückenpfeiler des Bahnhofs. „Wären die Tankwagen gefüllt gewesen“, sagte ein Polizeisprecher, „wäre von der Stadt nicht viel übriggeblieben.“

Zwölf Tage danach ein zweiter schwerer Unfall auf Schienen: Am Bahnübergang Lentföhrdener Weg (Eidelstedt) wurde ein Auto von einem AKN-Zug mitgeschleift. Der Pkw-Fahrer soll versucht haben, die geschlossene Halbschranke zu umfahren. Beide Insassen erlitten lebensgefährliche Verletzungen.

Feuerwehrmänner am Unfallort: Sie brauchten 45 Minuten, um den Fahrer Ralf W. aus dem Autowrack zu bergen. Sein Begleiter wurde beim Aufprall schwer verletzt aus dem Wagen geschleudert.

Wer sagt, daß der Gottesdienst nur für Menschen ist?

Friedlich beschnuppert Schäferhündin Leyla die kleine Katze im braunen Plastikkäfig, hektisch schwimmen namenlose Goldfische in einem Wasserglas hin und her, Meerschweinchen Rosi schläft eingebettet in ein Holzwägelchen – am Fuße des Altars im Michel. „Lange genug wurden unsere Mitgeschöpfe an den Rand gedrängt, gequält und übersehen“, so begründete Hauptpastor Helge Adolphsen den „tierischen Gottesdienst“ am Himmelfahrtstag, den 300 Gläubige und 50 Hunde, Stubenhasen, Katzen, Meerschweinchen, Vögel, Hamster und Rennmäuse zum erstenmal mit ihm in St. Michaelis feierten.

Die Musik des Turmbläser-Ensembles animiert Butchi. Munter stimmt der Sittich ein und zwitschert los. Hunde unterlegen die Musik mit ihrem Jaulen. Die Besucher hören eine Predigt der Tiere: „Ich leihe ihnen meinen Mund“, sagt Adolphsen. Er spricht von der Verantwortung des Menschen für alle Wesen der Schöpfung. Boxer Hermann scheint's zu lange zu dauern. Lautstark fällt er dem Pfarrer ins Wort. Der Hauptpastor gelassen und schlagfertig: „Der Hund, der eben gebellt hat, hat meine Worte für alle Tiere bekräftigt.“

Jessica Schaumburg (12) mit ihrem Nico in einer Kirchenbank. Hauptpastor Helge Adolphsen und Kinder des Michel-Tagesheims waren gemeinsam auf die Idee gekommen, den Tiergottesdienst abzuhalten.

Das bekannteste Werk des Architekten Fritz Höger (1877 bis 1949) ist das 1922 – 1924 erbaute Chilehaus, eine Mischung aus neugotischem Backsteinstil und Expressionismus. Höger hat u. a. auch den Sprinkenhof geplant.

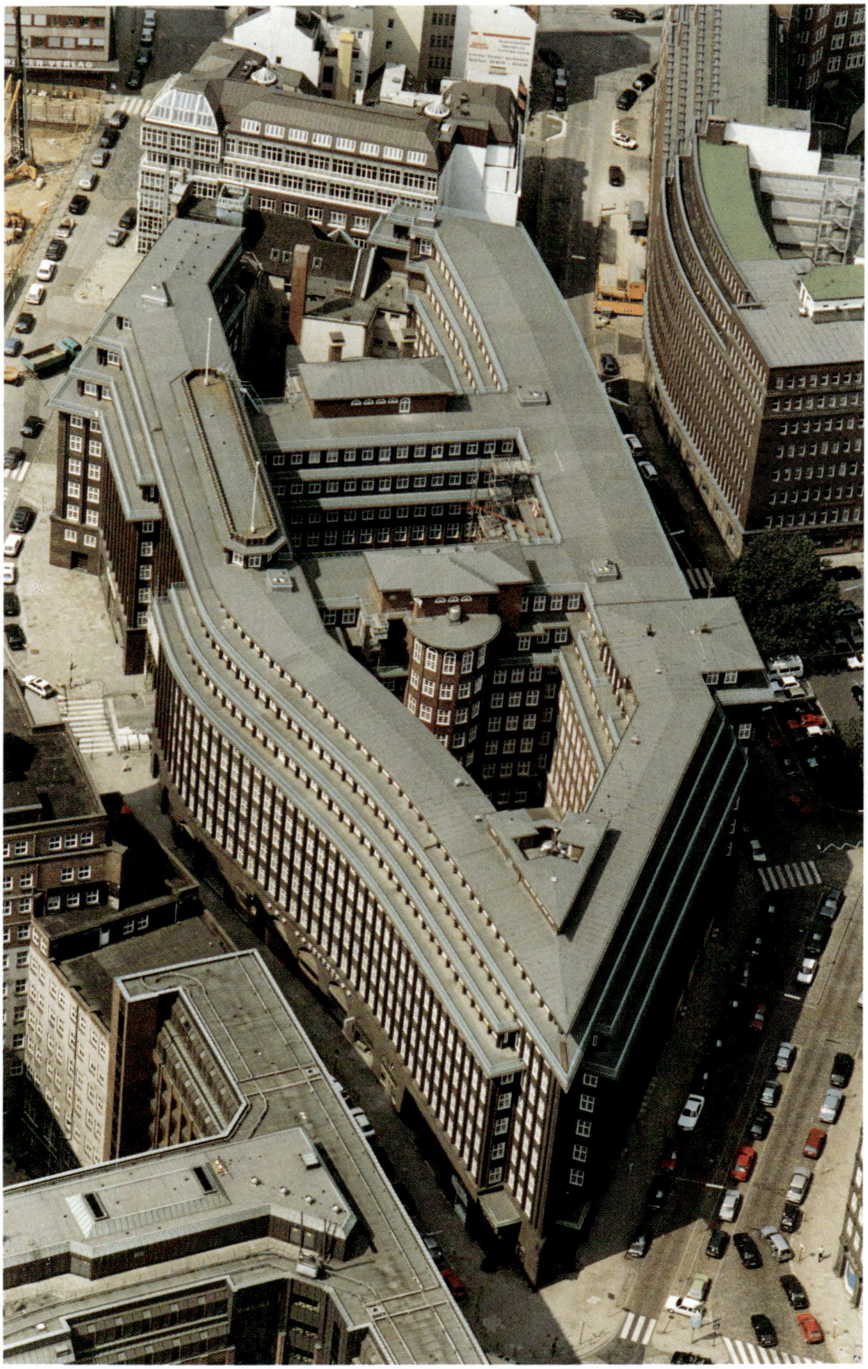

Einem Schiffsrumpf nachempfunden, setzt das Chilehaus den Akzent in Hamburgs östlicher City. Warum der Name? Der erste Besitzer des Baus, der Hamburger Reeder und Kaufmann Henry Brarens Sloman, handelte vor allem mit Chile.

Wie das Chilehaus um 200 Millionen Mark teurer wurde

Eigentlich wollte Lars Hansen das Chilehaus behalten. Rund 100 Millionen Mark hatte er Anfang 1990 für Hamburgs bekannteste Büroadresse gezahlt – gemeinsam mit zwei schwedischen Kaufleuten. Für weitere 70 Millionen Mark ließen sie das Gebäude renovieren. Im Treppenhaus wurde der Lack von den grünen Kacheln gekratzt und das Linoleum von den Stufenrändern abgezogen, die Fassaden wurden restauriert und die 2800 Fenster erneuert. Die Arbeiten standen kurz vor dem Abschluß, da meldete sich die Difa, eine Anlagegesellschaft der deutschen Genossenschaftsbanken.

Gut 300 Millionen Mark bot sie für die Immobilie der besonderen Art. Im Mai wurde der Vertrag unterschrieben. Scandinavian Partners Karlsten & Co, die Firma Hansens und seiner zwei Schweden, konzentriert sich nun auf die Sanierung des Sprinkenhofs, den ihnen die stadteigene Sprinkenhof AG 1989 verkauft hatte.

Im Erdgeschoß des Chilehauses will die Difa ein Ladenzentrum mit Computergeschäften und Reinigungen, Friseursalons und Restaurants einrichten. Rund 5000 Quadratmeter stehen dafür bereit, der einzelne Quadratmeter für 40 bis 85 Mark Miete im Monat. Auf rund 25 000 Quadratmeter bringen es die darüberliegenden Büros, für die je Monat und Quadratmeter 45 bis 50 Mark zu zahlen sind. Das Spiegel-TV hat sich dort ebenso eingerichtet wie etwa der Heinrich-Bauer-Verlag und der Getränkekonzern Apollinaris-Schweppes.

Für Hamburgs Makler steigert das neue alte Chilehaus die Attraktivität des gesamten Kontorhaus-Viertels zwischen Stein- und Ost-West-Straße.

Alte Freunde beim Abschiedsempfang: Bürgermeister Henning Voscherau (links) und Hans Fahning.

Eine neue Ära in der Hamburger Finanzwelt

In der Finanzwelt der Hansestadt ging am 31. Mai eine Ära zu Ende: Chefwechsel bei der Hamburgischen Landesbank. Mit Hans Fahning, 67 Jahre alt, trat der Mann von der aktiven Manager-Bühne ab, der in jungen Jahren noch für Bürgermeister Herbert Weichmann Würstchen vom Rathausmarkt geholt hatte, der dann hinter den Kulissen hamburgische Politik mit beeinflußte, der vor allem aber 20 Jahre lang die Landesbank skandalfrei und ertragsstark geführt hat. Bei geistigem „Florett-Fechten" war Fahning in seinem Element. An Kritik nach links wie nach rechts hat er nie gespart.

An Fahnings Stelle trat sein Wunschkandidat Werner Schulz, der als Volksfürsorge-Chef diesen Versicherungskonzern aus den Wirren um die Neue Heimat weitgehend freischaufelte und ging, als er zu viele Alt-Interessen nicht mittragen wollte. Danach war er drei Jahre Landeszentralbank-Präsident in Kiel.

Werner Schulz, der in seiner Volksfürsorge-Zeit ein starkes Rückgrat bewiesen hat, ist seit dem 1. Juni neuer Chef der Landesbank.

Das ganze Auto in die Kette legen (oben) – leider nur ein symbolischer Akt und als Schutz vor Dieben nicht machbar. Die Industrie hat auf die steigende Kriminalität reagiert. Sie bietet von der Lenkrad-Blockade (rechts) über abschließbare Radmuttern (unten) bis zum elektronischen „Rundumschutz" viele Vorrichtungen an, um Ganoven auszutricksen. Je nach Art der Vorsorge sind 70 bis 1500 Mark zu investieren.

Dein teures Auto – der Diebesbanden liebstes Stück

Autobesitzer müssen immer ärger um ihr liebstes Stück bangen. Mafia-ähnlich organisierte Banden verschieben besonders Wagen der Luxusklasse in den Osten, Diebe bauen zum Verscherbeln teure Extras aus, Crash-Kinder fahren die Wagen reihenweise zu Schrott. 1992 wurden von den 784 444 in Hamburg angemeldeten Autos 9583 gestohlen, 30 Prozent mehr als im Vorjahr. Dazu registrierte die Polizei 60 264 Aufbrüche.

Mit der Aktion „Schützen Sie Ihr Auto vor Dieben" informierten deshalb die Versicherungen, das Kfz-Gewerbe und die Polizei die Autobesitzer über besseren Schutz rund um das teure Stück. In einer Studie hatte die Polizei ausgewertet, wo und wann die Diebe vorzugsweise zuschlagen und was sie am meisten interessiert. Sie untersuchte dabei alle im August 1992 gemeldeten Diebstähle aus Autos (5354) und von Autos (895).

Ergebnis: Die Täter tummeln sich dort, wo die Chance, entdeckt zu werden, am geringsten ist. Nachts bevorzugen sie die ruhigen Wohnstraßen (58 Prozent), am Tag zu 80 Prozent die anonymen Parkhäuser. In der Liste der Aufbrüche „führt" – im Verhältnis zu den Zulassungen – VW vor allem mit den Modellen Golf Cabrio und GTI (39,1 Prozent), gefolgt von Opel (14,4 Prozent) und Mercedes (12 Prozent). Allein im August 1992 bescherten die Diebe Hamburger Autobesitzern einen Gesamtschaden von 7 415 450 Mark. Am häufigsten abgeräumt wurden Wagen der Marke Opel.

Fatale Konsequenz des großen Klaus: Versicherungen ziehen ihre Tarife drastisch an; für besonders teure Fahrzeuge lehnen sie oft sogar die Kasko-Versicherung ab.

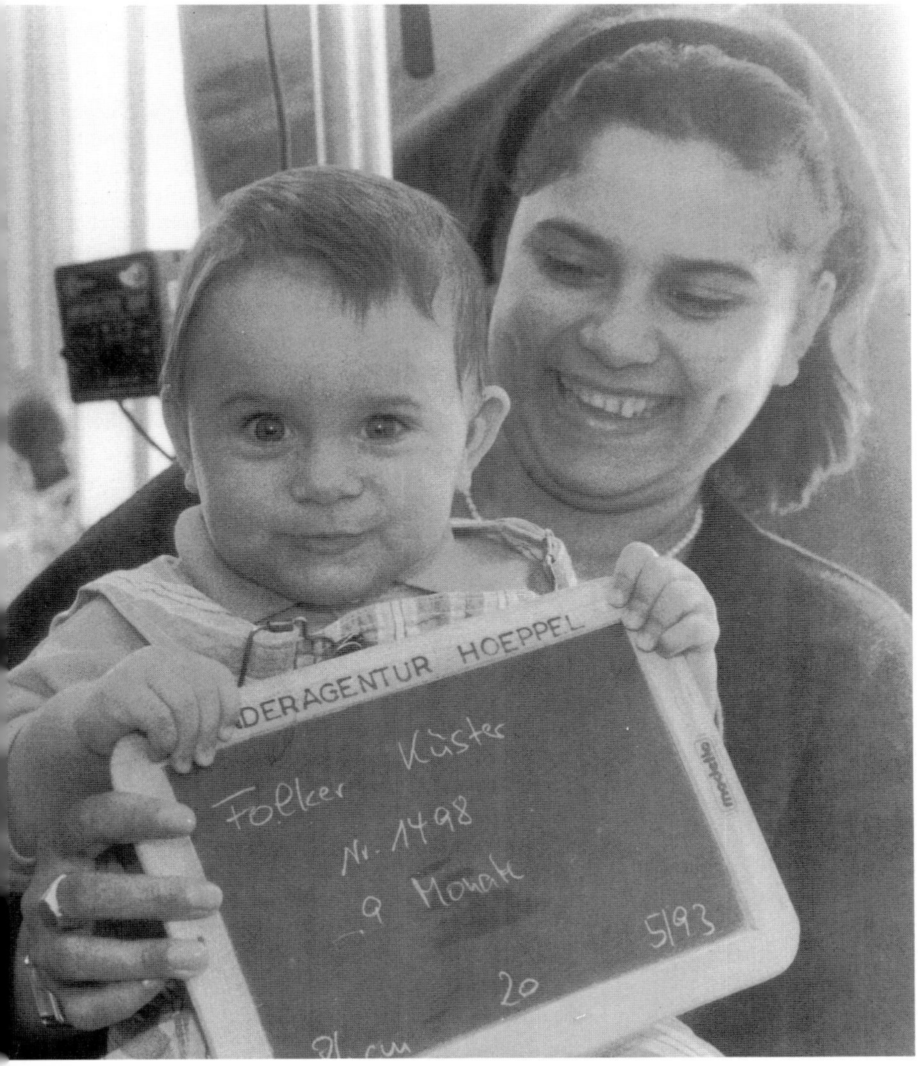

Ihm macht es offensichtlich Spaß: Fotomodell en miniature Folker Küster, hier neun Monate alt, mit der Mutter bei seinem ersten Kameratermin.

Ist Junior fotogen, winkt vielleicht ein hübsches Sümmchen

Bei der Kinder-Modellagentur Hoeppel, der einzigen derartigen Einrichtung in Hamburg, können Jungs und Deerns im Krabbelalter oder knusperfrische Teenager manchmal mehr verdienen als ihre Eltern. Zwischen 100 und 1500 Mark zahlen Versandhäuser und Werbeagenturen den Minis pro Fototermin. Dem Nachwuchs, der meistens ohne Scheu ganz unbefangen vor den Kameras agiert, scheint das nicht nur wegen des Geldes Spaß zu machen – wenn auch der Kinderschutzbund diese Tätigkeiten kritisch beurteilt. „Kindern ist normalerweise gar nicht bewußt, welchen Stellenwert Geld in unserer Gesellschaft hat“, merkt Uwe Hinrichs an, der Geschäftsführer der Organisation. Er meint: „Eltern projizieren oft ihre eigenen Wünsche nach Reichtum und Ruhm auf die Kinder.“

Als Vorsitzender der Deutsch-Französischen Gesellschaft „Cluny" engagierte sich Alfred de Chapeaurouge besonders für die deutsch-französische Freundschaft.

MINI-REPORT

EIN VORBILD. Trauer um Hamburgs „Gentleman der Politik": Alfred de Chapeaurouge, von 1957 bis 1986 fast 30 Jahre Mitglied der Bürgerschaft und 17 Jahre ihr Vizepräsident, starb nach langer Krankheit einen Monat vor seinem 86. Geburtstag. Der in Hamburg geborene „Chapeau", wie er im Rathaus genannt wurde, war überzeugter Europäer und Hanseat und ein Vorbild für nachwachsende Politikergenerationen. Chapeaurouge, der sich nach dem Krieg als Notar in Hamburg niedergelassen hatte, war zu seinem 80. Geburtstag wegen seines Dienstes an der Allgemeinheit mit der Bürgermeister-Stolten-Medaille ausgezeichnet worden.

TODESKASTEN. Intensiv suchte die Polizei am 14. Mai mit Hubschraubern, Streifenwagen und per Rundfunkdurchsage nach einem Mercedes-Transporter. Der Wagen enthielt ein Gammagraphiegerät mit einer radioaktiven 50-Gramm-Kapsel des tödlichen Elements Iridium 192. Unbekannte hatten das Fahrzeug, das entgegen allen Sicherheitsvorschriften in einem Harburger Wohngebiet geparkt war, gestohlen. Von der lebensgefährlichen Fracht ahnten sie nichts. Erst nach sieben Stunden ging ein Anruf bei der Polizei ein, daß der Wagen in Billbrook stehe. Die Diebe hatten den todbringenden Kasten nicht angerührt. Auch sie hatten wohl die warnenden Radiohinweise gehört . . .

Schwerer Atemschutz und Geigerzähler: Feuerwehrmänner untersuchen den Transporter mit der todbringenden Fracht. Die Warnschilder „Radioactive" hätten außen am Wagen angebracht sein müssen.

OSTSEE-DEAL. Das letzte große Erbstück aus dem maritimen Nachlaß der DDR ist verkauft. Die Treuhandanstalt hat den Hamburger Kaufleuten Horst Rahe und Nikolaus Schües den Zuschlag für die Deutsche Seereederei Rostock (DSR), die größte deutsche Reederei, erteilt. Damit scheiterte der Versuch der Bremer Vulkan AG, die DSR mit ihren 78 Schiffen und über 2000 Beschäftigten (zum Vergleich: Hapag-Lloyd hat 21 Linienschiffe) unter ihr Dach zu bekommen. Die Treuhand garantiert Investitionen von 550 Millionen Mark und den Erhalt von 2200 Arbeitsplätzen. Von dem Geld sollen unter anderem ein Kreuzfahrtschiff, 500 Wohnungen und zwei Hotels gebaut werden.

DOPPEL-IMPLANTATION. Im Universitätskrankenhaus Eppendorf sind zum erstenmal in der Bundesrepublik Deutschland einem Patienten gleichzeitig Herz und Leber durch Organtransplantationen ersetzt worden. Leider ohne Erfolg; der 35jährige Hamburger starb zwei Wochen nach der fast zwölfstündigen Operation. Die verpflanzten Organe stammten von einem 42 Jahre alten Mann, der in Aachen gestorben war. Die Herzverpflanzung war unter Leitung von Prof. Peter Kalmar vorgenommen worden, Prof. Dr. Christoph Broelsch leitete die Transplantation der Leber.

Alsterblick mit Kirschblüten: Japans Kirschblütenkönigin Akiko Kusumoto gratulierte Britta Matthiesen (rechts) zu ihrer Wahl als Hamburgs neuer Kirschblütenprinzessin.

PRINZESSIN BLÜTE. Hamburgs neue Kirschblütenprinzessin für das Jahr 1993 heißt Britta Matthiesen (26). Eine elfköpfige Jury, darunter Zweiter Bürgermeister Hans-Jürgen Krupp und Yoshihiko Fukuda, Japans Generalkonsul in Hamburg, wählte die Studentin der Japanologie auf dem Kirschblütenball im mit blühenden Kirschzweigen dekorierten Ballsaal des Hotels InterConti. Dieses Fest veranstaltet die Deutsch-Japanische Gesellschaft seit 1968. Und jedes Jahr wird dabei eine Hamburgerin gewählt, die die Hansestadt während einer Japanreise repräsentieren soll.

BACKEN OHNE ENDE. Bis ins Jahr 1593 kann Christoph Jungclas (28) seine Familie zurückverfolgen und dabei keinen männlichen Vorfahren entdecken, der aus der Art geschlagen wäre: Sie waren alle Bäcker. Christoph Jungclas führt das Familienunternehmen an der Müggenkampstraße in Eimsbüttel, das am 4. Juni 400. Geburtstag hatte, in zwölfter Generation. Ihren Ursprung hat die Bäckerei, deren Öfen täglich mehr als 11 000 Brötchen verlassen, in Treysa bei Kassel. Der Hamburger Ableger entstand 1932, als zwei Söhne sich zum Backen berufen fühlten. Ludwig, der jüngere, zog nach Eimsbüttel.

ZAHLENSALAT. Für die Planung des neuen fünfstelligen Leitzahlensystems hat die Post drei Jahre benötigt und Fehler dennoch nicht vermeiden können. In Hamburg, das wurde schon zwei Monate vor Einführung der neuen Nummern zum 1. Juli deutlich, erhielten mindestens 14 Straßen falsche Zahlen oder sie waren im Postleitzahlenbuch überhaupt nicht erfaßt, obwohl es dort Häuser und Wohnungen gibt. Das Statistische Landesamt kam sogar auf 44 Straßen ohne Leitzahl. Stattdessen vergab die Post Nummern an Straßen, die gar nicht existieren, beispielsweise die „Amerikastraße".

Frivoles auf dem Friedhof: Als Käufliche präsentierte Christiane Mueller ihre Reize in der Säufer- und Hurenballade „Richards Korkbein".

Und das Drama wurde gleich mit umgebracht

Eifersucht kann fatale Folgen haben. Im Thalia Theater wurde es bewiesen. Dort brachte „Othello" wieder einmal getreu nach Shakespeare seine Desdemona um. Doch damit nicht genug: Die Inszenierung brachte auch das Drama um.

Der menschliche Konflikt zwischen dem gedemütigten Mohren von Venedig und der Senatorentochter verendete in einem lächerlichen Häufchen Elend. Mit Sachlichkeit hatte Regisseur Guy Joosten den Gefühlen beikommen wollen. Am Ende jedoch förderte er nicht mehr zutage, als daß ein Neger eine Unschuldige erwürgte. Annette Paulmann spielte die Desdemona wie ein braves Opferlamm; Sven-Erik Bechtolfs Othello mit leicht irritierendem Akzent biß und spuckte um sich, um Wildheit zu demonstrieren. Schließlich aber blieb vom triebgejagten Eifersüchtigen nur ein begossener Pudel übrig. Spielmacher war in dieser Aufführung der intrigante Jago von Stefan Kurt, der wie ein Conférencier das Geschehen kommentierte und das Publikum zum Mitwisser seiner bösen Taten machte.

Kein Erbarmen mit Desdemona: Sven-Erik Bechtolf mußte im Thalia Theater als Othello im Adamskostüm seine Frau (Annette Paulmann) grausam zu Tode würgen.

Einen Conférencier gab es auch in Schmidts Tivoli. Und zwar einen ganz berühmten: den aus dem Musical „Cabaret" nämlich, den Valentin Zahn mit Eleganz und bester Broadway-Professionalität auf die Bühne brachte. Doch nicht er allein riß das Publikum zu Standing ovations hin. Es war auch die witzige Inszenierung von Corny Littmann und Wolfgang Wittig, die Komödie und Melodram, Show und Charme gekonnt zusammenmixte. Und es war die hinreißende Christine Rothacker als Revuegirl Sally Bowles, die mit 10 000-Volt-Einsatz, tänzerischer Begabung und dem richtigen Gefühl für Swing und Sweet ihren Durchbruch als Musical-Star feiern konnte.

Zwei alte Damen gingen mit ihren Morden in die Geschichte der Bühnenliteratur ein: die Schwestern Brewster, die mit ihrem arsenversetzten Holunderwein einsame ältere Herren von der Mühsal ihres Erdendaseins zu befreien pflegen. „Arsen und Spitzenhäubchen" von Joseph Kesselring wurde zum komödiantischen Krimiklassiker. Bei der Premiere im Ernst-Deutsch-Theater ließ sich jedoch nicht verheimlichen, daß der Gruselschocker von einst inzwischen reichlich Patina angesetzt hat. Die beiden mörderischen Ladies (Maria Becker und Anne-Marie Blanc) jedoch waren schrullig und liebenswert wie eh und je.

Ebenfalls nicht mehr ganz taufrisch wirkte Brendan Behans Säufer- und Hurenballade „Richards Korkbein" im Theater im Zimmer. Anfang der 70er Jahre war es noch eine Provokation. Inzwischen jedoch sind wir gegen nacktes

Fleisch und deftige Worte längst abgestumpft. Die kuriose Mischung aus Theater und Songs auf einem irischen Friedhof läpperte sich revuemäßig bis zur Pause dahin. Danach kam endlich etwas Stimmung auf – beim Saufgelage auf dem Sofa einer getreulichen Betschwester, was für den Freiheitskämpfer Cronin (Willi Schlüter) tödlich endet.

Mit seinen Adaptionen von englischen Komödien hat das Ohnsorg Theater seinen Spielplan schon oft witzig bereichert. Diesmal jedoch griff Intendant Ruppel voll daneben. „Lang man düchtig to!" hieß Dave Freemans Farce in der plattdeutschen Übertragung. Die Aufforderung galt den Gästen einer Diät- und Gesundheitsfarm und nicht den Zuschauern. Sie hätten sicher dankend abgelehnt – so kümmerlich war die gebotene Kost. Auf der „Top Fit Farm" von Inge Dickmann passieren die wunderlichsten Dinge. Ein Kamel versinkt im Swimmingpool, ein Ex-Ehemann taucht in immer neuen Verkleidungen auf; ein Kurgast ist ständig auf Kekse-Suche. Klamotte auf Deubel komm' raus. Dem hatte auch der komödienerfahrene Regisseur Wilfried Dziallas nichts entgegenzusetzen.

Um die ewige Eva ging es in der Komödie Winterhuder Fährhaus. Dort lieferten sich Chariklia Baxevanos, Stefan Behrens und Horst Naumann ein Boulevard-Gefecht, das sich gewaschen hatte. „Es war nicht die Fünfte, es war die Neunte" heißt es im Titel der italienischen Komödie von Aldo Nicolaj.

Klassische Musik kommt jedoch nur am Rande vor. Im absoluten Mittelpunkt nämlich steht Eva, die mit der Feinfühligkeit eines Schlagbohrers ihre Zuwendung an den jeweils Auserwählten verschwendet und ihn damit ins Unglück stürzt. Ein Kampf der Geschlechter mit makabrer Pointe, der mit viel Beifall und Bravos belohnt wurde.

Der Neffe (Peter Heinrich) mag's kaum glauben: Seine so reizenden alten Tanten (Anne-Marie Blanc, links, und Maria Becker) morden reihenweise mit „Arsen und Spitzenhäubchen".

J U N I

202 *Der Grüne Punkt: Vom Saubermann-Symbol zum Skandal*
206 *Abschied von der Politik – Jüngere sind an der Reihe*
208 *Lebende Legenden des Musik- und Showgeschäfts*
210 *Rathausmarkt von Kindern verwandelt*
212 *Die unendliche (und teure) Geschichte vom Alsterpavillon*
214 *Glockenmusik in der mahnenden Kirchenruine*
215 *„Der Nackte von St. Nikolai"*
216 *Daß Hamburg Siele hat, ist wohl ein Denkmal wert*
217 *Wie aus einem Lastwagen ein echter Truck wird*
218 *Elbtunnel ist ausgereizt, Entlastung nicht in Sicht*
220 *Bergedorfer Marktszenen wie im Mittelalter*
222 *St. Marien wird Dom*
223 *Nach über 100 Jahren Spuren von der „Athabasca"*
224 *Zum Klettern muß es nicht eine Alpenwand sein*
225 *Zwei streiten sich, und es stirbt ein Unbeteiligter*
226 *Mini-Report*

Der Grüne Punkt: Vom Saubermann-Symbol zum Skandal

Umweltsenator Fritz Vahrenholt sah rot, wenn es um den Grünen Punkt ging. Er stellte ein Ultimatum: Wenn das Duale System Deutschland (DSD) nicht innerhalb von 14 Tagen für den reibungslosen Abtransport und die Wiederverwertung des in Hamburg gesammelten Verpackungsmülls (mit hohem Kunststoffanteil) sorge, werde er seine Zustimmung zur Aktion „Grüner Punkt" zurücknehmen.

Auch der Sprecher der Arbeitsgemeinschaft Duales System Hamburg, Hans-Jürgen Cierzon, drängte Ende Juni zur Eile. In den beiden Sortieranlagen reiche die Lagerkapazität für den „Wertstoff"-Abfall nur noch für zehn Tage. Danach müsse das Einsammeln der gelben Säcke gestoppt werden. Dabei habe man in Hamburg zehn Millionen Mark in Sortieranlagen, den Fuhrpark und die speziellen Container gesteckt. Eine Fehlinvestition, falls das Duale System scheitert. Es soll dazu dienen, die bisher auf Deponien oder zur Verbrennung gekarrten Hausmüllmengen zu reduzieren und möglichst viel davon zu recyceln.

Erst einen Tag zuvor hatte Cierzon erfahren, daß die Verwertungsgesellschaft für Kunststoffabfälle (VGK) ihre Arbeit eingestellt hat. „Die anfallenden Mengen sind zur Zeit nicht verwertbar", sagte dazu Roger Kamps vom Verband der Kunststofferzeugenden Industrie. Die Abnahmegarantie für Altkunststoffe, die die VGK dem Dualen System gegeben habe, gelte nur für die prognostizierte Menge von rund 100 000 Tonnen. Diese sei bereits erreicht und damit „die Geschäftsgrundlage" entfallen.

Dem DSD hatte sich Hamburg ohnehin nur widerwillig angeschlossen – und unter der Voraussetzung, daß Abtrans-

Tonnenweise wird Plastik- und anderer Verpackungsmüll angekarrt: Die Sortieranlagen, in denen die gelben Säcke landeten, waren schnell überfordert. 180 000 Hamburger Haushalte sammelten monatlich rund 200 Tonnen dieser „Wertstoffe" – zuviel für die Entsorgungsunternehmen.

port und Wiederverwertung problemlos laufen. Angebunden an das System sind 180 000 Haushalte. Sie sacken etwa 200 Tonnen Verpackungen im Monat ein, vom Milchkarton über Blechdosen bis zu Plastikflaschen; in den Sortieranlagen stapelten sich bald bis zu 28 000 Kubikmeter solchen Altmaterials – offensichtlich zuviel für das Duale System.

Drei Müllsorten sollen in den gelben Säcken getrennt vom übrigen Hausmüll gesammelt werden: Dosen, Verbundstoffe und Kunststoffe. An den Plastikmaterialien, meist Bestandteil von Verpackungen, spitzte sich der Streit zu. Fürs Recycling müssen sie in Spezialanlagen nach Hohlkörpern (Flaschen), Styropor, Mischstoffen (z. B. Joghurtbecher) und Folien (Plastiktüten) sortiert werden.

Daß gar nicht erst soviel Müll anfällt, könne durch eine geänderte Verpakkungsordnung erreicht werden, glaubt Umweltsenator Vahrenholt. Er plädiert für Steuern auf nicht wiederverwertbare Einwegverpackungen und ein Pfand auf Getränkebehälter. Zustimmung kommt von der GAL: Kunststoffmüll müsse von der Industrie zurückgenommen werden, „bis sie daran erstickt". Zwei Wochen nach diesem ersten Kollaps wurde der in Hamburg angestaute Plastikmüll dann doch „entsorgt": Ein Teil wurde in der Müllverbrennungsanlage Stapelfeld zu Kunststoff-Granulat verarbeitet, der Rest kam nach Großenhain in der Nähe von Hoyerswerda.

Das DSD in Finanznot: Bis Dezember '93 fehlten ihm schätzungsweise 700 Millionen Mark. Bundesumweltminister Klaus Töpfer sagte, das Problem sei, daß 90 Prozent aller Verpackungen den Grünen Punkt trügen, die Gebühren dafür – vom Verbraucher beim Kauf der Artikel entrichtet – aber nur teilweise beim DSD landeten. Das Duale System also vor dem Konkurs? Der würde nach Angaben der DSD-Sprecherin Petra Rob 35 Milliarden Mark Kosten verursachen. Denn im Gesetz sei vorgesehen, daß beim Scheitern des Systems die Verbraucher Verpackungen im Laden zurückgeben können.

In Bonn wurde bezweifelt, daß Minister Töpfer Industrie und Handel zwingen kann, den Grünen Punkt zu retten. Hamburgs Umweltsenator Vahrenholt forderte, den Punkt von allen Verpackungen herunterzunehmen, die sich nicht wieder

Der Grüne Punkt – ein Faß ohne Boden? Zuviel Geld und Energie kostet nach Auffassung von Kritikern der Versuch, bestimmte Müllarten wieder aufzuarbeiten. Das dazu eingerichte „Duale System“ kam bald in Schieflage bis zum drohenden Konkurs.

verwerten ließen, und das seien etwa 60 Prozent der Gesamtmenge. Dieser Anteil solle zwei Jahre lang verbrannt werden, und zwar gegen eine von den Herstellern zu zahlende Gebühr. Die Verpackungsindustrie könne sich unterdessen umstellen und alle nicht verwertbaren Stoffe und Stoffkombinationen aus dem Handel nehmen. „Das DSD ist ein Moloch“, schimpfte SPD-Umweltexperte Michael Müller gegenüber dem Hamburger Abendblatt: „Da steht der Aufwand in keinem Verhältnis zum Ergebnis.“ Müller liegt mit Vahrenholt auf einer Linie: Die Müllberge könnten nur schwinden, wenn die Industrie allein solche Stoffe produziere, die wirklich sinnvoll wiederverwendet werden könnten.

Abschied von der Politik – Jüngere sind an der Reihe

Horst Gobrecht (56, SPD) war Finanzexperte im Bundestag gewesen, bevor er 1984 Hamburgs Finanzsenator und 1988 Bonn-Senator wurde. Der frühere Steuerberater wollte kein Mandat mehr haben.

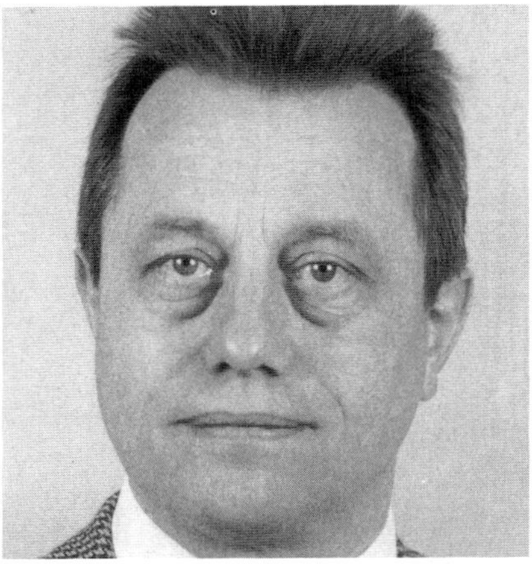

Fridtjof Kelber (55, CDU), seit 1970 in der Bürgerschaft und seit 1984 stellvertretender Vorsitzender der Unionsfraktion, wollte ein Zeichen setzen für diejenigen Politiker, die allzu sehr an ihren Sesseln kleben.

Hermann Scheunemann (53, SPD), seit 1978 mit Sitz und Stimme in der Bürgerschaft, profilierte sich dort zunächst als Kulturexperte und später als Verkehrsfachmann. Nun wollte er mehr Zeit für seine Frau haben.

Die gerichtlich verordnete Neuwahl der Bürgerschaft brachte für viele Abgeordnete den vorzeitigen Abschied von der Politik. Mindestens 34 Parlamentarier würden nicht wieder ins Rathaus zurückkehren, stand schon ein Vierteljahr vor dem Wahlgang fest.

Aus freien Stücken entschloß sich Alterspräsidentin Charlotte Fera (87, CDU), die parlamentarische Bühne zu verlassen. „Jüngere Kräfte wachsen nach, die Älteren müssen Platz machen", begründete die große alte Dame der Hamburger Politik ihren Entschluß. Bei der Auflösung der Bürgerschaft sprach sie für alle Abgeordneten und mahnte die demokratischen Politiker, sich den Bürgern nicht so zerstritten zu präsentieren.

Einen Schlußstrich zog auch der stellvertretende Fraktionschef der CDU, Fridtjof Kelber. „Ein Parlamentsmandat ist eine Aufgabe auf Zeit, aber nicht auf Lebenszeit", sagte der 54jährige Schulleiter. Nicht ganz so freiwillig ging sein Fraktionskollege Ove Franz (57). Der Bankier, MdBü seit 1961, war nach Frau Fera der dienstälteste Abgeordnete.

Bei der SPD bewarben sich der frühere Finanz- und Bonn-Senator Horst Gobrecht, Verkehrsexperte Hermann Scheunemann und Jan Klarmann, standhafter Gegner der Diätenerhöhung, nicht mehr um ein Mandat.

Auch der ehemalige FDP-Fraktionschef Frank-Michael Wiegand verzichtete auf seine Wiederaufstellung. Dagegen konnten sich seine bekannten Parteifreundinnen Rose Pauly und Meta Stölken bei der Kandidatenaufstellung nicht durchsetzen. Ebenso erging es Conny Jürgens, der Geschäftsführerin der GAL-Fraktion im Rathaus.

Charlotte Fera (87, CDU), gehörte seit 1957 der Bürgerschaft an, war fast 20 Jahre deren Alterspräsidentin. Die älteste deutsche Abgeordnete verließ das Parlament, ohne aber der Politik ganz zu entsagen.

Erinnerungen an selige Tanzstundenzeiten: Die Beach Boys in der Alsterdorfer Sporthalle mit dem Schmelz und Schmalz der 60er Jahre.

Lebende Legenden des Musik- und Showgeschäfts

Die Stimme trägt noch. Wenn Frank Sinatra, „Entertainer des Jahrhunderts" und letzter Großmeister des Jazzgesangs, die Evergreens „Mack the Knife" und „After you have gone" geradezu emphatisch herauswuchtet, dann stellt sich bei seinen Zuhörern heute noch jenes berühmte Kribbeln ein, das seit je musikalische Sonderklasse signalisierte.

„Mister Ol' Blue Eyes" sorgt mit seinen 77 Jahren noch immer für wahre Weihestunden des Konzertbetriebs. Im Hamburger Derby-Park feierte Frankieboy, „The Living Legend", noch einmal Triumphe vor 13 000 Fans.

Standing ovations nach jedem zweiten Song – das erlebt man wohl nur bei „The Voice", der Stimme Amerikas. Der immer noch kraftvoll erscheinende alte Held der Swing- und Unterhaltungsmusik war denn auch angerührt von dieser Welle der Zuneigung und schickte ein rauhkehliges „Fantastic Derby-Park!" in die dunkle Nacht.

Sinatra, die Legende des Showgeschäfts: Niemand erfüllt die alten Jazzstandards und Musical-Melodien so mit Leben, mit Pep und Power wie dieser Songkünstler des federnden Swing; niemand haucht so noncholant-sentimental, seufzend und schmeichelnd, inbrünstig und mit der „atmenden Note" ins Mikrophon wie „Frankie forever". „New York, New York", „Strangers in the Night", „My Way": Inmitten der schönsten Sinatra-Hits wurden zahllose Blumensträuße zur Bühnen-Empore hochgereicht, flammten im weiten Rund des Derbyparks Feuerzeuge und Wunderkerzen auf. Mr. Blue Eyes, dieses erstaunliche Kapitel der Musikgeschichte, sorgte für einen unvergeßlichen Abend.

Dagegen die „Beach Boys" in der Alsterdorfer Sporthalle: reine Nostalgie und ein Blick ins Poesiealbum von vorgestern. „Good Vibrations" lautet seit über 30 Jahren das Motto der in die Jahre gekommenen „Strandjungen" aus dem sonnigen Kalifornien, und auch diesmal in Hamburg sorgten Carl Wilson, Mike Love, Al Jardine und Bruce Johnston wieder für Fun und Happiness. Doch, as time goes by: Ihr Hitreigen brachte die Sporthalle nicht mehr ins Wanken.

Im Musikbetrieb das Top-Ereignis des Jahres: Frank Sinatra, die „Stimme Amerikas", wurde von seinen hanseatischen Fans im Derbypark mit Blumen, Wunderkerzen und Standing ovations gefeiert.

unicef
HAMBURG
1993

Kinder kamen, und der Rathausmarkt war wie verwandelt

Bodenreform auf dem Rathausmarkt: Rund 700 Mädchen und Jungen aus Hamburger Tagesheimen und Kindergärten strömten um 9 Uhr auf den Platz und verwandelten die rot-grauen Steinplatten binnen zweieinhalb Stunden in eine bunte Fläche – eine einmalige Aktion für Unicef, das Kinderhilfswerk der Vereinten Nationen.

Die Idee dazu war in der Redaktion des Hamburger-Abendblatt-Journals entstanden: 1993, das Jahr der Hamburger Unicef-Patenschaft, sollte nicht nur eine Sektglas-Veranstaltung mit Gala-Abenden für Erwachsene sein. Wie wäre es, wenn Kinder unterschiedlicher Nationalitäten auf dem Rathausplatz spielerisch ihr Interesse an Unicef zeigen? Schaulustige versammelten sich um die „gute Stube" der City, Touristen zückten ihre Kameras, stolze Eltern knipsten, was das Zeug hielt. Kess gaben Fünf- bis Achtjährige den Medien die ersten Interviews ihres Lebens.

Die Klasse 26/2 der Fachschule für Sozialpädagogik (Wagnerstraße), 22 angehende Erzieherinnen und Erzieher, sowie die Lehrerin Regina Grabbet übernahmen die Organisation und machten die Aktion zum Unterrichtsprojekt. In Clownskostümen und mit Puppen sorgten sie für Unterhaltung beim Malen. Die wesentliche Erkenntnis, die sich beim Betrachten des Pflasterbildes aufdrängte: Ausländerhaß ist für Kinder kein Thema – in ihren Augen gibt es nur Menschen.

Steingrau raus, Farben rein: 700 Kinder nahmen sich den Rathausmarkt vor (links). Rechts: „Ich male mich", sagte Alina Ojoundipe (6). Ihr Vater stammt aus Ghana.

Seit November 1992 ist der Alsterpavillon von 1953 Baustelle mit dem optischen Charme einer aufgegebenen Tankstelle. Gitter und Ketten sichern die Einfahrt. Zunächst wurden die veralteten Heizungseinrichtungen ausgebaut.

Die unendliche (und teure) Geschichte vom Alsterpavillon

Da besaß Hamburgs Flaniermeile Jungfernstieg einmal eines der elegantesten und populärsten Kaffeehäuser in Europa, den Alsterpavillon. Bis zur Ausbombung im Jahre 1942. Nun ist der 1953 errichtete Nachfolgebau zur Millionen-Ruine verkommen. So wettert jedenfalls die CDU-Bürgerschaftsfraktion und kritisiert das schleppende Umbautempo. Die Stadt hat den Pavillon am 24. August 1992 an das Ehepaar Heike und Günther Zapp verpachtet, Inhaber des Cafés Schwanenwik im Literaturhaus. Laut Pachtvertrag sollte der Umbau ursprünglich „nur" 5,5 Millionen Mark kosten – längst eine Illusion.

Der Pachtvertrag schreibt fest, daß für „unerwartete Schäden", die entdeckt werden, die Hansestadt aufzukommen hat. Und sie wurden entdeckt! Praktisch bedeutet das: Zunächst einmal darf sich das Pächter-Ehepaar den jährlichen Erbbauzins von vereinbarten 250 000 Mark für das Jahr 1994 senken lassen.

Doch die Frage bleibt: Wer zahlt die Mehrkosten? Zapps sind bereit, bis zu sieben Millionen Mark aufzubringen. Fridtjof Kelber (CDU), ehemaliger Vorsitzender des Bauausschusses der Bürgerschaft, geht gar von einer Reparatur- und Umbausumme von mehr als zwölf Millionen Mark aus. Muß nun der Steuerzahler dafür aufkommen, künftig in einem neuen Alsterpavillon Torte bestellen zu dürfen? Auf einmal wurde die Immobilie zum Hamburger Politikum ohne Sahnehäubchen. Oberbaudirektor Egbert Kossak dachte laut darüber nach, das Gemäuer abreißen zu lassen. Eine gegensätzliche Position vertritt Hamburgs Denkmal-

Repräsentativ wirkte der fünfte Alsterpavillon. Er stand von 1913 bis 1942 an der Binnenalster. Zum Jungfernstieg hin hatte er sogar eine blumengeschmückte Sonnenterrasse im zweiten Stock.

schutz-Chef Prof. Manfred Fischer. Er schwärmt von der „Leichtigkeit" des Gebäudes, das Architekt Ferdinand Streb 1953 auf den Trümmerresten des zerbombten Baus errichtete. Der Pavillon müsse als charakteristisches Ensemble der 50er Jahre denkmalgeschützt sein, meint Fischer. Noch ist es ein Wunsch.

Die Wirklichkeit sieht so aus: Im Keller schwappt Alsterwasser, weil die Isolierung des Mauerwerks zur Binnenalster desolat ist, sagen Fachleute. Andere, die den Alsterpavillon erhalten wissen wollen, deuten die dunkle Brühe nur als Regenwasser. Und so wird weiter umgebaut, aber intern um die Mehrkosten gerangelt. Schwer vorstellbar, daß ein Stück Hamburger Historie des Geldes wegen ganz verschwinden könnte. Der erste Alsterpavillon öffnete 1799. Insgesamt trugen bisher sechs Kaffeehäuser an gleicher Stelle diesen Namen.

So wurden die in Holland gegossenen Glocken für St. Nikolai hochgezogen und in der Turmöffnung verankert. Das Glockenspiel hat ein Gewicht von 12,5 Tonnen. Es ist das dritte in der Geschichte dieser Kirche.

Ivar und Dagmar Buterfas, die Initiatoren des Förderkreises „Rettet die Nikolai-Kirche", sahen in Holland erstmals „ihr" Glockenspiel.

Glockenmusik in der mahnenden Kirchenruine

In Hamburgs Mahnmal des Friedens, der St.-Nikolai-Ruine an der Ost-West-Straße, ertönte zur Gomorrha-Woche als Erinnerung an die über 30 000 Bombenopfer vor 50 Jahren das neue 51stimmige Glockenspiel mit den eingegossenen Namen von Hamburgern, die für dieses Instrument innerhalb von nur sieben Wochen über 550 000 Mark gespendet hatten. Die Idee dazu kam vom Pensionär Hans Eggebrecht, der schon 1989 für ein Glockenspiel in seiner Danziger Heimatstadt mit Erfolg gesammelt hatte. In Holland gegossen, kann das neue St.-Nikolai-Glockenwerk manual und computergesteuert gespielt werden. Es besteht die Möglichkeit, bis zu 100 Konzertstücke zu programmieren.

Ein Kunst-Stück anderer Art sollte an die Leiden der Menschen im Krieg erinnern. Der Hamburger Aktionskünstler H. D. Rühmann ließ von zwei Telekränen am Nikolai-Turm die 50 Meter hohe fotokopierte Abbildung eines nackten Körpers aufziehen. Ein 50jähriger Arbeitsloser hatte sich für 30 Mark pro Modellstunde auf den Fotokopierer des Künstlers gelegt.

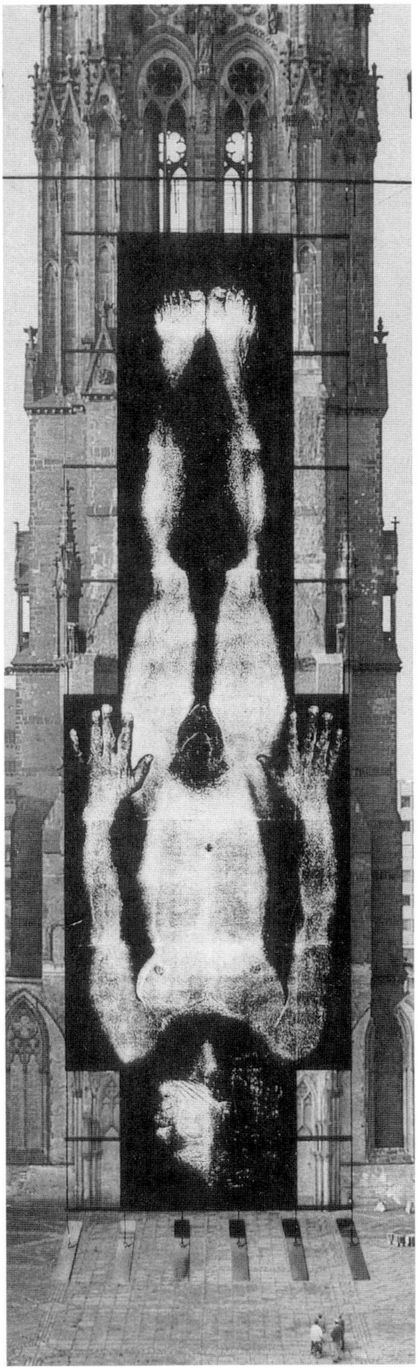

Ende Juli staunten Autofahrer und Passanten auf der Ost-West-Straße nicht schlecht. An der Ostseite des Turms hing kopfüber „der Nackte von St. Nikolai", die gigantische Fotokopie eines Männerkörpers. Mit dem Produkt aus 5000 wetterfesten Einzelkopien wollte Aktionskünstler H. D. Rühmann aufrütteln, sich mit Krieg und Leiden nicht abzufinden. Rühmann wurde 1939 in Rendsburg geboren, absolvierte eine Tischlerlehre, studierte an der Werkkunstschule Kiel und an der Hochschule für Bildende Künste Hamburg. Seine erste Aktion in Hamburg war 1985 der „Astronaut" über der Kunsthalle.

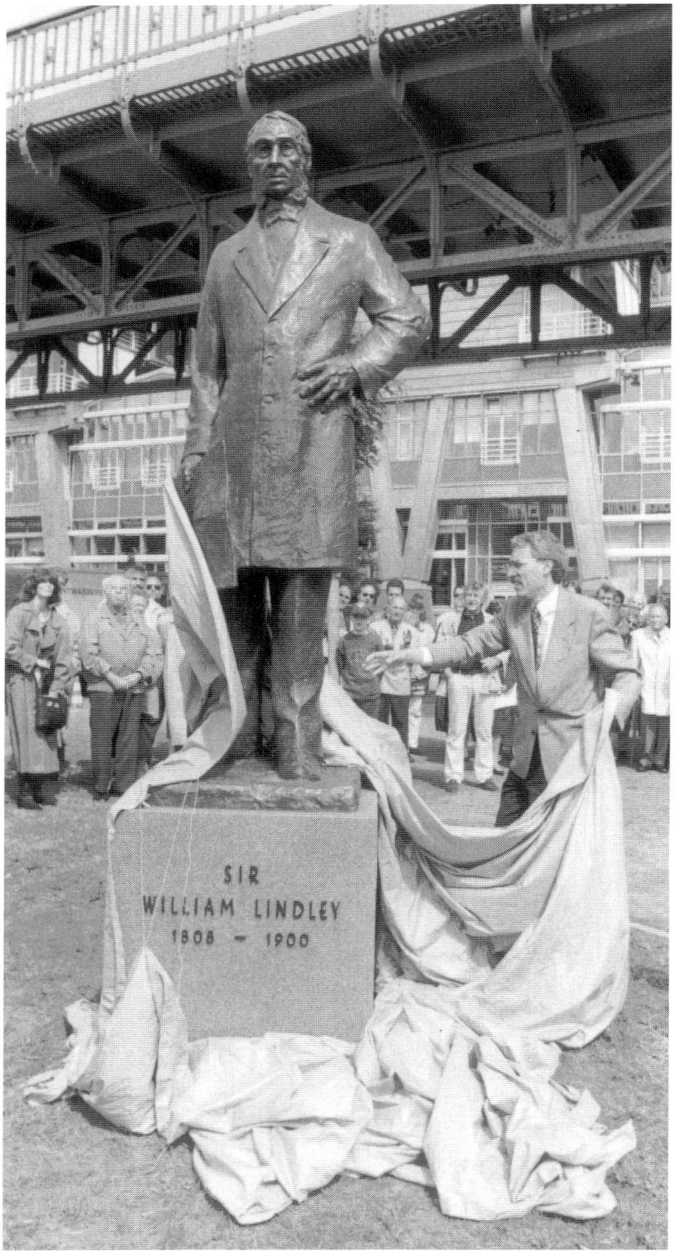

Umweltsenator Fritz Vahrenholt enthüllt die Bronzestatue von Ingenieur Sir William Lindley, aufgestellt mit Blick zur Elbe.

Daß Hamburg Siele hat, ist wohl ein Denkmal wert

„Es muß als Ziel angesehen werden, nach und nach in alle Gänge und Höfe sowohl Siele als auch Wasserleitungen zu legen", hatte Sir William Lindley im Jahr 1844 erkannt. Nach und nach kam es so. Jetzt hat Hamburg dem Mann ein Denkmal gesetzt.

Das 2,50 Meter hohe Standbild an den Landungsbrücken zu Ehren des englischen Ingenieurs wurde von Umweltsenator Fritz Vahrenholt und dem britischen Generalkonsul Patrick Yarnold enthüllt. Lindley hatte vor 150 Jahren an den Großen Bleichen mit dem Bau des ersten Sielsystems auf dem europäischen Kontinent begonnen – ein Sielsystem, das bis heute Bestand hat.

In seiner Rede würdigte Vahrenholt die „ingenieurtechnische Pionierarbeit" Lindleys, der Bahnbrechendes geleistet habe. Noch heute sind viele der 150 Jahre alten Leitungen intakt. Yarnold sagte: „Ich bin stolz auf die Leistungen meines Landsmannes. Es war zwar keine romantische Arbeit, aber ohne solche Sielsysteme gelingt keiner Stadt der Sprung vom 19. ins 20. Jahrhundert."

Die Enthüllung des Denkmals für den Briten, der von 1808 bis 1900 lebte und 20 Jahre lang in Hamburg arbeitete, setzte den Schlußpunkt unter einen abstrusen Streit zwischen Kultur- und Umweltbehörde. Letztere hatte das 110 000 Mark teure Standbild bei dem Münchner Künstler Hansjörg Wagner in Auftrag gegeben. Die Kunstkommission der Kulturbehörde dagegen wollte das Aufstellen der Skulptur abblocken, weil sie sie als „künstlerisch wertlos" einschätzte.

Bürgermeister Henning Voscherau sprach schließlich ein Machtwort – für das Denkmal dieses Pioniers.

Was ist ein echter Truck? 320 Pferdestärken unter bulliger Schnauze reichen nicht, das ist nur ein Lastwagen. Erst bunte Spoiler, chromblitzende Radkappen, Bullenfänger und die wildesten Gemälde von Cowboys am Lagerfeuer, von Seeräubern und Piratenschiffen machen einen Lkw zum Truck. Einen Brummi außen fesch und innen plüschig gemütlich zu machen, das kann leicht 20 000 Mark kosten. Dann stellt sich auch das rechte Zusammengehörigkeitsgefühl unter den Fahrern ein, pardon – den Truckern. Ende Juni trafen sich 500 mit ihren Schmuckstücken zum Truck Music Festival auf dem Heiligengeistfeld. Motto: groß, bunt, kräftig. Die Musik kam natürlich von der Gruppe Truck Stop, denn Country muß es sein. Auf dem Foto zeigt Trucker „Schnarchi“ Flagge – natürlich nur mit Truck.

Aus der Luft: die Waltershofer Einfahrt zum Autobahn-Elbtunnel, der größten Unterwasserstraße in Europa – gesäumt von haushohen Containerstapeln, die hier repariert und zwischengelagert werden. (Siehe Seite 220).

Der Elbtunnel ist ausgereizt, Entlastung in Sicht

Erinnern Sie sich? Als es um die Ausschreibung des Autobahn-7-Elbtunnels ging, erschienen Hein und Fietje in der Baubehörde. Auch sie wollten den Tunnel bauen. Fragte der Oberbaudirektor: „Ja, habt ihr denn all die Geräte, die Bagger und Kräne und so?“ Antwortet Hein: „Och, das machen wir ganz einfach. Fiete fängt in Othmarschen an zu graben und ich in Waltershof.“ Meint der Oberbaudirektor: „Und ihr seid ganz sicher, daß ihr euch in der Mitte trefft?“ Fietje: „Das lassen Sie man unsere Sorge sein. Wenn wir uns nicht treffen, haben Sie eben zwei Tunnels.“ Küstenhumor, vorgetragen vom seinerzeitigen Bundeskanzler Helmut Schmidt bei der Eröffnung des Tunnels am 10. Januar 1975 (siehe Foto auf der Doppelseite 218/219).

Mit der Freigabe des Tunnels nach sechseinhalb Jahren Bauzeit war das letzte Stück in Hamburgs westlicher Umgehung geschlossen, das gefürchtete Nadelöhr Elbbrücken entschärft. Die Behörden rechneten zunächst mit 60 000 Fahrzeugen täglich. Doch wo ein Tunnel ist, da will auch jeder durch, und sei es nur, um die 1,66 Millionen Kacheln an den Wänden der drei Röhren zu zählen. Die Staus häuften sich. Denn 1991 fuhren täglich schon 104 000 Autos unter der Elbe hindurch. Die bisher höchste Zahl von Fahrzeugen quälte sich am Gründonnerstag 1993 durch die 3,325 Kilometer langen Röhren: 132 660.

So blieb der Ruf nach einer vierten Tunnelstrecke nicht aus. Der erste Spatenstich dafür soll im Herbst 1994 getan werden; Bauzeit sieben Jahre, Kostenvoranschlag derzeit 700 Millionen Mark. Die drei vorhandenen Röhren kosteten seinerzeit „nur“ 500 Millionen.

Bergedorfer Marktszenen wie im Mittelalter

Hammerschläge des Schmiedes dröhnten durch den Park des Bergedorfer Schlosses. Melodien von Leier und Schalmei erklangen, der Herold blies die Fanfare, um das Marktvolk zusammenzurufen.

Die Musikgruppe „Die Ungleichen" spielte zum Markttreiben auf originalgetreuen Nachbauten historischer Instrumente wie Sackpfeifen und Pusterbalgen Stücke aus dem späten Mittelalter.

Die 65 Mitglieder des Vereins „Kramer, Zunft und Kurzweyl" hielten einen mittelalterlichen Markt ab und versetzten den Schloßpark und 35 000 Besucher mal eben zurück in das Jahr 1480.

Das Museum für Bergedorf und die Vierlande hatte das Kulturspektakel organisiert. Riemenschneider, Quacksalber und viele andere gaben einen Eindruck von längst ausgestorbenen Berufen. Krämer boten ihr Waren-Sammelsurium feil, Garbräter drehten Spanferkel am Spieß über offener Feuerstelle. Ruhige Marktszenen, bis die Spielleute einzogen. Auf Anweisung des Vogtes wurden sie auf die Marktbühne beordert und mußten eine Probe ihres Könnens geben. Als das Treiben „30 Augenblicke nach Dunkelheit" zu Ende ging, erinnerte nicht einmal ein Pappbecher mehr an den Spuk: Getrunken wurde nämlich authentisch und umweltbewußt aus Füllhörnern.

Beim Einzug in den künftigen Dom (von links): Weihbischof Hans-Jochen Jaschke, Pfarrer Georg von Oppenkowski von St. Marien und Bischof Hubertus Brandenburg. Sie wurden von 70 Priestern begleitet.

St. Marien mit den zwei Türmen wurde von 1890 bis 1893 als erstes katholisches Gotteshaus in Hamburg nach der Reformation gebaut. Der alte Dom am Speersort war 1804 bis 1807 abgerissen worden.

Kirche St. Marien im 100. Jahr zum Dom erhoben

In feierlicher Prozession zogen 70 Priester in Hamburgs künftigen katholischen Dom, die heutige St.-Marien-Kirche an der Danziger Straße in St. Georg. 100 Jahre alt war dieses Gotteshaus geworden. 600 Katholiken und die prostestantische Bischöfin Maria Jepsen sowie ihr City-Propst Werner Hoerschelmann waren als Gäste gekommen.

Denn Hamburgs 175 000 Katholiken bekommen auf Wunsch des Vatikans Ende 1993 ein Bistum, zu dem außer der Hansestadt auch Schleswig-Holstein und Mecklenburg gehören werden. Bischofskirche ist dann Sankt Marien. Hamburgs erster Bischof war Ansgar (um 801 bis 865). Nach seinem Tod bildeten Hamburg und Bremen ein Erzbistum, das 1529 endete. Das erste katholische Gotteshaus in Hamburg nach der Reformation war 1890 die heutige St.-Marien-Kirche.

Spuren von der „Athabasca" – nach über 100 Jahren

So lag die zerschnittene „Athabasca" 1891 in der Fahrrinne. Für 150 000 Mark ließ der Senat das Wrack damals zur Seite schaffen. Eine Zeitlang warnte ein Leuchtfeuer vor dem Hindernis.

Eine Baggerschaufel brachte sie wieder ans Licht: Die Wrackreste der vor mehr als 100 Jahren vor Övelgönne havarierten „Athabasca". Verrostete Eisenteile ragten aus dem Sand am Athabaskakai, ein Stück vernieteter Bordwand mit Klüsen war noch zu erkennen.

30 Jahre lang stand die Wasserschutzpolizei-Wache 8 direkt auf dem Wrack. Beim Ausbau der Kai-Anlage stießen Arbeiter nun auf die Spuren des Frachters. Dabei hatte eigentlich niemand mehr so recht an die Geschichte von dem englischen Reisdampfer geglaubt. Der Überlieferung nach war das 90 Meter lange Schiff aus Liverpool am 7. Oktober 1891 in der Elbe auf Grund gelaufen. Als es bei Flut wieder freikam, bohrte sich der einlaufende Sloman-Dampfer „Procida" direkt hinter der Brücke in den Rumpf der quer im Strom liegenden „Athabasca" und zerschnitt sie. Während das Heck des Wracks später an den Strand gezogen wurde, soll der Bug etwa zwei Jahrzehnte später zugeschüttet worden sein.

Die Wasserschützer der inzwischen verlegten Wache eilten sofort zu „ihrem" Schiff. „Für uns als Seeleute ist das schon ein tolles Ding", schwärmte Jan-Peter Deeken, „es ist alles ziemlich gut erhalten." Die Behörden entschlossen sich dennoch, das Wrack wieder zuzuschütten – und erneut zu überbauen.

Polizeihauptmeister Holger Schühmann (44) von der Wasserschutzwache 8 am freigelegten Bug der „Athabasca". 30 Jahre lang hatte das Wachgebäude auf dem Wrackrest des gesunkenen Schiffes gestanden.

Zum Klettern muß es nicht gleich eine Alpenwand sein

Paris hat den Montmartre, Hamburg nun den „Montmauke". Zur Einweihung der ersten Freeclimbing-Anlage in Hamburg stiftete Dieter Harms, Inhaber der ältesten deutschen Sortimentsbuchhandlung W. Mauke Söhne, 6000 Mark für das „Gipfelkreuz" an der Kletterwand der Sportwissenschaftler der Universität.

Die Idee war dem Sponsor gekommen, als er einen Bericht über das Bonner Kinderfest des Kanzleramts las: Für die Kletterwand interessierten sich dort mehr Besucher als für den Bundeskanzler. Und da der Breitensport in der Hansestadt immer noch ein Schattendasein fristet, schritt der Buchhändler zur Tat und beschloß: Die sportlichen Aufsteiger sollten ihr Hamburger Gipfelerlebnis haben.

Die Kletteranlage an der Ostwand des Umkleidehauses im Uni-Sportpark am Turmweg kostete 30 000 Mark, ist 6,50 Meter hoch und 9,25 Meter breit. Rund 450 Griffe aus Polyester und Quarzsand helfen dem Kletterer auf dem Weg nach oben – als erster probierte es Fachbereichssprecher Professor Jürgen Funke-Wieneke aus.

Thomas Beyer, Leiter des Breitensports Hamburger Hochschulen, lobte das Projekt: „Alle Hamburger können die Anlage nutzen. Die Einrichtungskosten sollen durch die Kursusgebühren wieder hereingeholt werden." Daß das Projekt auch bei Profis nicht durchfällt, dafür dieses Indiz: Der Deutsche Alpenverein stellt den Flachland-Freeclimbern Übungsleiter zur Verfügung.

Zwei Kommilitonen kraxeln, zwei sorgen für die Sicherheit: Freikletterer Wolf und Heike in der Übungswand auf dem Uni-Sportgelände.

Zwei streiten sich, und es stirbt ein völlig Unbeteiligter

Der 58jährige Norderstedter Werner H. wollte gerade einen Einkaufsbummel beginnen, als er von einer Pistolenkugel ins Herz getroffen wurde.

Es war die Eskalation einer Auseinandersetzung zwischen zwei Türken, die dem völlig unbeteiligten Besucher eines Flohmarktes im Einkaufszentrum Glashütter Markt in Norderstedt aus heiterem Himmel den Tod brachte. Und so kam es dazu: Der Imbiß-Besitzer Mustafa A. (42) hatte nach dem Streit mit einem 41jährigen Landsmann die Beherrschung verloren, auf dem belebten Gelände eine Pistole gezogen und auf den Kopf seines Widersachers gezielt. Als er abdrückte, durchschlug die Kugel dessen Wange und traf den gerade vorbeigehenden Werner H. in die Brust. Mustafa A., der zunächst geflohen war, gab wenig später auf und stellte sich der Polizei.

Wie die Beamten dann herausfanden, war eine Familienfehde der Auslöser für das Verbrechen: Der Imbiß-Besitzer unterhielt ein Verhältnis mit seiner Angestellten, das von deren Familie mißbilligt wurde. Der angeschossene Mann war der Schwager dieser Frau.

Furchtbares Ende eines Flohmarktbummels: Unter der Abdeckung die Leiche von Werner H. aus Norderstedt. Er wurde das ganz und gar unbeteiligte Opfer eines Streits zwischen zwei Männern; die tödliche Kugel galt einem anderen.

Dr. Wilhelm Witten †. Der in Wandsbek lebende Arzt leistete in der CDU politische Arbeit für Hamburg, die von mitmenschlichem Engagement gekennzeichnet war.

MINI-REPORT

CDUINTRAUER. Hamburgs CDU mußte Abschied nehmen von ihrem früheren Fraktionschef Dr. Wilhelm Witten. Der Mediziner starb nach langer Krankheit im Alter von 73 Jahren. Die Unionsfraktion in der Bürgerschaft führte er von 1961 bis 1970, nachdem er schon vier Jahre ihr stellvertretender Vorsitzender gewesen war. Rolf Kruse, der derzeitige Fraktionsvorsitzende, erklärte: „Wir trauern um einen Politiker, der einen Teil der hamburgischen Nachkriegsgeschichte erfolgreich mitgestaltet hat."

TREFFSICHER. Mit einem Salutschuß aus einer 200 Jahre alten Kanone wurde es den Harburgern am 20. Juni verkündet: Die Harburger Schützengilde von 1528 hat einen neuen König. Der selbständige Unternehmensberater Detlef Zielinski (52) hatte sich beim Königsschießen gegen vier Konkurrenten durchgesetzt. Für ein Jahr ist Zielinski der höchste Repräsentant der einst vom Harburger Herzog Otto I. als Bürgerwehr gegründeten Gilde. Zielinski ist seit zehn Jahren Mitglied.

Er zielte, schoß und traf am besten: Detlef Zielinski wurde neuer König der Harburger Schützengilde von 1528.

PROFILE. Die linke Hand in die Höhe hebend, begrüßte Pastor Reinhold Hintze 15 000 Motorradfahrer, die mit ihren Maschinen aus ganz Deutschland und dem angrenzenden Ausland zum zehnten Open-air-Gottesdienst vor dem Michel gekommen waren. „Profile" hieß das doppelsinnige Motto in diesem Jahr. Der Motorradpastor zu den Fans der heißen Öfen: „Laß' nicht nur meine Reifen, sondern auch mich genügend Profil haben, um partnerschaftlich im Verkehr zu sein." Nach dem Reisesegen brummten die Maschinen los zum traditionellen Grillfest in Luhmühlen.

MODEWECHSEL. City-Bummler müssen sich umgewöhnen. Leineweber an der Mönckebergstraße gibt es nicht mehr. Das renommierte Bekleidungshaus wurde zum Monatsende geschlossen. Im August öffneten sich die Türen wieder. Seitdem bietet das Damenmodehaus Fahning dort seine Ware an. Das Aus für Leineweber kam aus Düsseldorf: Das Unternehmen, zu dem auch Ortlepp und Sportlepp gehören, war im Februar von der Düsseldorfer ABC Modenhaus (Peek & Cloppenburg West) gekauft worden.

RECHENFEHLER. Die Hitliste der kriminellen Begierde lautet: Trekking-Rad, Mountainbike, Holland- und Rennrad. 21 547 Fahrraddiebstähle registrierte Hamburgs Polizei im vergangenen Jahr, 16,28 Prozent mehr als 1991 und so viele wie nie zuvor. Der Durchschnittswert eines gestohlenen Rades liegt in Deutschland bei 571 Mark, in Hamburg aber bei 1401 Mark – ein Fehler, den die Beamten schnell erkannten: Es waren Räder für 100 000 Mark in den Computer geraten. Der teuerste Drahtesel der Welt kostet aber nur 14 100 Mark.

Hell und freundlich: die renovierte Abendblatt-Geschäftsstelle an der Dammtorstraße. Hier werden die Wünsche von Anzeigenkunden und Lesern des Hamburger Abendblatts, Hamburgs meistgelesener Tageszeitung, erfüllt.

KEINE ZETTEL MEHR. Größer als bisher ist sie nicht, aber viel, viel schöner: die renovierte Geschäftsstelle des Hamburger Abendblatts an der Dammtorstraße 1. Anzeigen können jetzt ohne Zettelausfüllen direkt in das EDV-System diktiert werden. Bücher, Kartenvorverkauf, Urlaubsreisen, die Bestellung eines Abonnements oder die Urlaubsumbestellung – alles wie gehabt, nur übersichtlicher und damit servicefreundlicher präsentiert. Und wer unbedingt noch eine alte Abendblattausgabe benötigt: Auch dieser Wunsch wird hier nach Möglichkeit erfüllt.

STATT-PARTEI. Mehr als 400 „politikverdrossene" Bürger drängten sich am 30. Juni im Gebäude der Patriotischen Gesellschaft, um eine neue Partei zu gründen: die STATT-Partei. In der Satzung wird ihr politischer Standort als „quer zu den etablierten Parteispektren" definiert. Treibsatz der Parteineugründung war Markus Wegner, Verleger in Hamburg, Ex-CDU-Rebell und maßgeblich am Zustandekommen des Verfassungsgerichtsurteils beteiligt, demzufolge die Hamburger am 19. September zu Neuwahlen schreiten mußten (siehe auch Seite 182). Wegner wurde ohne Gegenstimme zum Vorsitzenden der neuen Partei gewählt, die unter anderem für Volksentscheidungen und Direktwahl der Abgeordneten eintritt.

KERNGESUND. Nach 20 Jahren an der Vorstandsspitze der Traditionsreederei Hapag-Lloyd wechselte Hans Jakob Kruse (63) in den Aufsichtsrat. In diesen zwei Jahrzehnten formte er die Reederei zu einem beachtlichen internationalen Transport- und Touristikkonzern. Zusammen mit Blohm + Voss entwickelte er die neue Generation der Groß-Containerfrachter und modernisierte die Luftflotte. Seinem Nachfolger Bernd Wrede übergab er – abgesehen vom Sorgenkind Linienschiffahrt – ein kerngesundes Unternehmen.

JULI

228 *Skandal um die Strahlenbehandlung in Eppendorf*

232 *Sieges-Coup von einem, der fast nichts mehr galt*

234 *Sloman auf allen Meeren – nun sind's 200 Jahre*

236 *Gedenken an das Grauen vor fünfzig Jahren: Gomorrha*

242 *Schöne Bescherung mit den Bananen*

243 *Stell' dir vor, du gehst ins Bad, und da ist eine Schlange!*

244 *Als die Panzer aus der Heide heim nach England rollten*

246 *Das Teufelsding von Harburg bringt Stunden der Angst*

247 *Flammen und Rauch über der Neustadt*

248 *Mini-Report*

250 *Kampnagel hilft gegen Theater-Entzug im Sommer*

253 *Kommentar: Die Medizin braucht Kontrolle*

Skandal um die Strahlenbehandlung in Eppendorf

Von Mitte Juni bis zum Ende des Sommers beherrschte in Hamburg ein Thema die Schlagzeilen: Die schockierenden Vorgänge in der Abteilung für Strahlentherapie des Eppendorfer Universitäts-

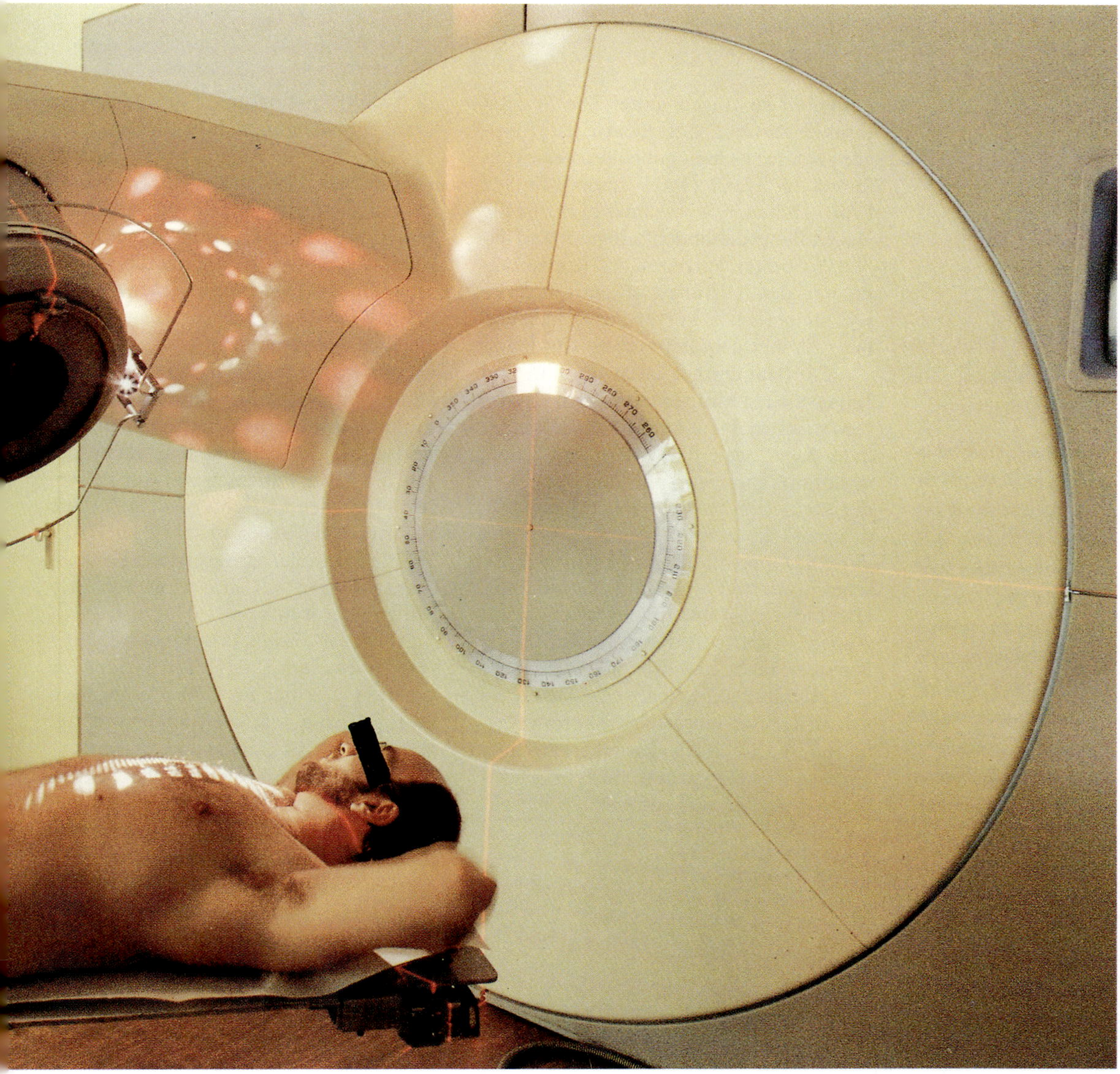

krankenhauses (UKE). Dem Direktor dieser Abteilung, Prof. Dr. Dr. Klaus-Henning Hübener, wird vorgeworfen, in den Jahren 1987 bis 1990 rund 150 Menschen, die an Enddarm-Krebs erkrankt waren, mit zu hohen Dosen bestrahlt zu haben. Fünfzig dieser Patienten erlitten dabei zum Teil schwerste Strahlenschäden; eine Frau soll an deren Folgen gestorben sein. Nachdem anfangs sowohl der für das UKE zuständige Wissenschaftssenator Leonhard Hajen (SPD) als auch das UKE-Direktorium die Vorwürfe als nicht stichhaltig zurückgewiesen hatten, mußten sie unter der Last der schweren Anschuldigungen von seiten der Patienten nach und nach einräumen, daß die Strahlentherapie des UKE in den drei Jahren deutlich von den international üblichen Therapie-Standards abgewichen war, und daß die Abteilung die Verantwortung für die schweren Schäden der

Ein Linearbeschleuniger, eines der Bestrahlungs-Großgeräte, wie sie auch im UKE eingesetzt werden. Fehlerfrei angewandt, sind sie bei der Krebsbehandlung von großem Nutzen.

Patienten zu tragen hatte. Die Sektion Strahlentherapie der Deutschen Röntgengesellschaft hielt auf einer Pressekonferenz im Plaza Hotel ihrem Mitglied Prof. Hübener vor, „unkonventionelle Behandlungsmethoden" eingesetzt zu haben. Sie bestanden darin, daß Krebskranke mit den leistungsstarken Linearbeschleunigern in zu kurzen Abständen und mit zu hohen Dosen bestrahlt wurden.

Die Hamburger lasen im Juni und Juli fast jeden Morgen mit neuem Entsetzen, was sich da im Universitätskrankenhaus zugetragen hatte, und mit jedem weiteren Tag schrumpfte das Vertrauen der Menschen in diesen Bereich der Medizin und die darin tätigen Ärzte.

Die Oppositionsparteien der Bürgerschaft forderten – auch die Neuwahl des Hamburger Parlaments im September vor Augen – den sofortigen Rücktritt von Senator Hajen und von UKE-Direktor Prof. Heinz-Peter Leichtweiß. Außerdem wurde der Ruf laut nach Anhörungsverfahren, nach einem Parlamentarischen Untersuchungsausschuß, nach intensiveren Kontrollen der ärztlichen Arbeit, nach mehr Qualität und Sorgfalt bei der Krankenbehandlung und anderem.

Wissenschaftssenator Leonhard Hajen (SPD), politisch verantwortlich für das UKE, war neben Prof. Hübener am stärksten der Kritik ausgesetzt. Er suspendierte Hübener, hob die Maßnahme wieder auf und suspendierte schließlich doch wieder.

Die Bevölkerung konnte einfach nicht fassen, daß nach dem Bernbeck-Skandal der achtziger Jahre in der Orthopädie des Barmbeker Krankenhauses nun schon wieder eine Affäre um die Falschbehandlung schwerkranker Menschen in einem Krankenhaus zu verzeichnen war.

Der Sturm der Entrüstung, überall zu spüren, hatte zur Folge, daß nicht wenige Patienten, die sich in einer Strahlentherapie befanden, an den Abbruch der Behandlung dachten. Das traf besonders auf UKE-Patienten zu. Aus diesem Grund wurden Gutachter von außerhalb beauftragt, die gegenwärtig in der UKE-Strahlentherapie eingesetzten Behandlungsverfahren auf ihre Unbedenklichkeit zu überprüfen.

Senator Hajen tat ein übriges: Er suspendierte am 19. Juli für die Zeit, in der die Gutachter im UKE tätig waren, Prof. Hübener vom Dienst und untersagte ihm, die Klinikräume zu betreten.

Überraschend und völlig unverständlich für die Öffentlichkeit nahm der Senator am 29. Juli diese Suspendierung aber wieder zurück. Er sagte dazu: „Nach der positiven Bewertung der *derzeit* praktizierten Bestrahlungstherapien im UKE durch drei unabhängige Gutachter gibt es keinen Grund, das auf diesen Punkt gegründete Verbot der Ausübung der Dienstgeschäfte für Prof. Hübener fortzusetzen."

Als dann aber zwei Tage später die beiden Gutachten der Professoren Sauer (Erlangen) und Wannenmacher (Heidelberg) eingingen und die „unkonventionellen Behandlungverfahren", von denen schon die Deutsche Röntgengesellschaft gesprochen hatte, bestätigt wurden, folgte eine Kehrtwendung des Senators mit zwei neuen Entscheidungen: Gegen Prof. Hübener wurde ein Disziplinarverfahren eingeleitet und erneut seine Suspendierung ausgesprochen. Die Leitung des

UKE ordnete außerdem eine Nachprüfung in der Strahlentherapie an, um zu klären, ob womöglich auch Patienten mit Prostata-Krebs überbestrahlt wurden.

Kurze Zeit nach der Suspendierung Prof. Hübeners geriet auch Justizsenatorin Lore Maria Peschel-Gutzeit in die Kritik. Anlaß war das Schicksal des damals 61 Jahre alten krebskranken Patienten Lutz Sch., der 1990 nach einer Strahlenbehandlung im UKE gestorben war.

Ein Staatsanwalt hatte den Fall, in dem die Witwe des Verstorbenen Strafanzeige gestellt hatte, um durch die Ermittlungen Klarheit zu gewinnen, einfach zu den Akten gelegt – ohne ein Wort an die Witwe und die Justizbehörde. Die Senatorin erteilte dem Chef der Staatsanwaltschaft beim Landgericht nachträglich eine Rüge und ließ ein Sonderdezernat für Mediziner-Fälle einrichten.

Der Strahlenskandal zog aber immer weitere Kreise und berührte bald auch den Chirurgen am Harburger Krankenhaus, Prof. Dr. Volker Bay, dem vorgehalten wurde, krebskranke Patienten zur Bestrahlung ins UKE geschickt zu haben, obwohl er von den dortigen „unkonventionellen“ Methoden und den offensichtlichen Strahlenschäden gewußt haben soll. Prof. Bay hat das prompt dementiert; dennoch veranlaßte der Landesbetrieb Krankenhäuser auch hier eine genaue Untersuchung der Vorwürfe.

In der Strahlentherapie des UKE könnte jetzt wieder Ruhe einkehren: Der Fachschaftsbeirat hat den Dresdener Professor Thomas Herrmann (49) zum kommissarischen Leiter bestimmt. Die Medizinische Akademie Dresden hat ihn für das Wintersemester freigestellt.

(Kommentar auf Seite 253).

Er bedauerte das Schicksal seiner Patienten nachdrücklich: der Mediziner und Physiker Prof. Dr. Dr. Klaus-Henning Hübener. 1986 war er von Erlangen nach Hamburg gekommen.

Sieges-Coup von einem, der fast nichts mehr galt

Mit einem Hauch von Ascot und Longchamp zeigte sich am ersten Julisonntag das Hippodrom im sonst eher unauffälligen Stadtteil Hamburg-Horn. Mehr als 35 000 Besuchern, davon viele exquisit behütet, stockte im Einlauf des 124. Deutschen Derbys der Atem. Gestüt Ittlingens dreijähriger Hengst „Lando", den nach schwachen Testprüfungen fast alle richtigen und selbsternannten Experten längst abgeschrieben hatten, hielt auf der Zielgeraden das schärfste Tempo durch und holte sich unter Jockei Andrzej Tylicki das begehrte Blaue Band.

„Landos" Coup kam so unerwartet, daß die Siegwette am Totalisator die als sensationell geltende Quote 245 : 10 Mark zahlte. Das Gestüt Ittlingen konnte sich über mehr als eine halbe Million Mark Preisgeld freuen. Auf den Plätzen galoppierten „Monsun" und „Sternkönig" durch das Ziel. Zu den Gewinnern gehörte auch der Hamburger Renn-Club: Die Besucher wetteten wie nie zuvor und bescherten dem Ausrichter einen Überschuß in Millionenhöhe.

Dieses Geld soll auf der Rennbahn investiert werden. Galopper-Präsident Franz-Günther von Gaertner plant nicht nur einen Tribünenneubau, sondern auch ein zweites Vollblut-Meeting in der Hansestadt. Damit nicht nur einmal im Jahr rassige Vollblüter, spannende Einläufe und schicke Frauen für sportliche und gesellschaftliche Klasse in Horn sorgen.

Im Horner Derby-Ziel haben „Lando" (Nummer 10) und Jockei Andrzej Tylicki mehr als zwei Längen Vorsprung vor der Konkurrenz, die von „Monsun" (Nummer 3) angeführt wird. Und der Favorit „Kornado"? Er landet im geschlagenen Feld.

William Sloman, Gründer der Reederei: Kam 1791 aus England nach Hamburg.

Mit Henry Brarens Sloman (1848 – 1931) begann die große Zeit des Salpeterhandels.

Claus Edye, Senior der heutigen Sloman-Inhaber (Foto), sowie seine Kollegen Michael Reincke, John Gerrit Edye und Sven-Michael Edye sind direkte Nachkommen des Reederei-Gründers, des englischen Kapitäns William Sloman.

Sloman auf allen Meeren – nun sind's zweihundert Jahre

Der Name Sloman ist in der Seeschiffahrt ein Begriff, der für solides Hanseatisches Reedertum steht – und das nun seit zweihundert Jahren. Am 1. Juli 1793 wurde das traditionsreiche Unternehmen von dem englischen Kapitän William Sloman am Stubbenhuk am Hamburger Hafen gegründet. In der Branche gilt die Sloman-Gruppe heute als die älteste Reederei der Welt.

Noch immer befindet sich die Reederei unter der Dachgesellschaft Rob. M. Sloman und Co. beinahe ausschließlich in der Hand der Gründerfamilie. Die Inhaber, Senior Claus Edye, Michael Reincke, John Gerrit Edye und Sven-Michael Edye sind direkte Nachkommen von Kapitän William Sloman.

Auch der fünfte im Bunde der Inhaber macht da eigentlich keine rechte Ausnahme: Werner Krieger, der ebenfalls im Vorstand des Familienclans sitzt, ist zwar nicht blutsverwandt, hat aber schon als Lehrling im heutigen Sloman-Haus am Baumwall Nummer 3 gearbeitet und ist dem Unternehmen seitdem mit Leib und Seele verbunden.

Wie alle anderen Vorstandsmitglieder steht Krieger nicht nur mit seinem Namen, sondern auch mit seinem persönlichen Vermögen für die Geschicke der Reederei Sloman gerade. „Ein durch unsere Firmengeschichte als gute Tradition bewährtes Rezept", wie Krieger sagt. Eine Tradition, die mit 200 Jahren Seeschiffahrtsgeschichte verbunden ist.

Nach dem Tode des Firmengründers William Sloman im Jahr 1800 übernahmen die Söhne Robert Miles und William Palgrave die Reederei. 28 Jahre später begann mit der Welle von Auswanderern, die in Amerika ihr Glück suchten, eine neue Ära für die Firma. Robert Miles eröffnete die „Regulaire Paketschiffahrt zwischen New York und Hamburg". Fünf Windjammer sorgten für regelmäßige Überfahrten in die Neue Welt. Die Sloman-Reederei war es auch, die den ersten Überseedampfer mit Schraubenantrieb bauen ließ: die „Helena Sloman", 1850

fertiggestellt. Der Amerika-Linie folgte in den 40er und 50er Jahren des vorigen Jahrhunderts der Linienverkehr von Sloman-Schiffen nach Australien, Brasilien und Chile. Im Jahre 1859 konnten die Firmeninhaber stolze Bilanz ziehen: Sie hatten das Unternehmen an die Spitze der Hamburger Reedereien gebracht.

Von 1867 an leitete Miles' Sohn, Robert Miles Junior, die Reederei. Er setzte auf den Handel mit Südfrüchten aus dem Mittelmeerraum und errichtete von 1872 an die Mittelmeer-Linie. Die Anlaufhäfen lagen in der gesamten mediterranen Region, von Italien bis Nordafrika. Ende des vergangenen Jahrhunderts transportierten 20 eigene Dampfer für Sloman Wein und Früchte in die nordeuropäischen Häfen.

Als Robert Miles Junior im Juli 1900 starb, hinterließ er eine Flotte von 21 Einheiten. Der Schiffsmaklerbetrieb fertigte 120 Schiffe pro Jahr ab. Im 20. Jahrhundert standen die Geschäfte der Reederei unter dem dunklen Kapitel der beiden Weltkriege, die zweimal zum Totalverlust der Flotten führten. Aber das Unternehmen lebte trotz allem weiter.

In der fünften Generation, in den 50er Jahren, wurde die Afrika-Linie eingerichtet, die erst im Jahre 1987 eingestellt werden sollte. Seit 1973 hält Sloman auch die Aktienmehrheit an der Bremer D. G. „Neptun", die seither die Reedereigeschäfte mit Gastankern und Kühlschiffen besorgt.

Heute gehören zur Sloman-Gruppe 21 Schiffe. Vier neue Containerfrachter sollen bis 1994 hinzukommen. Die „Sloman Challenger" und die „Sloman Commander" laufen noch in diesem Jahr vom Stapel. Zusätzlich ist Sloman an Hafen- und Industriebetrieben beteiligt und betreibt ein eigenes Reisebüro.

Sie war das erste deutsche Transatlantik-Dampfschiff mit Schraubenantrieb: Die „Helena Sloman", 1850 gebaut, lief zwischen Hamburg und New York.

Gedenken an das Grauen vor fünfzig Jahren: Gomorrha

Gedenkgottesdienste, Glockenläuten, Ausstellungen, Erlebnisberichte – Hamburg gedachte der Bombennächte vor 50 Jahren, des Feuersturms im Sommer 1943 und seiner 35 000 Toten. „Wir können den Krieg nicht aus der Welt bringen, aber wir wollen dem Vergessen entgegentreten", sagte Pastor Reinhard Petrick in St. Jacobi.

Daß das „Unternehmen Gomorrha", wie die britische Luftwaffe ihre Angriffsserie gegen Hamburg nannte, nie vergessen wird, dafür sorgen auch die Historiker. Einer von ihnen, Dr. Ekkehart Guth, Dozent an der Führungsakademie der Bundeswehr in Hamburg, entdeckte in einem britischen Archiv den noch nie veröffentlichten Angriffsbefehl des britischen Bomberkommandos vom 27. Mai 1943. Die „Operation Order No. 173" ist vier Seiten lang. Unter dem Stichwort „Intention" finden sich die Worte: „To destroy Hamburg." Also: „Absicht: Hamburg zu zerstören." Wie das erreicht werden sollte, wird so erläutert:

„Es wird geschätzt, daß mindestens 10 000 Tonnen Bomben abgeworfen werden müssen, um die Stadt auszulöschen. Um eine maximale Wirkung zu erreichen, sollte ein Dauerbombardement durchgeführt werden."

Guth enthüllte auch, daß Hamburg noch wenige Tage vor „Gomorrha" die Chance hatte, von der Katastrophe verschont zu werden. Sir Henry Tizard, einer der engsten wissenschaftlichen Berater von Churchill für die Auswahl der Bomberziele in Deutschland, hatte am 22. Juli 1943 eine Notiz an den Premierminister geschickt, in der er fragte, ob es denn klug sei, Hamburg zu zerstören. Folgendes spräche dagegen: Hamburg könnte nach

50 Jahre danach: Vor dem Michel zündeten Hamburger zum Gedenken an die 35 000 Toten des Bombenhagels ein Kreuz aus Kerzen an. Gäste aus Rotterdam, Coventry, St. Petersburg und Dresden waren dabei.

Gomorrha-Gedenkfeier im Michel: Auf einer weißen Fahne im Kirchenschiff waren die Namen von Opfern der Bombenangriffe vermerkt. Nach der Angriffsserie im Sommer 1943 hatten nur 31 647 Tote identifiziert werden können.

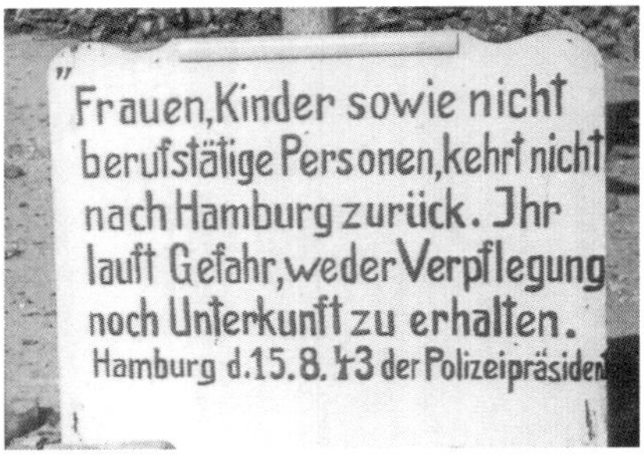

Diese Warnschilder wurden nach den Luftangriffen überall aufgestellt.

dem Krieg zum Zentrum der Verwaltung des besetzten Deutschlands werden; als bedeutende Hafenstadt wäre es in unzerstörtem Zustand nützlicher; von dort aus sei eine erneute Hegemonie Preußens über Nachkriegsdeutschland eher zu begrenzen als von Berlin aus . . . Doch trotz Tizards Einwendungen war Hamburg aber nicht mehr zu retten, denn Churchill wollte die Bombardierung, und das RAF-Bomberkommando hatte den Großangriff bereits zwei Monate lang vorbereitet . . .

„Unternehmen Gomorrha" begann am 24. Juli 1943, 21.45 Uhr, als 791 Bomber mit 5475 Mann Besatzung von 42 Rollfeldern in England starteten. Sie trugen 1454 Tonnen Spreng- und Minenbomben und 1006 Tonnen Brandbomben, darunter 327 250 achteckige Stabbrandbomben von je vier Pfund. Die 1,75 Millionen Einwohner von Groß-Hamburg hatten damals schon 318 Fliegeralarme und 137 Luftangriffe hinter sich.

Um 0.33 Uhr gaben die Sirenen Alarm. Um 0.57 Uhr warf ein „Pfadfinder"-Flugzeug die ersten Bomben der „Schlacht um Hamburg" ab: zwei gelbe

Einer, der das Inferno überlebte: Luftschutzhelfer retten einen alten Mann aus den Trümmern seines Hauses. Tausende aber kamen in ihren Luftschutzkellern um.

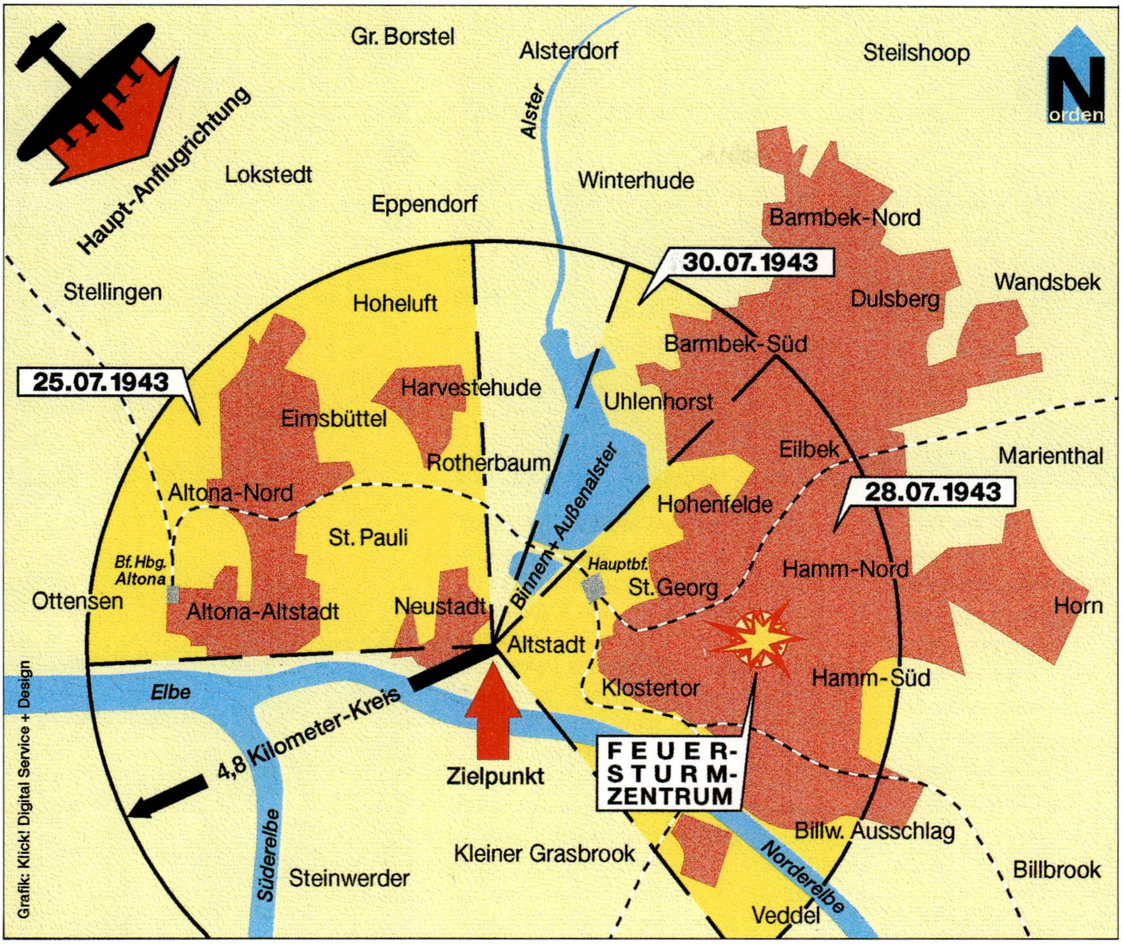

Zielmarkierer und vier 1000-Pfund-Sprengbomben. Der Zielpunkt lag zwischen Binnenalster und Elbe, nahe dem Rathaus und der Nikolai-Kirche.

Der Nachtangriff dauerte 50 Minuten. Altona, Eimsbüttel und die Innenstadt wurden schwer getroffen. Rund 1500 Menschen starben. Die deutsche Luftabwehr wurde schlagartig ausgeschaltet. Die britische Geheimwaffe war ein billiger, 27 Zentimeter langer Aluminium-Papierstreifen, der von den Bombern schon 100 Kilometer vor Hamburg millionenfach abgeworfen wurde. Schlagartig zeigten die Radargeräte der deutschen Flak und der Nachtjäger nur noch „weißen Nebel" an.

Der zweite Nachtangriff am 27./28. Juli traf Hamburg mitten ins Herz. Es war die „Nacht des Feuersturms". Das Bombardement von Hohenfelde, Hamm, Billbrook, Rothenburgsort und Hammerbrook war konzentriert und tödlich. Zwischen 1.30 Uhr und 4.00 Uhr entwickelte sich ein „atmosphärischer Feuersturm", der allen Sauerstoff mit Orkangeschwindigkeit in sich hineinriß. 16 000 Häuser brannten gleichzeitig. Riesige Stichflam-

Das Unternehmen Gomorrha: Die roten Flächen signalisieren die schwersten Zerstörungen; der Kreis gibt den Drei-Meilen-Radius um den Zielpunkt an, in den die meisten Bomben fielen.

Ein Bild aus dem Feuersturm: Verbrannter Melder der Luftschutzpolizei, aufgefunden Ecke Ausschläger Weg/Hammer Deich. Er wurde während der Fahrt vom Sog eines Feuerwirbels erfaßt.

men, bis zu 800 Grad heiß, jagten durch die Straßen. Am Morgen waren die offenen Flächen dieser Stadtteile mit verkohlten Leichen übersät. In den Luftschutzkellern hockten Tausende erstickter Menschen. Hitze und Kohlendioxid hatten in knapp drei Stunden mehr als 35 000 Hamburger umgebracht.

Der dritte Nachtangriff am 29./30. Juli traf bis dahin verschonte Viertel in Barmbek, Wandsbek, Eppendorf, Winterhude und Uhlenhorst. Es gab Flächenbrände, aber ein zweiter Feuersturm blieb aus. Den Todesstoß für Hamburg verhinderte in der Nacht vom 2. auf 3. August die Natur: Schwere Gewitter rissen den Strom der 740 Angriffsflugzeuge auseinander; ihre Bomben fielen im Umkreis von 160 Kilometern. Um 2.55 Uhr morgens war „Gomorrha" zu Ende – Hamburg lag in Agonie.

Die sterblichen Überreste der Toten fanden in riesigen Massengräbern in Ohlsdorf ihren Frieden. Unter ihnen waren auch die Frau und sieben Kinder des Eisenbahners Louis Haupt, der „Gomorrha" überlebt hatte. Aus seinem Fluchtort schrieb er: „Ich bin am Ende. Der Schmerz um die Menschen, die ich verloren habe, ist nicht zu ertragen."

Nach dem Feuersturm: An der S-Bahnstrecke Landwehr – Hasselbrook in Barmbek sind nur noch rauchgeschwärzte Fassaden und leere Fensterhöhlen zu sehen. Insgesamt waren 277 000 Wohnhäuser zerstört. 900 000 Hamburger hatten ihr Hab und Gut verloren.

Eine schöne Bescherung mit den Bananen

Zum 1. Juli verfügte die EG eine „Marktordnung für Bananen". Die Deutschen empfanden sie als Skandal. Aus Mittelamerika dürfen EG-Länder nun jährlich nur zwei Millionen Tonnen der gelben Früchte einführen; hohe Zölle machen darüber hinausgehende Mengen uninteressant. 1992 bezog aber allein Deutschland von dort 1,4 Millionen Tonnen. Sinn der Maßnahme, durchgedrückt vor allem von Frankreich, England und Spanien: Der Weg soll frei werden für die teureren Bananen der mit diesen Staaten assoziierten „AKP"-Länder, ihren überseeischen Besitzungen oder früheren Kolonien. (AKP = Afrika, Karibik, Pazifik). Auch „EG-Bananen"-Produzenten, z. B. in Griechenland und auf den Kanaren, sollen profitieren. Die von den Deutschen bevorzugten Früchte aus Lateinamerika wurden danach erheblich teurer: bis zu 4 Mark das Kilo. Diese Entwicklung bedroht in Mittel- und Südamerika die Existenz von 600 000 Menschen. Reeder fürchten den Verlust von 500 000 Tonnen Fracht. Im Hamburger Hafen sind wegen geringeren Umschlags etwa 1500 Arbeitsplätze in Gefahr. Klagen gegen die Verordnung laufen beim Europäischen Gerichtshof – Erfolg sehr fraglich.

Bananen aus Lateinamerika: In Deutschland nach wie vor marktbeherrschend, aber durch EG-Verfügung stark verteuert.

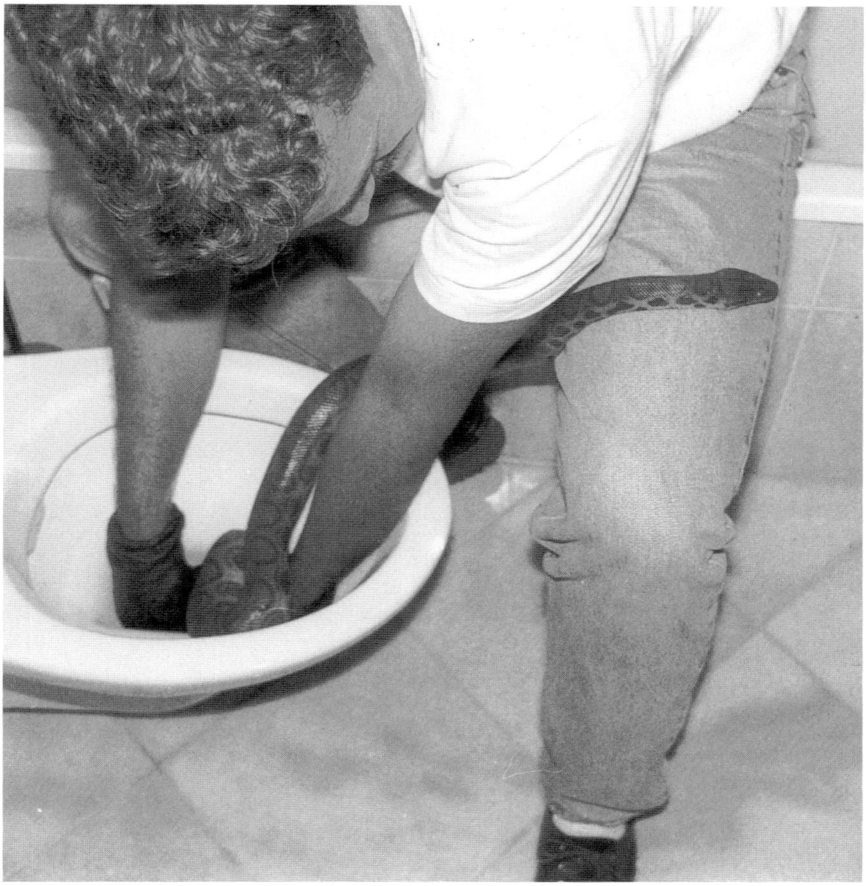

Erst nach fast 12 Stunden gelang es dem Schlangenbesitzer, seine Regenbogen-Boa aus der Toilette des Nachbarn zu holen. Das Reptil hätte ein Jahr lang ohne Nahrung im Rohrsystem überleben können.

Stell' dir vor, du gehst ins Bad, und da ist eine Schlange!

Die Schlange hätte ja überall in Hamburg auftauchen können. Doch ausgerechnet Thomas Schneider (30) entdeckte die 1,50 Meter lange Regenbogen-Boa – in seiner Toilette! Als er morgens den Dekkel aufklappte, sah er die orangefarbene Würgeschlange vor sich im Spülbecken kriechen.

Vier Stunden lang mühten sich Polizisten und Feuerwehrleute, um das Reptil aus Südamerika einzufangen. Vergebens: Das Tier wand sich immer wieder ins Abflußrohr zurück. Erst spätabends konnte die Schlange nach einer gemeinsamen Spülaktion aller 15 Bewohner des Mehrfamilienhauses dingfest gemacht werden – als sie abermals bei Schneider aufgetaucht war. Bis dahin hatte Thomas Schneider vorsorglich eine improvisierte Alarmanlage installiert: Er stellte einen Besen auf den WC-Deckel, der bei einem Ausbruchsversuch der Schlange umgefallen wäre. Die Boa war ihrem Besitzer – dem Mieter im Stockwerk über Schneiders Wohnung am Bekkampsweg (Jenfeld) – bei der Fütterung ausgekniffen.

Vierzig Jahre lang waren sie der Schrecken der Heide vor den Toren Hamburgs: Bis zu 60 Tonnen schwere britische Kampfpanzer zermahlten grüne Landschaften. Nun zogen die Ungetüme ab.

Königlicher Besuch vor dem Abzug: Diana von Wales, die wegen des desolaten Zustands ihrer Ehe „einsame Prinzessin“, kam an ihrem zwölften Hochzeitstag in die Heide zu den „Leichten Dragonern“.

Als die Panzer aus der Heide heim nach England rollten

Die „Stunde X“ war Donnerstag, der 29. Juli 1993, 8 Uhr: In loser Schützenkette gingen die „Green Berets“ aus Herford in der Nordheide vor. Ein neuer Übungsschlag der Briten? Kein Schuß fiel; statt ihrer kurzläufigen Sturmgewehre hielten die „Grünen Barette“ diesmal pechschwarze Müllsäcke in den Fäusten.

Zur gleichen Zeit warteten im Camp Reinsehlen bei Schneverdingen lange Trecks aus Späh-, Schützen- und Transportpanzern auf die Eisenbahnverladung. Die Briten verließen nach 40 Jahren die Lüneburger Heide! Und zum letzten Mal veranstalteten sie auf den von dem be-

rühmten Soltau-Lüneburg-Abkommen geschaffenen „Roten Flächen" einen spektakulären Großputz: 1400 Tarnanzug-Träger waren in ganz Norddeutschland zusammengetrommelt worden – auch piekfeine Verwaltungsmilitärs und weibliche Soldaten. „Vom Putzen halte ich gar nichts", knurrte Captain Susan Burns. „Aber als guter Soldat befolge ich jeden Befehl."

Was die Briten fanden, paßte allerdings weder ihnen noch den Deutschen: „70 bis 80 Prozent des Mülls stammen aus nichtmilitärischen Quellen", sagte Oberst David Sheppard. Der Augenschein im „Zwischenlager" Reinsehlen gab ihm recht: Der größte Teil der Müllhalde bestand aus zivilen Uralt-Eisschränken, Möbelwracks, Fahrradtorsos und Abfall von Touristenverzehr. Aber zum Abschied beschwor auch Sheppard das alte Traumbild: ein Panzerübungsgebiet, das wieder zum Heideparadies wird.

Zur gleichen Stunde und an ihrem Hochzeitstag ging die „einsame Prinzessin" in die Heide: Nur von ihrem jüngsten Sohn Henry (8) begleitet, verbrachte Ihre Königliche Hoheit, Diana Prinzessin von Wales, die zwölfte Wiederkehr jenes Tages, der sie zur „berühmtesten Frau der Welt" gemacht hatte, auf dem Truppenübungsplatz Bergen-Hohne. Als sie auf dem Paradeplatz der „Light Dragoons", deren Ehrenoberst sie ist, aus dem Panzer-Mercedes stieg, gerieten die Fotografen außer sich: Der alte Diana-Zauber lebt noch. „Ich bin kein Royalist. Aber auf diese Frau können die Windsors doch gar nicht verzichten", befand ein Panzeroffizier. Prinzessin „Di" bleibt das Aushängeschild des britischen Königshauses. Auch in der deutschen Heide.

„Wir sind heilfroh, daß alles vorbei ist", sagte der Naturschützer Heinrich A. Toepfer, ein Vorkämpfer gegen die Panzermanöver in der Heide.

Die Sprengmeister Manfred Schubert, Peter Voß und Peter Bodes (v. lks.) vor dem 1000pfündigen Blindgänger. Der Zünder war so konstruiert, daß er auch nach so vielen Jahren noch die Explosion hätte auslösen können.

Das Teufelsding von Harburg bringt Stunden der Angst

Bombenangst in Harburg: Bauarbeiter stoßen beim Ausbaggern eines Kellers an der Denickestraße auf eine englische Bombe mit 250 Kilogramm Sprengstoff. Der 1000 Pfund schwere Blindgänger aus dem Zweiten Weltkrieg versetzt selbst die erfahrenen Sprengmeister der Baubehörde in Aufregung. Der Grund: Das Teufelsding ist bewegt worden, der Säurezeitzünder dadurch womöglich aktiviert.

Sprengmeister Manfred Schubert läßt das dicht besiedelte Wohngebiet sofort in einem Umkreis von 300 Metern evakuieren. Innerhalb einer 1000-Meter-Zone werden Tausende von Menschen aufgefordert, Kellerräume aufzusuchen. 400 Polizeibeamte, Feuerwehrleute und Mitarbeiter der Rettungsdienste bringen die betroffenen Menschen in Notquartiere wie Schulen und Kirchen. Mehr als fünf Stunden müssen die Bürger hinter den Absperrungen der Polizei ausharren. Das Evakuierungsgebiet zwischen Eißendorfer Straße, Altem Postweg und Thörlstraße gleicht einer Geisterstadt.

Um 22.08 Uhr hat Sprengmeister Schubert das tückische Ding bezwungen und gibt Entwarnung. Schweißüberströmt tritt er vor die Presse und sagt: „Das ging gerade noch mal gut.“

Flammen und Rauch über der Neustadt

Meterhoch loderten gewaltige Flammen aus dem Dachstuhl. Eine massive schwarze Rauchsäule zog über die Stadt. Ein Feuerwehrzug nach dem anderen raste heran: Großalarm in der Hamburger City. Ein Bürogebäude, das zum Glück gerade leerstand, brannte mittags an der Kaiser-Wilhelm-Straße lichterloh, und das Feuer drohte schnell auf benachbarte Wohn- und Geschäftshäuser überzugreifen.

Deshalb hatten 135 Feuerwehrleute bis gegen Abend gegen den Großbrand zu kämpfen. Dabei dirigierten Spezialisten ihre Kollegen vom Hubschrauber aus per Funk. Die Löschmannschaften konnten nur mit Atemschutzgeräten durch das Treppenhaus und über Drehleitern zum schwer erreichbaren Brandherd vordringen.

Ausgebrochen war das Feuer bei Flex-Arbeiten: Funkenflug entzündete Dachpappe. Bald darauf stand der Dachstuhl fast explosionsartig in Flammen, weil der vorangegangene Schwelbrand Gase gebildet hatte, die mit Sauerstoff urplötzlich zündeten. Die Hamburg-Mannheimer Versicherung hatte das Haus am 1. Mai von der AOK gekauft. Kurz vor dem Brand war mit der Renovierung begonnen worden.

Furchteinflößend wirkten die Flammen auf dem Dach des Hauses an der Kaiser-Wilhelm-Straße nicht weit vom Karl-Muck-Platz.

MINI-REPORT

Ihre Geschichten von den beiden Mädchen „Gisel und Ursel" gelten seit langem als Kinderbuchklassiker: Margarethe Deinet wurde 100 Jahre alt.

KINDERGESCHICHTEN. Auch wenn ihr das Lesen von Tag zu Tag schwerer fällt, eins kann sie immer noch: faszinierend erzählen. Margarethe Deinet, Hamburgs älteste Bestseller-Autorin, wurde 100 Jahre alt. Weil an eine Berufsausbildung für die Tochter eines begüterten Hamburger Kaufmanns um die Jahrhundertwende nicht zu denken war, kaufte sie eine Buchhandlung. Schnell entdeckte sie, was fehlte: gute Kinderliteratur. Also setzte sie sich hin und schrieb selbst eine Kindergeschichte. Am Ende hatte sie es – alle unter dem Pseudonym „M. Haller" – auf 29 Kinderbücher mit einer Gesamtauflage von sieben Millionen gebracht.

Bevor sie ihre Schule auf der Uhlenhorst gründete, unterrichtete sie am Bauhaus in Dessau: Senta Dabelstein an ihrem 90. Geburtstag.

TÄNZERISCH. Dabelstein – bei diesem Namen erinnern sich alteingesessene Hamburger an die Gymnastik- und Tanzschule auf der Uhlenhorst, in der 60 Jahre körperliche Fitneß und Lust auf Bewegung vermittelt wurden. Die Tanzpädagogin Senta Dabelstein, eine Schülerin des Tanztheoretikers Rudolf von Laban, deren Kunst dieser Schule zu ihrem Ruhm verhalf, wurde am 23. Juli 90 Jahre alt. Mit ihrem Mann Hans Weichelt (90) tanzte sie unter anderem im Berliner Wintergarten und im Hamburger Hansa Theater. Nur einer sah sie nie auf der Bühne: ihr Vater. Tanzen, das schickte sich nicht für eine Hamburger Reederstochter . . .

ZEITUNG FÜR BLINDE. Das Hamburger Abendblatt ist ein Zeitung für alle. Wirklich? Auch für Blinde und Sehbehinderte? Seit Juli 1993 heißt die Antwort uneingeschränkt: Ja. Das Abendblatt wird täglich – computertechnisch entsprechend aufbereitet – an eine Mailbox beim Blindenverein Hamburg überspielt. Blinde können den Inhalt dort abrufen und zu Hause an ihrem Computer akustisch oder über eine Tastleiste mit Braille-Schrift empfangen. Die Texte können auch in Braille-Schrift ausgedruckt werden. Auskünfte erteilt der Blindenverein Hamburg, Holsteinischer Kamp 26, 22081 Hamburg; Telefon 29 15 25.

WALDESLUST. Mit Axt und Motorsäge ist sie in eine bisher reine Männerdomäne eingebrochen: Antje Giesenberg (22) wurde Hamburgs erste Forstwirtin, eine Frau unter 60 Männern. Und dennoch fühlt sie sich wohl, weil ihre Motivation, ihre Liebe zur Natur, stärker war als die flapsigen Sprüche der männlichen Kollegen während der dreijährigen Ausbildung. Einen Beruf mit „den ganzen Tag im Büro hocken" konnte sich die Reinbekerin nicht vorstellen. In Hausbruch pflegt sie nun hamburgischen Wald.

Schmuck ist nicht erlaubt, wenn Antje Giesenberg im Forst von Hausbruch am Holze sägen muß, und als modisches Outfit empfiehlt sich Schutzkleidung.

HANSEATEN-HÄUPTLING. Als Bürgermeister ging Henning Voscherau am 27. Juli im Rathaus in die Knie, als „Roter Bruder“ stand er wieder auf. Auf seinem Kopf thronte Indianerfederschmuck, garantiert echt von den Karl-May-Spielen in Bad Segeberg. „Sam Hawkins“ alias Freddy Quinn und „Winnetou“ alias Gojko Mitic waren mit ihrer Kalkbergtruppe nach Hamburg gekommen, um dem Oberhäuptling der Elbhanseaten 100 Freikarten für Kinder zu überreichen. Der Federschmuck für den Bürgermeister sei der absolute Glücksbringer, und Glück könne der Rathaushäuptling – und noch dazu in einem Wahljahr – doch wohl brauchen . . .

UMSTEIGER. Hamburg steigt um: 222,5 Millionen Fahrgäste sind im ersten Halbjahr 1993 mit dem HVV gefahren. Das waren 4,5 Millionen oder 1,9 Prozent mehr als im gleichen Vorjahreszeitraum. Dieser Aufwärtstrend begann Mitte der 80er Jahre. Die Zahl der Fahrgäste stieg von 412 Millionen 1986 auf 458 Millionen im vergangenen Jahr an. 460 000 HVV-Kunden haben eine Zeitkarte, 290 000 sogar ein Abonnement. Nur noch 13 Prozent lösen Einzelfahrkarten, so wenige wie sonst nirgendwo in Deutschland. Von den 230 000 Pendlern, die jeden Tag nach Hamburg kommen, fahren allerdings nur 70 000 mit dem HVV.

BLINDEKUH. Weil es in jüngster Zeit so viele Fahrraddiebstähle am S-Bahnhof Poppenbüttel gegeben hatte, fuhren zwei Zivilfahnder der Wache Poppenbüttel auf ihren Diensträdern zu der Station, um sich auf die Lauer zu legen. Eineinhalb Stunden observierten sie den Fahrradstand fachmännisch. Ihre Mühe blieb vergeblich. Die Diebe aber hatten trotzdem zugeschlagen: Als die Fahnder zur Wache zurückfahren wollten, mußten sie feststellen, daß ihre Diensträder gestohlen worden waren.

Weil er sich außer bei Karl Marx auch bei Karl May bestens auskennt, schmückten die Segeberger „Indianer“ Bürgermeister Henning Voscherau mit Häuptlingsfedern.

Starker Auftakt: Eine theatralische Höllenfahrt in das Unterbewußtsein der amerikanischen Gegenwartskultur unternahm der Exil-Iraner Reza Abdoh mit seiner New Yorker Company in „The Law of Remains".

Kampnagel hilft gegen Theater-Entzug im Sommer

Ein kleines Jubiläum auf Kampnagel: Zum zehntenmal fand dort das Sommertheater-Festival statt. Motto: „Theater an den Schnittflächen von Kulturen". Drumherum gruppierten sich Tanz-, Schauspiel- und Performance-Stücke aus 18

Ländern. 28 000 Besucher kamen, es gab Ovationen, aber auch totale Verweigerung. Zum brandaktuellen Thema „Sarajevo" etwa wollten die Zuschauer nichts mehr wissen, was sicher ebenso an der unbefriedigenden, traumspielhaften paneuropäischen Produktion lag wie an dem mangelnden aktuellen Interesse.

Die provokative Erinnerung an den Holocaust, geboten vom israelischen Theaterzentrum Akko, wurde hingegen zur Hauptattraktion des Festivals. Der mit 15 000 Mark dotierte Mobil-Pegasus-Preis ging an das Spektakel „Arbeit macht frei im Toitland (Todesland) Europa", das so ziemlich alle Theatergrenzen sprengte. Es begann mit einer Besichtigung der KZ-Gedenkstätte Neuengamme. Die israelische Leiterin eines ähnlichen Museums in einem Kibbuz fand die makabren Ausstellungsstücke dort alle „beautiful". Man wußte nicht so recht: Was ist Realität, was Spiel? Danach wurden die jeweils 30 Zuschauer per Bus zu einem Gewölbe unter der Bahn nahe den Deichtorhallen gekarrt. Dort begann, eingepfercht in enge, feuchte Verschläge, ein vehementes, sarkastisches, freches, bedrückendes Spektakel, das die Erinnerung an die grausame Vergangenheit ebenso ins Visier nahm wie die gegenwärtige Situation, in der Israelis mit Palästinensern zusammenzuleben versuchen. Fünf Stunden dauerte der Horrortrip.

Der Auftakt des Festivals war furios. Die „Batsheva Dance Company" aus Tel Aviv erzählte in „Kyr" (Wall) vom jüdischen Leben, von der Aufbauarbeit im Kibbuz, vom Passahfest im Familienkreis, erinnerte an die biblische Wanderung durch die Wüste und ließ bei Rock-Klängen den KZ-Alltag wieder aufleben. Das alles ohne Pathos und Selbstmitleid.

Eine theatralische Höllenfahrt veranstaltete Reza Abdohs New Yorker Kompanie mit „The Law of Remains" (Das Gesetz der sterblichen Reste). Der 29jährige Iraner ließ dabei von allen Sei-

ten zugleich Horrorbilder auf die Zuschauer hageln. Sex, Gemetzel, Folter – nicht das Theater ist so schlimm, sondern das Leben. Die Pop-Ikone Andy Warhol und der homosexuelle Massenmörder Jeffrey Dahmer wurden dabei zu Symbolen einer wütenden, blutigen, grausamen Abrechnung mit Heuchelei und Doppelmoral, mit dem „American Way of Life".

Nach dem starken Beginn flaute das Festival in der Mitte ab. Ein Höhepunkt folgte noch mit der Johannesburger Handspring Puppet Company, die Büchners „Woyzeck" in das „Highveld" von Südafrika verlegte. Da wurde der geschundene Soldat zum schwarzen Bergarbeiter, der dem weißen Hauptmann und Doktor ausgeliefert war. Schattenspiel, Puppen und reale Darsteller verbanden sich zu einem Schauspiel voll Poesie. In eine wildbewegte Fahrt zum Mittelpunkt der Erde entführte die brasilianische Truppe „Bells Producoes Artisticas" ihre Zuschauer. Mit poetischer Leichtigkeit und komödiantischer Lässigkeit verarbeitete Regisseurin Bia Lessa die Romanvorlage von Jules Vernes und entfaltete ein optisches Abenteuer. Die Französin Annette Leday, deren Keli Company indische Tänze europäisch aufbereitete, bot ästhetischen Hochgenuß. Gleiches galt in der Abschlußwoche für Alvaro Restrepo aus Kolumbien, der im vergangenen Jahr als Sieger aus dem Sommerfestival hervorging. Mit seiner Tanz-Theater-Truppe „Athanor Danza" zog er erneut das Publikum in seinen Bann: In „Die Krankheit des Engels" führte er die Zuschauer in die

Bewegung, Musik und Poesie verband David Roussevé mit der „Reality"-Tanztruppe in seinen „Creolischen Träumen" zu einer Orgie aus kitschigen Bildern und Onkel-Toms-Hütte-Romantik.

Szenen aus dem jüdischen Leben setzte die Batsheva Dance Company aus Tel Aviv ohne Pathos und Selbstmitleid in ausdrucksvollen Tanz um – dafür gab's frenetischen Beifall.

Jules Vernes stand Pate bei der brasilianischen „Reise zum Mittelpunkt der Erde". Aus einer heiteren Landpartie entwickelte sich ein Abenteuer-Trip voller Gefahren und Ungeheuer.

abgeschlossene Welt eines autistischen jungen Mannes und setzte dabei mit der Ausdruckskraft seines Körpers Gefühle um: Ängste, Freude, Zweifel und Hoffnung.

Dazwischen jedoch lagen auch solche Flops wie „Sarajevo" oder der choreographisch schwache Dialog, den der Afro-Amerikaner David Roussevé mit seiner „Reality"-Tanzgruppe zeigte: Im Square-Dance-Rhythmus berichtete er über das Schicksal seiner kreolischen Großmutter und verfiel dabei in ornamentalen Kitsch samt Onkel-Toms-Hütte- Klischees.

Und wenn der Mexikaner Guillermo Gomez-Peña seine satirisch gemeinte Utopie von einem vereinigten Nord- und Südamerika in einer Mischung aus Englisch und Spanisch propagierte, dann spätestens stellte sich die Frage, wie weit man mit Festspieleinladungen gehen kann. Von seiner Radio-Utopie „New World (B)order" verstand nur ein Bruchteil der Zuschauer Symbolik und Sprache.

K O M M E N T A R

Von Max Conradt

Die Medizin braucht Kontrolle

Nach dem Bernbeck-Skandal der achtziger Jahre wurde in den Sommermonaten 1993 ein ähnlicher Fall offenbar: „unkonventionelle", offenbar folgenschwere Strahlenbehandlungen im Eppendorfer Universitätskrankenhaus (UKE) unter der Verantwortung von Prof. Klaus-Henning Hübener. Der Vorwurf, 150 Krebskranke mit zu hohen Dosen in zu kurzen Abständen bestrahlt und 50 von ihnen in ihrer ohnehin angegriffenen Gesundheit zusätzlich schwer geschädigt zu haben, stürzte – nicht nur im UKE – die Medizin in eine neue, schwere Vertrauenskrise.

Diese Vorgänge haben den Ruf nach einer wirksameren Kontrolle der Ärzte laut werden lassen. Der Fortschritt der Medizin, der in den vergangenen 50 Jahren mehr für die Menschheit bewirkte als in den 4000 Jahren davor, hat nicht nur Segensreiches gebracht, sondern mit neuen, oft risikoreichen und aggressiven Therapieverfahren auch mehr Gefahren. Sie lauern in den Methoden selbst, wenn man an Strahlentherapie, Chemotherapie und riskante Operationen denkt; sie stekken aber auch in der Unzulänglichkeit von Menschen, die die Methoden anwenden und dabei gelegentlich versagen.

Das vielbeschworene „menschliche Versagen" wird man nie ganz ausschließen können. Aber es läßt sich gewiß mehr als bisher tun, das Risiko zu minimieren. Am dringendsten erscheint dabei, die Führungs- und Organisationsstrukturen der Kliniken neu zu gestalten. Sowohl im Fall des Orthopäden Bernbeck als auch im Fall Hübener hat sich gezeigt, daß „untergeordnete" Ärzte die Fehler bemerkten oder die Therapiemethoden des Chefs anzweifelten, aber sie wagten es nicht, ihre Bedenken zu äußern. Patienten und Ärzte wandten sich schließlich an die Medien, weil sie erkennen mußten, daß nur noch mit dem Druck von außen die Verhältnisse korrigierbar waren. Daraus folgert: Die in den Krankenhäusern auf eine Leitfigur zugeschnittene starre Hierarchie muß ersetzt werden durch ein System kollegialer Verantwortung.

Der Bürger erwartet darüber hinaus eine möglichst sichere Medizin, das heißt qualitativ gefestigte Verfahren. Und wenn es tatsächlich einmal in den Bereich medizinischer Experimente geht, ist es erstes Gebot der Humanität, die Patienten mündlich wie schriftlich eingehend über die Art der Versuche, ihren Sinn, ihre Chancen und ihre möglichen Gefahren zu informieren.

Ein gründlich unterrichteter Patient, das lehrt die Erfahrung, sieht die Notwendigkeit experimenteller Medizin ein, und er faßt auch Vertrauen zu den Ärzten, die sie ausführen. Wo dies jedoch nicht der Fall ist, folgt die Vertrauenskrise, der Skandal, die innere Abneigung gegen jede ärztliche Handlung.

AUGUST

254 *Ein Gewinn für den Schutz der Natur*

258 *20-Kilo-Kater war nicht mehr zu retten*

259 *Neue Schülerwelle, allerdings nicht hausgemacht*

260 *Wirbel an der Uni: Prüfungsfragen vorab im Handel*

260 *In der Mitte abgeschnitten und schwimmt doch!*

262 *Der „neue" HSV startet durch mit Sturm und Drang*

264 *Es könnte ein Rekord für die Ewigkeit sein*

265 *Die Post macht dicht – ein Amt nach dem anderen*

266 *Kleines Comeback der Straßenbahn – nur so zum Spaß*

268 *So wurde Pastor Plank zum „Helden von Blankenese"*

270 *Mini-Report*

272 *Aller guten Musical-Dinge auf St. Pauli sind drei*

Ein Gewinn für den Schutz der bedrohten Natur

Hamburg hat ein neues Reservat für Fauna und Flora bekommen: Nach 16 Monaten der Prüfung und der Debatten verabschiedete der Senat die Verordnung über

die Kirchwerder Wiesen. Mit 860 Hektar sind sie das größte Naturschutzgebiet der Hansestadt. Insgesamt stehen nun 5,54 Prozent der Landesfläche unter Schutz, und damit liegt Hamburg in Deutschland vorn: „Kein anderes Bundesland kann eine höhere Quote aufweisen", sagte Umweltsenator Fritz Vahrenholt.

Wiesenstreifen, soweit der Blick reicht, durchzogen von Gräben, an deren Ufern sich Erlen wiegen und Wildblumen blühen. Würziger Duft von Kräutern und Gräsern liegt in der Luft, spätsommerliche Sonnenstrahlen dringen ab und zu durch Wolkenlücken. Die Umweltbehörde hatte die beispielhafte Kulturlandschaft zwischen Kirchwerder und Fünfhausen sowie nördlich davon an der Gose-Elbe im vergangenen Juni zum großen Teil in die beiden höchsten Katego-

Hier brüten Bekassinen und Rotschenkel, tummeln sich Moorfrösche und Kammolche: Hamburg bekam ein neues (und sein größtes) Naturschutzgebiet, die Kirchwerder Wiesen.

Es werden immer weniger, viele Nester bleiben leer, weil die Kultivierung unserer Landschaften ihnen die Nahrung nimmt: Störche zu Beginn des Frühlings. Geschützte Kirchwerder Wiesen müßten auch für sie wieder attraktiver sein, hoffen Naturfreunde.

rien „hochgradig wertvoll" und „herausragend" eingestuft. Wertvoll an dem Gebiet sind besonders das Hunderte von Kilometern lange Grabensystem und die Grünflächen dazwischen.

Sie bilden das bedeutendste Hamburger Brutgebiet für gefährdete Wiesenvogel-Arten. Tier- und Pflanzenspezies, die auf der Roten Liste stehen, sind dort noch anzutreffen. Senator Vahrenholt: „Moor- und Seefrosch, Kleine Mosaikjungfer und Gebänderte Heidelibelle, Uferschnepfe, Rotschenkel und Trauerseeschwalbe, Sumpfkalla, Zungen-Hahnenfuß und Wasserfeder werden hier eine Zukunft haben."

Die Landwirtschaft, über die neue Entwicklung durchaus nicht restlos beglückt, soll in dem Gebiet nicht eingeschränkt werden: Sechs Prozent der Flächen (52 Hektar) werden noch von etwa 30 bäuerlichen Betrieben beackert, und das soll so bleiben. „Unser Ziel ist eine Landwirtschaft in ökologisch intaktem Umfeld", sagte Vahrenholt.

Die Hamburger haben das neue Naturschutzgebiet indirekt Hannelore „Loki" Schmidt zu verdanken: Die Frau des früheren Bundeskanzlers gab Ende der 70er Jahre den Anstoß für eine ökologische Untersuchung dieses Landstrichs. Mit den Kirchwerder Wiesen, so Vahrenholt, sei das Potential Hamburgs an schutzwürdigen Gebieten im wesentlichen ausgeschöpft: „Es gibt nun nur noch kleinere Flächen." Ins Visier genommen sind die Gebiete Borghorst bei Geesthacht und das Appelbütteler Tal in Harburg. Die Erweiterung des Stellmoorer Tunneltals ist vorgesehen.

In einer Regenpause schraubte Naturschutzwart Norbert Mielke in den Vier- und Marschlanden das neue Schild an.

Auch einer von denen, die es zu schützen gilt: der Eichenzipfel-Falter, nur selten noch in Parks und Gärten zu beobachten.

Ein Naturschutz-Erfolg an anderer Stelle in Hamburg: Ein Seeadler wurde im Duvenstedter Brook heimisch.

Hat nur eine Chance in naturgeschützten Hamburger Zonen wie dem Eppendorfer Moor: der rar gewordene Lungen-Enzian.

Katzen bringen es normalerweise auf ein Gewicht von höchstens fünf Kilogramm. Darum trauten die Hamburger Tierschützer ihren Augen nicht: In ihrem Heim wurde ein Katerungetüm abgeliefert, das 20 Kilogramm wog. Tierschutzinspektor Erik Eustergerling hatte es in der Wohnung eines vor kurzem gestorbenen Rentners entdeckt: „Ein dermaßen überfüttertes Tier hatten wir noch nie. So etwas ist Tierquälerei." Weil die Gelenke nach wenigen Schritten unter der schweren Last versagten, konnte das zehn Jahre alte Tier kaum noch gehen. Auch Herz- und Kreislaufbeschwerden machten ihm zu schaffen. Deshalb sollte „Kater", wie er im Tierheim schlicht genannt wurde, drastisch abnehmen. Er erhielt nur noch vier Eßlöffel Dosenfutter am Tag. Die Umstellung kam zu spät. Zwei Wochen später war „Kater" vom Herzversagen dahingerafft.

Neue Schülerwelle, allerdings nicht hausgemacht

Sechs Wochen Sommerferien waren Mitte August vorbei, und gleich zu Beginn des neuen Schuljahres wurde ein Rekord gemeldet: 211 962 Mädchen und Jungen zogen in die Klassen – mehr als je zuvor. Im vergangenen Jahr waren es 2611 Schüler weniger gewesen.

Das wirkliche Ausmaß des Zuwachses ist aber noch größer. Schaut man auf die allgemeinbildenden Schulen (Grund-, Haupt-, Real-, Gesamtschulen und Gymnasien) allein, so stieg deren Schülerzahl um 3299 auf 155 262. Geschmälert wird die Gesamtbilanz nur dadurch, daß die Zahl der Berufsschüler um 688 auf 56 700 sank. Die neue Schülerwelle, ausgelöst vor allem durch die Kinder von Zuwanderern, zeigt sich auch bei den ABC-Schützen. In den Grundschulen wurden 13 372 Anfänger eingeschult; das sind 894 Erstklässler mehr als 1992.

An der Schule Wildschwanbrook in Meiendorf, einer von 226 Grundschulen in Hamburg, herrschte am ersten Schultag der 84 Anfänger besonders große Aufregung: Die Mädchen in Kleidern und mit Schleifen im Haar, einige Jungen mit Fliege oder steifem Kragen – die Eltern hatten den Nachwuchs nach allen Regeln der Kunst fein gemacht. Dann war es soweit: Nachdem die Klassenlehrer ihre Schüler aufgerufen hatten, durften die Schultüten geöffnet werden. „Ich bin schon so gespannt“, rief die sechsjährige Angelique und riß das Band ab. Zum Vorschein kamen Süßigkeiten, kleine Plüschtiere sowie Papier und Bleistift.

Wie eh und je: Freude und Herzklopfen am ersten Schultag. Fest hält die sechs Jahre alte Katharina ihre Schultüte im Arm.

Wirbel an der Uni: Prüfungsfragen vorab im Handel

Schock für Studenten und Professoren: An der Uni Hamburg wird im Fachbereich Wirtschaftswissenschaften ein schwunghafter Handel mit den Aufgaben der bevorstehenden Examensklausuren betrieben. Als er auffliegt, müssen mehrere Klausuren abgesagt werden. Bittere Folge für Hunderte ehrlicher Studenten: Ihre Klausuren werden verschoben; viele verlieren ein Semester.

Alles fing damit an, daß der Verkauf einer Marketing-Klausur bekannt wurde. An jenem schwarzen Freitag dachten alle zunächst noch, es handle sich um eine Ausnahme. Aber noch an demselben Wochendende stellte sich heraus, daß vermutlich sämtliche Klausuren für angehende Diplomkaufleute illegal weitergegeben worden waren.

Ebenfalls an jenem Wochenende meldeten sich zwei Diplomkaufleute beim Hamburger Abendblatt. Sie konnten berichten, wie der illegale Handel lief: Der „Verkäufer" besorgte sich die Adressenliste der Prüflinge und bot zahlungskräftigen Kandidaten die brisanten Fragen an – Preis bis zu 2000 Mark.

Die Professoren arbeiteten im Akkord. Sofern sie nicht in den Ferien waren, formulierten sie neue Examensfragen, die sie erst am Morgen der Klausur mitbrachten und kopierten. So sollte ausgeschlossen werden, daß der oder die Klausurendiebe vorab an die Unterlagen gelangen konnten.

Aufgeklärt ist die Affäre noch nicht. Aber es gibt einen Hinweis: Vor zwei Jahren war eine Putzfrau in der Uni überfallen und ihr der Schlüsselbund gestohlen worden. Daran hing auch das Sesamöffne-dich für den Raum, in dem sämtliche Klausuren verschlossen werden . . .

In der Mitte abgeschnitten und schwimmt doch!

Den Hamburgern bot sich ein fast surrealistisch wirkendes Bild: Was da elbabwärts glitt, war nur ein halbes neues Schiff, in der Mitte säuberlich durchge-

schnitten. Genauer: der Bugteil. Die vordere Hälfte der neuen „Eyrene", 115 Meter lang und 28,5 Meter breit, wurde von zwei Schleppern bei Blohm + Voss abgeholt und nach Emden gezogen. Erst dort traf das alleinreisende Vorderteil auf seine zweite Hälfte. Auf der Werft Thyssen Nordseewerke wurden beide zum vollständigen Frachter verschweißt. Blohm + Voss und das Emdener Unternehmen arbeiten übrigens immer mal wieder in dieser Art zusammen. Dafür, daß der halbe Rumpf während der Schleppreise schwimmfähig blieb, sorgte ein solides wasserdichtes Schott. Inzwischen ist die „Eyrene" ein ganz normales Containerschiff geworden, das bei einer Länge von 150 Metern 1750 Standardcontainer transportieren kann. Eigner ist die Elsflether Reederei H. W. Janssen.

Ungewöhnliche Reise: Die Bughälfte der „Eyrene" wird von zwei Schleppern von Hamburg nach Emden gezogen, um dort mit dem Heckteil zusammengeschweißt zu werden.

Der „neue" HSV startet durch mit Sturm und Drang

Die Bundesligasaison 1993/94, von Hamburgs Fußballfreunden ob der Sparmaßnahmen des HSV-Präsidiums mit gemischten bis bangen Gefühlen erwartet, begann mit einem Feuerwerk: 5:2 wurde der 1. FC Nürnberg bezwungen. Besser noch als das Ergebnis fiel das Powerplay des „neuen HSV" aus – die jungen Wilden, allen voran der Litauer Valdas Ivanauskas, inszenierten eine Sturm- und Drangperiode, die im Volksparkstadion lange nicht mehr gesehen worden war.

Auch in den Spielen danach kamen Freude und Begeisterung auf – und Empfindungen wie einst im Mai 1983, als der HSV unter dem Wiener Fußball-Guru Ernst Happel Meisterschaft und Europapokal nach Hamburg holte. Diesmal hieß der Coach Benno Möhlmann: Mit psychologischem Geschick impfte er den Profis mehr Selbstbewußtsein ein und ordnete eine erfrischend offensive Gangart an. Vergessen war das triste Kicken der Spielzeit davor. Diesmal startete der

So präsentierte sich der HSV zur Saison 1993/94. Hintere Reihe, von links: Florian Weichert (wechselte im September nach Leipzig), Peter Woodring, Uwe Bormann, Andreas Sassen, Jörg Albertz, Michael Kostner, Pawel Dotschew (ging Ende August zurück nach Sofia), Yordan Letschkow.

Mittlere Reihe, von links: Co-Trainer Felix Magath, Armin Eck, Jörg Bode, Mannschaftskapitän Thomas von Heesen, Oliver Möller, Karsten Bäron, Markus Babbel, Valdas Ivanauskas, Carsten Kober, Trainer Benno Möhlmann.

Vordere Reihe, von links: Masseur Hermann Rieger, Harald Spörl, Stig Töfting, Riccardo Baich, Richard Golz, Nils Bahr, Michael Spies, Stefan Schnoor, Jürgen Hartmann, Zeugwart Klaus Freytag.

HSV bravourös: 13:3 Punkte und Tabellenplatz zwei waren nach den ersten Wochen die Ernte des neu strukturierten Teams. Am meisten neben Möhlmann wurde Valdas Ivanauskas gefeiert – der HSV hatte endlich wieder einen Star. „Ivan" powerte mit schier unerschöpflicher Energie und erzielte dabei Tore vom Feinsten. Trainer Möhlmann: „Wir werden nicht immer ganz oben bleiben, bemühen uns aber um besseren Fußball."

Der war auch nach dem Geschmack des Präsidenten – Jürgen Hunke erntete so endlich jene Früchte, um die er sich trotz manchen Flops in den drei Jahren seiner Amtszeit bemüht hatte. Kurz vor seinem Ausscheiden am 1. November 1993 konnte der Versicherungskaufmann einen wirtschaftlich wieder intakten Klub mit sportlicher Perspektive vorweisen. Am Beginn seiner Amtszeit hatte ein Schuldenberg von rund 17 Millionen Mark beinahe zum Konkurs geführt. Noch wichtiger für die Zukunft des HSV jedoch war das Engagement Hunkes für den Erhalt des Rothenbaumplatzes und für den Neubau einer attraktiven Fußballarena – im Monat vor der außerplanmäßigen Bürgerschaftswahl konnten hier Pluspunkte gesammelt werden.

Es könnte ein Rekord für die Ewigkeit sein

Nelson Pessoa reckte den linken Arm in die Luft, nahm seine Mütze ab und strahlte über das ganze Gesicht. Mehr als 15 000 Zuschauer in Klein Flottbek klatschten dem 57 Jahre alten Brasilianer Beifall.

Gerade hatte der Altmeister unter den weltbesten Springreitern mit seinem schon 16 Jahre alten irischen Wallach „Vivaldi" als einziger unter 30 Teilnehmern den schwierigsten Parcours der Welt fehlerfrei bewältigt und damit zum sechstenmal in seiner Karriere das Deutsche Derby gewonnen. Es könnte ein Rekord für die Ewigkeit werden, denn mit diesem Sieg hatte Nelson Pessoa, der seit vielen Jahren in Paris und Belgien wohnt, den legendären Fritz Thiedemann überholt. Das Reiter-Idol aus Dithmarschen siegte in Klein Flottbek fünfmal, zuletzt 1959 mit der Stute „Retina".

Bis spät in die Nacht hatte Pessoa mit seinem Sohn Rodrigo nach einem Fernsehauftritt im ZDF-Sportstudio in Mainz gefeiert. Müde stiegen die beiden beim Derby in den Sattel. Der Sohn wurde Achter, der Vater triumphierte.

Dicht vor seinem zweiten Derbysieg stand der 48 Jahre alte Hamburger Achaz von Buchwaldt. „Lausbub", der 15 Jahre alte Wallach, war groß in Form. Er kennt den Parcours gut, hatte 1990 den dritten, 1991 den sechsten Rang belegt. Ein einziges Mal aber patzte „Lausbub" – am Hindernis Nr. 13. Trotzdem reichte es noch zu Platz zwei vor dem Briten John Whitaker mit „Gammon".

Der Augenblick des Triumphes: Nelson Pessoa und „Vivaldi" nach dem sechsten Sieg im Spring-Derby von Klein Flottbek.

Die Post macht dicht – ein Amt nach dem anderen

Hamburg ist die erste Großstadt, in der die Deutsche Bundespost Ämter schließen will. Vor wie nach der offiziellen Bekanntgabe dieser Maßnahme protestierten Politiker, Parteien und Vertreter von Seniorenorganisationen. Mitglieder der Postgewerkschaft begannen, die Bevölkerung mit Flugblättern und Spruchbändern über die geplanten Einschränkungen zu informieren. Vor einzelnen Postämtern sammelten sie von den betroffenen Postkunden Unterschriften, die dann die Vorstände der Oberpostdirektion überreicht bekamen. Wirtschaftssenator Hans-Jürgen Krupp (SPD) legte bei Bundespostminister Wolfgang Bötsch (CSU) brieflich Beschwerde gegen die Schließungsabsichten ein: „Es geht wohl nicht an, in Hamburg ein untaugliches Verfahren zu exemplifizieren, das später aufgegeben werden muß."

Als die Postverwaltung eine Liste mit 42 von 157 Hamburger Postämtern vorlegte, die sie wegen Unrentabilität für untragbar hält und deshalb ab 1. September aufgeben will, tröstete sie ihre Kunden mit dem Hinweis, daß sie trotzdem keinesfalls mehr als zwei Kilometer Weg zum nächsten Postamt zurückzulegen brauchten. Eine Ausnahme bilden die ländlich strukturierten Vier- und Marschlande. „In Bergedorf soll das Postamt 803, Wentorfer Straße, geschlossen werden. Das nächste ist aber mehr als vier Kilometer entfernt", hieß es dazu aus dieser Dienststelle.

Unterschriften gegen die Schließung eines Postamts. Es soll verschwinden wie 41 weitere in Hamburg, darunter das Amt 114 (unten), das einzige im Freihafen.

Endstation Schönberger Strand: „Sambawagen“ der ehemaligen Hamburger Straßenbahn auf der neu eröffneten Museumsstrecke. Drinnen ist alles unverändert so wie in den 50er Jahren.

Kleines Comeback der Straßenbahn – nur so zum Spaß

Rolf Westphalen (26) aus Bergedorf ist am Museumsbahnhof Schaffner und Fahrer zugleich; hier im Fahrerstand des alten rot-beigen Hamburger Triebwagens.

Die Hamburger Straßenbahn ist wieder da. Allerdings an der Ostsee. Ein alter Triebwagen der einstigen Linie 2 dreht am Schönberger Strand seine Runden. Zur „Jungfernfahrt“ drängten sich Hunderte von Hamburgern auf dem Museumsbahnhof hinter den Dünen.

Am rot-beigen Lack nagt das rauhere Seeklima, aber die schwarze Schrift sieht aus wie am ersten Tag: Hamburger Hochbahn AG (HHA), Wagen 3644, Typ V6 E, gebaut 1952 in der Werkstatt am Falkenried. Original hamburgisch ist auch die 600 Meter lange Strecke: Die Gleise lagen früher zwischen Dammtor und Grindel. Das Kopfsteinpflaster stammt vom Sievekingdamm in Hamm-Nord. In Schönberg warten noch weitere Straßenbahn-Oldtimer aus Hamburg auf ihre Wiederbelebung: Außer Zügen der fast baugleichen Typen V 6 und V 7 etwa ein Pferdebahnwagen von 1868 und ein Zug der Hochbahn-Vorgängerin „Straßen-Eisenbahngesellschaft von 1903“. Geht es nach dem Hamburger Verein Verkehrsamateure und Museumsbahn (VVM), sollen alle diese Veteranen einmal über die Schönberger Straßenbahn-Schleife ruckeln.

Dafür tüfteln viele der 250 Vereinsmitglieder fast jedes Wochenende an der Bahn, die an der Ostsee mit Tempo 20 nur halb so schnell fährt wie einst in Hamburg. Doch ihre Bimmel klingt so vertraut-eindringlich wie eh und je. Am Rande der alten Gleise schaffen Schilder früherer Haltestellen ein bahngerechtes Ambiente. Wie in alter Zeit in Hamburg bevölkern Radfahrer und Fußgänger die Schienen der Straßenbahn. Eines unterscheidet das ländliche Bahnidyll vom damaligen Treiben in der Stadt: Autos können weder Besuchern noch der Straßenbahn in die Quere kommen.

„Erste Fahrt“ der Hamburger Tram – jedoch nur ein Oldtimer-Vergnügen. Als Kondukteur Wilfried Zurstraßen, Bürgermeister von Schönberg, dem das Schild gewidmet ist.

Erste Fahrt
364
Zurstraßen-Bahn

Die Blankeneser Kirche am Mühlenberger Weg: In dem 76 Meter hohen Turm setzte Pastor Helmut Plank den bewaffneten Eindringling fest, bis die Polizei kam.

Ein Mädchen wird über den Zaun gehoben – so brachte die Polizei 42 Konfirmanden aus dem Gemeindehaus in Sicherheit. Dorthin hatten sich die Jugendlichen vor dem Bewaffneten in der Kirche geflüchtet.

So wurde Pastor Plank zum „Helden von Blankenese“

Der Mühlenberger Weg in Blankenese war gesperrt, der Verkehr wurde umgeleitet: Angst vor einem unberechenbaren Bewaffneten. Mit einem Gewehr versetzte Zoltan K. (53), ein Exil-Ungar, den Pastor der Kirche am Mühlenberger Weg und 42 Konfirmanden in Angst und Schrecken. Er läutete die Glocken und feuerte Schüsse ab. Der Mann verlangte um jeden Preis seine frühere Gefährtin, die getrennt von ihm lebte, und seine Kinder Rosalie (9) und Lydianne (5) zu sehen. Die beiden wurden in der benachbarten Kindertagesstätte betreut.

Als das Mobile Einsatzkommando den Tobenden schließlich überwältigt hatte, hieß Pastor Helmut Plank (43) in den Zeitungen „Der Held von Blankenese“. Er hatte für ein gutes Ende vorgesorgt, indem er den Eindringling geistesgegenwärtig im Kirchturm einschloß.

Plank unterrichtete gerade die Konfirmanden; wollte ihnen auch die Orgel erklären und ging mit den Mädchen und Jungen zum Organisten auf die Empore. Das mit Dum-Dum-Geschossen geladene Gewehr unter dem Mantel versteckt haltend, tauchte Zoltan K. in der Kirche auf – der Geistliche wurde mißtrauisch. Für kurze Zeit verlor er ihn aus den Augen, hörte dann aber Schritte im Turm und ging hinein, um nachzusehen: „Da stand dieser Mann plötzlich direkt bei mir und fuchtelte mit dem Gewehr.“

Pastor Plank warf die Turmtür zu und schloß ab. Wütend polterte drinnen der gefangene Eindringling. Polizei riegelte die Umgebung ab und spürte die frühere Gefährtin des Exil-Ungarn, Elvira V. (30), in einem Frauenhaus auf. Sie war bereit, mit dem Mann zu sprechen. Danach konnte er abgeführt werden.

Pastor Helmut Plank (43) handelte blitzschnell und verhinderte damit in seiner Kirche wahrscheinlich Blutvergießen.

Das Ende: Zoltan K. wird abgeführt. Private Schwierigkeiten ließen ihn zur Waffe greifen.

MINI-REPORT

OHNSORG-BAYER. Der neue Intendant des Ohnsorg-Theaters heißt Thomas Bayer. Mit Beginn der Spielzeit 94/95 soll der 45jährige gebürtige Mainzer den jetzt 66jährigen Walter Ruppel ablösen, der die Leitung des Hauses nach neun Jahren aus Gesundheitsgründen abgibt. Bayer ist an den Großen Bleichen kein Unbekannter; er hat schon vier Stücke bei den Ohnsorgs inszeniert. Der Sänger und Regisseur, einst Intendant in Stralsund und Lüneburg, ist zur Zeit künstlerischer Leiter von Friedrich Kurz' Lighthouse Produktionsgesellschaft in Berlin.

Ein Herz, eine Seele, eine Freude: Ohnsorg-Chef in spe Thomas Bayer und Frau Christine.

ÜBERRASCHUNGSSIEGER. Erfolg aus dem Windschatten: Noch auf der Zielgeraden hatte sich der 19jährige Jan Ullrich vom Panasonic-Team der RG Hamburg in der fünfköpfigen Spitzengruppe zurückgehalten. Erst auf den letzten Metern schoß er an dem führenden Tschechen Lubor Tesar vorbei und riß die Arme hoch: Ullrich war auf dem 184 Kilometer langen Stadtkurs in Oslo überraschend Straßenweltmeister der Radamateure geworden. Seine Zeit betrug 4:13:09 Stunden. Bundestrainer Weibel hält Ullrich für ein Ausnahmetalent und meint, daß er bei der Tour de France unter die ersten zehn fahren könne.

Der Jubel auf dem Zielstrich: Das Ausnahmetalent Jan Ullrich wurde mit einer Durchschnittsgeschwindigkeit von 43,6 km/h Amateur-Straßenweltmeister.

ÄRZTESCHWEMME. Schlechte Aussichten für junge Mediziner, die in Hamburg eine eigene Praxis eröffnen möchten: Ihre Zukunft sieht düster aus. Nach dem seit dem 1. Januar geltenden Gesundheitsstrukturgesetz gibt es eine auf die Einwohnerzahlen bezogene Niederlassungsquote. Danach sind alle Fachrichtungen in Hamburg auf Jahre, zum Teil auf Jahrzehnte hinaus gesperrt. Nur bei den Nervenärzten gibt es noch einen geringen Bedarf. 144 Praxen dürfen es in Hamburg sein, es gibt zur Zeit aber nur 112. In allen anderen Fachbereichen sind die Limits um fünf bis 56 Prozent überschritten. Chancen für junge Mediziner gibt es zur Zeit nur noch im Hamburger Umland, oder sie müssen eine bestehende Praxis kaufen.

ALLES SCHOKOLADE. Süßes am laufenden Band, 700 000 Tafeln täglich: Die

Schokoladenfabrik Pea in Norderstedt feiert ihr 150jähriges Bestehen. Vollautomatisch und hochtechnisiert verarbeiten die Schoko-Meister täglich 40 Tonnen Zucker, 60 Kilogramm Milchpulver und 22 Tonnen Kakaomasse. Aus dem Familienbetrieb ist längst ein Industrieunternehmen geworden. Süß bestückte Adventskalender sind bei Pea der Hit. Mit zwölf Millionen Stück im Jahr ist die Firma weltweit Marktführer. Im Krieg zerstört, hatte Pea 1949 in Hamburg-Eppendorf mit dem Wiederaufbau begonnen. Zum Umzug nach Norderstedt kam es, weil 1988 ein Großbrand die Fabrik zerstört hatte.

RUDERWELTMEISTER. Für Freundinnen haben sie keine Zeit; für die Schule, in der sie zum Glück aber zu den Besseren gehören, nur wenig. Hartmut Humburg (18) und Stefan Ecks (17) sitzen jede freie Minute im Ruder-Doppelzweier, seit drei Jahren trainieren sie fast täglich auf der Elbe. Der harte Einsatz hat sich gelohnt: Die beiden Wilhelmsburger wurden in Oslo Juniorenweltmeister. Nächstes Jahr fährt das Team bei den Erwachsenen. Sein Fernziel trotz des bevorstehenden Abiturs: Die Teilnahme an Olympia 1996 in Atlanta.

GRÜNER PFEIL. Verkehrsstau – darüber klagt jeder Autofahrer fast täglich und fast überall. Auch in Hamburg. Eine Verkehrsspezialität aus der ehemaligen DDR, der „Grüne Pfeil“, der das Rechtsabbiegen an Kreuzungen auch bei Rot erlaubt, will das Bundesverkehrsministerium bundesweit im nächsten Februar einführen. Hamburgs Innenbehörde, die zustimmen muß, lehnt aber ab. Das Risiko für Fußgänger, Radfahrer und Behinderte sei zu groß. So werden Autofahrer in Hamburg wohl weiterhin auf freier Rechtsabbiegerspur die rote Ampel anstarren und sinnlos Leerlaufabgase in die Luft blasen.

SCHWERELOS. Angst ist für Fabio Fusco ein Fremdwort, und von Schwerkraft scheint er noch nie etwas gehört zu haben. Wenn der kleine Hamburger mit seinem Skateboard abhebt, hält ihn nichts mehr. Mit elf Jahren kämpfte er als jüngster Teilnehmer bei der „Monster Mastership“ in Münster gegen die 200 Besten der Welt um den Weltmeistertitel. Dazu reichte es zwar noch nicht; in der Halfpipe, einer nach oben gebogenen Bahn, gelangen Fabio vor Aufregung nicht alle Sprünge, die er sonst beherrscht. Aber für die Tausende von Zuschauern und die übermächtige Konkurrenz aus Amerika war der Kleinste der Größte. Das Fliegengewicht nötigte ihnen Respekt ab, denn normalerweise ist ein Skateboarder erst mit 18 Jahren so gut wie Fabio.

Fabio Fusco auf seinem Board im „Skateland“ an der Amsinckstraße. Dort trainiert er täglich fünf Stunden. Obwohl er erst elf Jahre alt ist, fährt und fliegt er wie ein 18jähriger – der Weltmeister von morgen?

Im „Nachtasyl" sammeln sich die Ärmsten der Armen, offenbaren sich Leid und Lebensfreude: Szene aus dem Ernst-Deutsch-Theater mit Siegfried Flemm, Ortrud Spahlinger und Michael Leye (v. lks.).

Aller guten Musical-Dinge auf St. Pauli sind drei

Die Hamburger Theatersaison 1993/94 begann mit Kontrasten: Musical auf St. Pauli, Vergangenheitsbewältigung an der Mundsburg.

Ein junges Ensemble, freche Gags und eine entzückende Hauptdarstellerin – das war das Erfolgsrezept von Eric Emmanuele für „Sweet Charity" im St.-Pauli-Theater. Seine schwungvolle Inszenierung und Choreographie konnte sich neben den Musical-Hits „Cats" und „Cabaret" als dritte Attraktion am Spielbudenplatz durchaus sehen lassen. Und Joana Schümer als Taxigirl mit dem großen Herzen und dem ewigen Pech bei den Männern war mit ihrer frischen Mischung aus Pep und Naivität ein Vergnügen.

Zum Nachdenken sollte dagegen Katrin Wagners erstes Theaterstück „Jakob L. oder Die zweite Vertreibung" im Ernst-Deutsch-Theater anregen. Das authentische Schicksal eines jüdischen Arztes, der sich für Asylanten einsetzte und aus seinem Heimatort vertrieben wurde, lag dem Schauspiel zugrunde. Das Autorendebüt geriet mit Gemeinplätzen aus deutscher Geschichte und Gegenwart reichlich plakativ; die Inszenierung von Yves Jansen gefiel jedoch durch ausdrucksstarke Bilder.

Mit der zweiten Premiere im Ernst-Deutsch-Theater kam das Elend gleich knüppeldick: Karl Paryla inszenierte Maxim Gorki und schwelgte dabei geradezu in all dem Jammer, den die armseligen Kreaturen im „Nachtasyl“ zu erleiden haben. Die philosophischen Monologe, die der russische Dichter seinen Elendsgestalten mit auf den Bühnenweg gegeben hat, wurden zu pathetischen Deklamationen, bei denen es schwerfiel, Wärme, Trauer und Mitgefühl nachzuempfinden.

Drei rüstige Rentnerinnen trumpften im Ohnsorg-Theater auf. In der englischen Komödie mit dem plattdeutschen Titel „Nevel in't Paradies“ sorgten sie nach ihrer Flucht aus dem Altersheim für viel Wirbel um eine Leiche und ein besetztes Haus. Paraderollen für Wiebke Weggemann, Ursula Hinrichs und Hilde Sicks! Mit der deutschen Erstaufführung dieses Lustspiels begann die letzte Ohnsorg-Amtszeit von Intendant Walter Ruppel, der aus Gesundheitsgründen zurücktrat. Sein Nachfolger: der Regisseur, Schauspieler und Intendant Thomas Bayer (siehe auch Seite 270).

Gäste aus England sorgten in den Kammerspielen für einen neuen Erfolg mit Mozart. Bereits in der vergangenen Saison war das Music Theatre London dort mit seinen neuzeitlichen Versionen von „Don Giovanni“ und „Figaros Hochzeit“ gefeiert worden. Bei „Cosi fan tutte“, der dritten Opernproduktion mit Schauspielern statt Sängern, mußte der Überraschungseffekt des Neuen ausbleiben. Vielleicht lag es daran, daß die Transponierung der Liebes-/Verwechslungsgeschichte in einen Garnisonsort unserer Tage nicht mehr so originell wirkte. Dennoch: Das frische Spiel, die witzigen Regie-Einfälle von Nick Broadhurst, die spontane Musikalität halfen über Albernheiten und nur schwer nachvollziehbare Täuschungsmanöver beim Bäumchenwechsel-dich-Spiel der Liebenden hinweg. Und das war ja auch bei Mozart schon kaum glaubhaft – auch wenn er kühn behauptete: „So machen es alle!“

Verlobt und in den Falschen verliebt: Mary Lincoln (links) und Jacinta Mulcahy in Mozarts „Cosi fan tutte“ an den Kammerspielen.

Sie scheinen das Paradies gefunden zu haben: Wiebke Weggemann, Ursula Hinrichs und Hilde Sicks (v. lks.) im Ohnsorg-Theater.

SEPTEMBER

274 *„Letzte Warnung an die großen Parteien überhaupt“*

278 *Erzengel Michael schwebt wieder auf seinen Platz*

279 *Nun ist Hamburg ärmer ohne Richard Germer*

280 *Rock total mit neunzehn Bands und 80 000 Fans*

282 *Man setzt das Stück in die Neuzeit und gibt üppig Gags dazu*

284 *Den Binnenschiffern reicht es: Hafen dicht!*

286 *Goldschätze von erbarmunslosen Reiterkriegern*

288 *Mini-Report*

290 *Es sollte eben noch nicht ihre Stunde sein*

191 *Kommentar: Mehr als ein Wähler-Denkzettel*

„Letzte Warnung an die großen Parteien überhaupt“

Die Hamburger haben mit ihren Stimmen bei der außerplanmäßigen Bürgerschaftswahl ein Stück politischer Geschichte geschrieben. Sie verhalfen der gerade neu gegründeten Wählerorganisation STATT Partei auf Anhieb zum Einzug in die Bürgerschaft. Auch die Grün-Alternative Liste (GAL) legte in der Gunst der Wähler kräftig zu. SPD und CDU hingegen bescherte der 19. September ein Debakel. Am schlimmsten allerdings traf es die FDP: Sie wird in der 15. Legislaturperiode dem Hamburger Landesparlament nicht mehr angehören.

So wendelustig die Hanseaten ihre Unzufriedenheit mit den herkömmlichen Parteien demonstrierten, so traditionell verhielten sie sich gegenüber den rechtsradikalen Bewerbern um Abgeordnetenmandate. Die Tür der Bürgerschaft bleibt Republikanern und Deutscher Volksunion verschlossen; sie konnten sich allerdings Plätze in den Bezirksversammlungen von Mitte, Harburg und Bergedorf ergattern.

In nüchternen Zahlen liest sich das Wahlergebnis so: Die SPD rutschte von 48 Prozent bei der Wahl im Jahr 1991 auf 40,4 Prozent und verlor damit ihre absolute Mehrheit. Die CDU bekam nur 25,1 Prozent (35,1 Prozent), die GAL kletterte von 7,2 auf 13,5 Prozent und die FDP rutschte von 5,4 auf 4,2 Prozent ab. Die SPD bleibt aber weiterhin stärkste Partei. Sie bekommt in der Bürgerschaft 58 Sitze,

Zwei strahlende Wahlsieger am Abend des 19. September: Markus Wegner, Chef der STATT Partei und parlamentarischer Neuling, und die GAL-Spitzenfrau Krista Sager, die schon Bürgerschaftserfahrung hat.

SPD	CDU	Grüne/GAL	STATT
40,4%	25,1%	13,5%	5,6%

Eine Situation zum Haareraufen: CDU-Spitzenkandidat Dirk Fischer stürzte mit seiner Partei ab. Erst im vergangenen Jahr hatte er den Vorsitz der Hamburger CDU von Jürgen Echternach übernommen.

So stimmten die Hamburger für ihre Bürgerschaft

Ergebnisse in Prozent	Hamburg insgesamt		Mitte		Altona		Eimsbüttel		Nord		Wandsbek		Bergedorf		Harburg	
	19.9.93	2.6.91	**19.9.93**	2.6.91	**19.9.93**	2.6.91	**19.9.93**	2.6.91	**19.9.93**	2.6.91	**19.9.93**	2.6.91	**19.9.93**	2.6.91	**19.9.93**	2.6.91
Beteiligung	**69,6**	66,1	**63,5**	58,7	**70,3**	66,6	**69,9**	66,5	**69,7**	66,9	**72,4**	69,0	**71,6**	68,4	**67,9**	65,0
SPD	**40,4**	48,0	**45,5**	53,4	**36,2**	43,1	**38,7**	47,0	**41,7**	49,4	**38,9**	45,7	**41,6**	48,9	**43,8**	52,4
CDU	**25,1**	35,1	**19,5**	30,0	**26,5**	37,1	**24,2**	33,9	**23,3**	32,4	**28,2**	38,7	**27,0**	36,4	**25,0**	34,6
Grüne/GAL	**13,5**	7,2	**13,1**	7,3	**16,0**	8,8	**17,2**	9,4	**16,0**	8,8	**11,0**	5,6	**10,4**	5,9	**9,4**	4,0
FDP	**4,2**	5,4	**2,7**	3,2	**5,1**	6,6	**4,5**	5,5	**4,3**	5,5	**4,6**	6,4	**3,7**	5,1	**3,1**	4,1
STATT Partei	**5,6**	–	**4,0**	–	**6,0**	–	**5,5**	–	**5,3**	–	**6,5**	–	**5,9**	–	**4,7**	–
DVU	**2,8**	–	**4,3**	–	**2,2**	–	**2,0**	–	**2,2**	–	**3,0**	–	**3,2**	–	**3,3**	–
REP	**4,8**	1,2	**6,2**	2,0	**4,5**	1,0	**4,3**	0,9	**3,7**	0,9	**4,5**	1,2	**4,8**	1,3	**7,3**	1,7

die CDU 36, die GAL 19 und die STATT Partei acht. An der Wahl hatten sich diesmal 69,6 Prozent der Hamburger beteiligt, das waren 3,5 Prozent mehr als bei der vorherigen Abstimmung, eine Steigerung, mit der eigentlich niemand gerechnet hatte.

Denn am 19. September waren die Hamburger außer der Reihe an die Urnen gebeten worden: Der CDU-Rebell Markus Wegner hatte die Aufhebung der 91er Wahl vor Gericht erreicht, weil seine Partei bei der Kandidatenaufstellung undemokratisch vorgegangen war. Wegner trat aus der CDU aus und gründete die Wählervereinigung STATT Partei.

Die Konsequenz, die Bürgermeister Henning Voscherau aus den Zahlen zog: Er will weiter im Amt bleiben. Vor der Wahl hatte er einmal seinen Rücktritt für den Fall angekündigt, daß seine Partei unter die 40-Prozent-Marke rutscht und Rechtsradikale in die Bürgerschaft einziehen. Gleichwohl war das Ergebnis nicht nach dem Geschmack des Regierungschefs. Er nannte es einen „Schlag für die SPD" und „die letzte Warnung für die großen Parteien überhaupt". Voscherau kündigte zwar an, er werde mit GAL und STATT Partei Sondierungsgespräche führen, hatte aber aus seiner Abneigung gegen eine rot-grüne Koalition nie ein Hehl gemacht (siehe Seite 304).

Der strahlende Wahlsieger Markus Wegner kündigte noch am Wahlabend an, sich mit Voscherau zum Frühstück treffen zu wollen. Krista Sager, erfolgreiche Spitzenkandidatin der GAL, stellte siegessicher fest: „Die SPD wird an uns jetzt nicht mehr vorbeikommen."

Bei der CDU gab es derweil nur lange Gesichter. Deren Spitzenkandidat Dirk Fischer, der auch am Wahlabend seine politische Zukunft offenließ: „Ich bin von allen der Enttäuschteste." Fraktionschef Rolf Kruse registrierte für seine Partei ein „verheerendes Ergebnis".

(Kommentar Seite 291).

Der FDP-Parteichef, Bauunternehmer Robert Vogel, kündigte noch am Wahlabend seinen Rücktritt an.

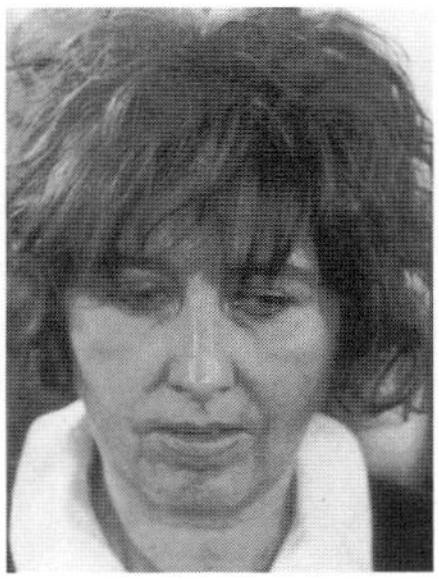

Rechtsanwältin Gisela Wild wollte als Seiteneinsteigerin der FDP ein neues Image verpassen.

Bürgermeister Henning Voscherau war enttäuscht: Er hatte einen auf seine Person zugeschnittenen Wahlkampf geführt und mußte deshalb das Ergebnis auch als persönliche Beurteilung werten.

Nach fast zweijähriger Abwesenheit schwebte der Erzengel Michael Ende September wieder auf seinen angestammten Platz über dem Westportal von St. Michaelis. Seit 1908 hatte der Drachentöter dort ausgeharrt, diesen Eingang der nach einem Brand (1906) wieder aufgebauten Neubarockkirche bewachend. Nässe und Rost waren dem Heiligen in all den Jahrzehnten an die Substanz aus Eisen und Kupfer gegangen, und dann noch dies: Ein Lebensmüder stürzte sich vom Turm und schlug auf dem Engel auf. In einer Halle der Norddeutschen Affinerie sanierte Restauratorin Betina Roß in 3000 Arbeitsstunden das Rückgrat und die Schwingen des Himmlischen. 300 000 Mark hat die Kur gekostet, ein Drittel davon haben rund 800 Spender gezahlt.

Nun ist Hamburg ärmer ohne Richard Germer

Wer kennt nicht „Einmal noch nach Bombay", das „Du bist gemein, Paula" oder „Rum aus Jamaica"? Richard Germer hat diese Evergreens komponiert und unnachahmlich vorgetragen. Millionen sangen sie mit. So entstand der Slogan „Hamburg wäre ärmer ohne Richard Germer". Nun ist Hamburg ärmer geworden. „King Richard", wie ihn seine Freunde nannten, starb Anfang September im Alter von 92 Jahren. Er war durch und durch ein Mann der Wasserkante. In Barmbek geboren, auf St. Pauli aufgewachsen, stand er für den liebenswerten Hamburger Humor. Zu Matrosen, Möwen, Schiffen und Fernweh hatte er eine tiefe, innere Beziehung. Eigentlich sollte er ja Kaufmann werden. Aber nach einem kurzen Gastspiel bei Blohm + Voss ließ er sich willig von der Muse küssen. 1920 ersang er sich bei einem Wettbewerb in Heidelberg den ersten Platz. Und damit war er endgültig für den Beruf eines hanseatischen Kaufmanns verloren. Volkslieder, plattdeutsche Lieder, Seemannslieder – Richard Germer sang sie alle. Ob in Kursälen, Stadien oder in der „Haifischbar" im Fernsehen, er kam überall an. Und an die 300 Lieder hat er komponiert. In ihnen wird Richard Germer weiterleben.

Im Telefonbuch stand er schlicht als „Lautensänger": Mit Hamburger Humor hat Richard Germer der Waterkant samt Schiffen, Matrosen, Möwen und Bordsteinschwalben ein musikalisches Denkmal gesetzt.

Bei Rod Stewarts unverwüstlichem „I am sailing" funkelten fast 100 000 Wunderkerzen – so ging das Festival nach drei Tagen zu Ende.

Prince ließ bei seinem leider verregneten Auftritt keine Wünsche offen. Hinter der Bühne sorgten 120 Helfer für das Wohl des Stars.

Rock total mit neunzehn Bands und 80 000 Fans

Es hatte etwas von dem legendären Rockfestival in Woodstock (US-Bundesstaat New York) im Jahre 1969. Drei Tage lang tobte ein Publikum von um die 80 000 auf dem Lüneburger Flughafen. 19 Bands heizten ihnen ein – das ergab bei dem Open-Air-Festival vor den Toren Hamburgs das Gewünschte: eine unvergeßlich wilde Stimmung. Europas größtes Rockfest begann im Nieselregen und endete zwei Tage später unter sternenklarem Himmel. Während die Stars hinter der Bühne es sich gut gehen ließen, hielten die eingefleischten Fans bei Wind und Wetter aus. Viele übernachteten in einem der 15 000 Zelte, die sie im Umkreis des Festival-Platzes aufgeschlagen hatten.

Auf dem morastigen Campingplatz halfen Bauern mit ihren Treckern immer wieder, Wohnmobile aus dem Schlamm zu ziehen. Auch vor der Bühne ging's für manche Fans nicht glatt: Die 110 Sanitäter versorgten 700 Besucher. 48 von ihnen mußten sogar ins Krankenhaus gebracht werden, meist wegen Verstauchungen oder – Alkoholvergiftung. Ausgerüstet mit bunten Regencapes und durchsichtigen Plastikplanen gaben sich die Anhänger dieser Musikrichtung den Klängen vor der Doppelbühne hin. Doch die Jubelstürme täuschten auch über so manche Schwäche des Festivals hinweg. Am ersten Tag hatten viele Besucher zuerst im Megastau vor Lüneburg gestanden, dann

Tina Turner kam in schwarzem Leder auf die Bühne. 54 Jahre soll sie alt sein – und stellte selbst die jungen Tänzerinnen in den Schatten.

Erinnerungen an Woodstock im Dunstkreis Hamburgs: Bis zu 80 000 Fans schoben sich beim Rock-Festival vor die Doppelbühne in Lüneburg. Leider ein zweifelhaftes Vergnügen, weil es immer wieder goß.

stundenlang einen Parkplatz gesucht – und so die Höhepunkte des ersten Abends verpaßt.

Folglich war der Platz nur halb gefüllt, als Prince am Freitag abend seine umjubelten Hits wie „Purple Rain“ darbot. Hinter der Bühne zeigte Prince ein anderes Gesicht: Nicht nur, daß 120 Helfer allein um sein persönliches Wohl bemüht sein mußten – der Sänger soll von den Veranstaltern einen Wassergraben vor der Bühne gefordert haben, um vor den Fans geschützt zu sein. Unter wolkenverhangenem Himmel traten am Sonnabend nach der Gruppe Foreigner auch OMD und Peter Maffay vor die Menge. Als die Sonne hinter der Bühne versank, schwenkten Tausende ihre Feuerzeuge – und Maffays „Sonne in der Nacht“ stieg in den Himmel über Lüneburg auf. Gegen den frenetisch gefeierten Maffay wirkte der Pop-Barde Chris de Burgh anschließend wie am falschen Platz, obgleich er im strömenden Regen alle seine Hits in bewährter Mitsing-Qualität aufbot. Am letzten Tag wärmten Joe Cocker und Tina Turner das Publikum noch einmal auf. Zehntausende tanzten mit, als die 54 Jahre alte Amerikanerin fetzig wie ein Teenager über die Bühne wirbelte. Und Rod Stewart krönte das musikalische Marathon mit seinem legendären „I am sailing“.

Peter Maffay sang Sonnabend abend. Ihm wurde ein Meer aus Wunderkerzen gewidmet, als die Sonne hinter der Bühne unterging.

Man setzt das Stück in die Neuzeit und gibt üppig Gags dazu

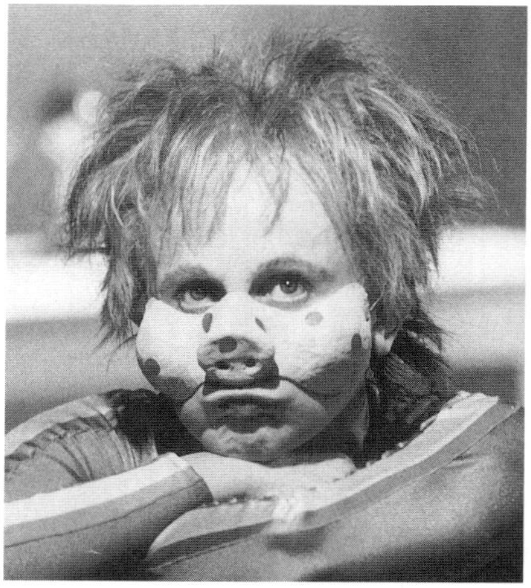

Rüsselnase und Wunschpunkte im Gesicht: die Kennzeichen vom Sams (Angelika Knauer), das im Theater für Kinder entzückte.

Witzig, punkig, provokativ – so begann das Thalia Theater im TiK seine Saison, und das mit einem 250 Jahre alten Stück. Der alte Verkleidungstrick muß in Marivaux' „Spiel von Liebe und Zufall" wieder einmal herhalten. Diener und Herren tauschen die Rollen, um zu prüfen, ob die erkorenen Partner auch wirklich zueinander passen. Das Dumme ist nur: Nicht nur Silvia schlüpft in die weiße Schürze ihrer Dienerin Lisette, sondern auch der ihr zugedachte Dorante tauscht die Livree mit seinem Diener. Und so bleibt wieder einmal hübsch beieinander, was die Gesellschaftsklassen vorbestimmt haben.

Die „Hochzeitsreise ohne Mann" nutzt Nellie (Claudine Tadlock), um den frauenfeindlichen Professor (Wolfgang Riehm) nach allen Regeln der Kunst zu umgarnen.

Regisseur Daniel Karasek verfrachtete das Verwechslungsspiel ungeniert in die Neuzeit und reichte üppig Gags dazu. Spontan und unverkrampft wurde geliebt, gelacht, gelästert. Denn immer wenn eine der Figuren allzu exaltiert daherredet, läßt Marivaux eine andere sich darüber mokieren – ein Kunstgriff, den Karasek mit Vergnügen zelebrierte.

Durchweg zum Kichern war auch die Operation im Ohnsorg-Theater, mit der Karl Wittlinger den Krankenhausalltag und die medizinische Technik auf die Schippe nahm. „Hartklabastern" heißt seine Komödie auf Plattdeutsch, in der ein arbeitsscheuer Landstreicher sich in das Bett eines anderen Patienten schleicht und sich an dessen Stelle einen Herzschrittmacher verpassen läßt. Wilfried Dziallas spielte dieses liebenswerte Schlitzohr mit ausgekochter Gerissenheit und deftiger Komik.

Dem ganz normalen Wahnsinn des Alltags weiß Alan Ayckbourn die komischsten Facetten abzugewinnen. In seinem Stück „Ganz unter uns" schlägt er jedoch auch nachdenkliche Töne an. Zwei Ehepaare und der Frust des Aneinander-Vorbeilebens – ein Balanceakt zwischen Ernst und Heiterkeit. Im Theater im Zimmer setzte Regisseur Markus Kopf in beide Richtungen Akzente, sorgte für amüsante Gesellschaftssatire ebenso wie für Psychoterror, den besonders

Marlene Riphahn als dominante Schwiegermutter auszukosten wußte.

Boulevard von gestern gab es in der Komödie Winterhuder Fährhaus und im Altonaer Theater – das eine Mal altbakken, das andere Mal verkrampft. Die Liebesabenteuer von Neil Simons „Ausreißer" mögen in den 60er Jahren vielleicht noch prickelnd pikant gewesen sein. Jetzt wirkten sie wie abgestandene Brause. Daran konnte auch der Boulevard-Routinier Wolfgang Spier nichts ändern, der den dürftigen Spaß vergeblich zum Generationenkonflikt von heute aufzupeppen versuchte. Einziger Lichtblick: der stur vor sich hingnaddernde Papa von Peter Schiff und Ingeborg Krabbe als seine pusselige Frau.

Die Boulevard-Erfolge von Leo Lenz liegen noch weiter zurück als die von Neil Simon. Seine „Hochzeitsreise ohne Mann" läßt sich mit einigem guten Willen jedoch auch heute noch verkraften. Nicht aber die manirierte Art, wie sie in Altona präsentiert wurde. In Hans Fitzes Inszenierung schien alles nur bedeutungsvoll darauf hinweisen zu wollen: Seht her, wir spielen Boulevard. Es fehlte die Leichtigkeit, die auch einem Nichts von Stück noch Charme und Humor verleiht. So umgarnte denn Claudine Tadlock als Nellie allzu aufdringlich und penetrant auf Lustspiel getrimmt ihren frauenfeindlichen Professor (Wolfgang Riehm).

Ungetrübt dagegen das Vergnügen im Theater für Kinder: „Am Samstag kam das Sams zurück" – und alle Liebhaber von Paul Maars witzigen Geschichten rund um den rüsselnasigen, dickbauchigen kleinen Frechling waren begeistert. Phantasievoll hatte Martin Kreidt inszeniert; Angelika Knauer entwickelte in der Titelrolle hinreißenden Koboldcharme.

Vertauschte Rollen im „Spiel von Liebe und Zufall": die „Diener" Oana Solomonescu und Klaus Rodewald im Gewand der Herrschaften.

Den Schiffern reicht es: Hafen dicht!

Einen Tag lang herrschten Binnenschiffer über den Hamburger Hafen. Aus Protest gegen die Aufhebung der festen Frachttarife durch die EG sperrten sie mit 26 Schiffen für drei Stunden die Fahrrinne zwischen den Landungsbrükken und Steinwerder. So etwas geschah nicht nur auf der Elbe. Bundesweit blockierten rund 200 aufgebrachte Berufskollegen die Wasserstraßen. Die Schiffer wehren sich dagegen, daß die Tarife nun frei ausgehandelt werden sollen, weil sie ruinösen Wettbewerb und Umsatzeinbußen um 30 Prozent befürchten. Denn so billig wie die Konkurrenz anderer EG-Länder können sie nicht fahren. Ein Grund: Staaten wie die Niederlande, Belgien und Frankreich haben durch „Übergangsfristen" feste Frachttarife erhalten.

Spektakulärer Protest gegen EG-Beschlüsse: Die Binnenschiffer legten sich quer und blockierten die Elbe zwischen Landungsbrücken und Steinwerder.

Amerikahöft
20

Goldschätze von erbarmungslosen Reiterkriegern

Die Staatliche Eremitage in St. Petersburg sandte 165 Kostbarkeiten vom „Gold der Skythen“ in das Hamburger Museum für Archäologie und die Geschichte Harburgs, das Helms-Museum. Tausende strömten seit der Eröffnung der Ausstellung zur Dependance des Museums in der ehemaligen Harburger Feuerwache, um Helme, Gefäße, Schmuck und andere Gebrauchsgegenstände aus Gold, Silber und Kupfer zu bewundern. Wie auch die vom Dauerfrost in den Kurganen (Hügelgräbern) am Altaigebirge konservierten hölzernen und textilen Funde sind sie Zeugen des Schönheitssinns dieser Steppennomaden, deren Heimat sich über 7000 Kilometer von der Donaumündung bis zur Mongolei erstreckte. Als draufgängerische, bis zu ihrem Untergang im dritten vorchristlichen Jahrhundert wegen ihrer erbarmungslosen Zerstörungswut gefürchtetete Reiterkrieger besaßen sie einen außerordentlichen Pferdeverstand und verwendeten auch große Sorgfalt auf die kunstvolle Ausgestaltung von Zaumzeug und Sätteln.

Zwei Skythen halten gemeinsam das goldene Trinkhorn, aus dem sie Brüderschaft trinken wollen: ein fünf Zentimeter hohes Goldrelief aus dem vierten vorchristlichen Jahrhundert (oben). Der goldene Griff (r.) ist mit Panther- und Widderkopf verziert.

Hellenische Goldschmiede schufen im vierten Jahrhundert v. Chr. diesen zwölf Zentimeter hohen Goldkamm mit einer realistisch dargestellten Kampfszene und einem Löwenfries.

MINI-REPORT

FEHLKALKULATION! Ein Hamburger Stadtsiegel gehört der Stadt sowieso. So etwas kauft man doch nicht. Diese die Welt etwas von oben herab betrachtende hanseatische Geisteshaltung kam die Stadt nun reichlich teuer zu stehen. Die Kölner Kunsthändlerin Renate Ruland hatte Hamburgs viertältestes Stadtsiegel (von 1306 bis 1810 benutzt) 1987 auf einer Auktion für 2107,80 Mark erworben. Sie wollte es Hamburg für 7000 Mark verkaufen. Die Stadt klagte auf kostenlose Herausgabe und verlor bis zur höchsten Instanz. Die Folge: immer noch kein Siegel, aber 52 458 Mark Prozeßkosten.

DICHTERRUHM. Die Bundespost ehrt Hans Leip. Sechs Tage vor der Wiederkehr seines 100. Geburtstages brachte sie am 16. September eine Briefmarke mit einem Holzschnitt des in Hamburg geborenen Dichters und Malers heraus. Hätten sich die Jugendträume des Poeten vom Elbstrand erfüllt, wäre er Seeräuber geworden. Unsterblichen Ruhm brachte dem Sohn eines echten Hamburger Schauermanns jedoch die Sehnsucht nach zwei Freundinnen, die er mit einem später von Norbert Schultze vertonten Gedicht bedachte: „Lili Marleen".

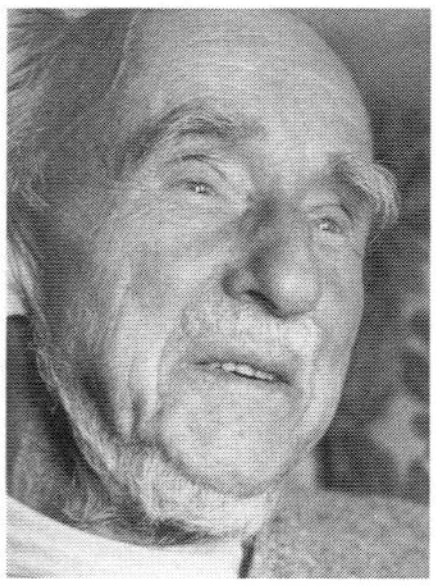

Die Eine-Mark-Marke zum Gedächtnis von Hans Leip zeigt seinen Holzschnitt „Die Brücke von Tuledu" aus dem Jahre 1921 und seine Unterschrift (oben). Das Multitalent Hans Leip (r.) starb 1983 in der Schweiz.

UNVERWÜSTLICH. Hamburgs älteste Einwohnerin, Franziska Umrath, wurde am 5. September 108 Jahre alt. In ihrem Geburtsjahr, 1885, erfindet Paul Albert Regnault den Druckknopf, ein Jahr später wird die Freiheitsstatue in New York errichtet. 1910 kommt Franziska Schnelle, so der Mädchenname der gebürtigen Danzigerin, nach Hamburg. Sie heiratet den Maler Ottomar Umrath. Ihr Enkel Günter Bey aus Gudow sagt über seine Großmutter: „Mit 90 Jahren hat sie noch die Treppe geputzt und mit 100 die sieben Urenkel und sechs Ururenkel betreut." Ins Altersheim zog die rüstige Dame erst im Alter von 101 Jahren.

ÖKO-KICK. Wenn er auch in der Kunst des Fußballkickens nicht gerade glänzt, in Sachen Umweltschutz will der FC St. Pauli Vorreiter sein. Und so sieht der Öko-Trip am Millerntor aus: Die Glühbirnen der vier Flutlichtmasten werden gegen Energiesparlampen ausgetauscht, schon in Betrieb ist der Regenwasserbrunnen, aus dem der Rasen bewässert wird. Für die Bier-Plastikbecher soll eine Mark Pfand erhoben werden. Nach Gebrauch landen sie nicht auf dem Müll, sondern in einem Waschmobil. Und die Bratwürstchen gibt's dann in einem aufgeschnittenen Brötchen anstelle von Pappdeckeln.

UNVOLLKOMMEN. Die Renovierung der Station Baumwall – hier wurde am 29. Juni 1912 die Hamburger U-Bahn festlich in Betrieb genommen – ist abgeschlossen. Der 81 Jahre alte Bahnhof erhielt einen zweiten Eingang, Leithilfen für Seh- und Gehbehinderte und rollstuhlgerechte Fahrstühle. Baumwall ist die 16. behindertenfreundliche U-Bahnhaltestelle in der Stadt. Für die Behinderten bleibt der Umbau bisher dennoch ein Witz, weil es keine Umsteigemöglichkeiten in andere öffentliche Verkehrsmittel gibt – beispielsweise in die nahe City.

SPRITFREI. Polizeihauptkommissar Martin Dörnte (37) ist einer von 150 Besitzern eines Elektroautos in Hamburg. Und er war dabei, als die Hamburgischen Electricitätswerke ihre erste öffentliche „Solar-Tankstelle" an der Osterstraße in Eimsbüttel eröffneten. Solar-Tankstelle deshalb, weil der hier abgegebene Strom aus Sonnen- oder Windenergie stammt. Getankt wird mit einer Code-Karte für 10 Mark. Sie erlaubt, zehn Stunden Strom zu zapfen und gleichzeitig kostenlos zu parken.

„DON GIL" IST TOT. Die Schauspielerin Joana Maria Gorvin, die 1959 mit Gustaf Gründgens nach Hamburg kam und dem Schauspielhausensemble 15 Jahre als eine Institution angehörte, ist kurz vor ihrem 71. Geburtstag in Wien gestorben. Den unwiederholbaren Gipfelpunkt ihrer Darstellungskunst erreichte sie 1961 in Tirso de Molinas „Don Gil von den grünen Hosen". Mit ihrer Verkörperung der Titelrolle verzauberte die Gorvin Herz und Sinne des Publikums dermaßen, wie man es an der Kirchenallee noch nicht erlebt hatte. Ihr letztes Gastspiel in Hamburg gab die Künstlerin 1990 in „Driving Miss Daisy" an Ursula Lingens Kammerspielen.

Martin Dörnte in seinem 10 000-Mark-Elektroflitzer. Das 55 Stundenkilometer schnelle Mobil braucht nur soviel Strom wie eine Kaffeemaschine.

Joana Maria Gorvin ist tot. Am Schauspielhaus spielte sie bis 1974, elf Jahre über den Tod von Gründgens hinaus. Erst Streit mit dem damaligen Intendanten Ivan Nagel vertrieb die einzigartige Schauspielerin aus Hamburg.

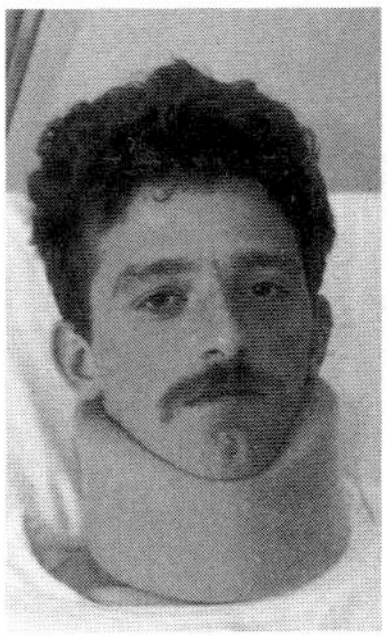

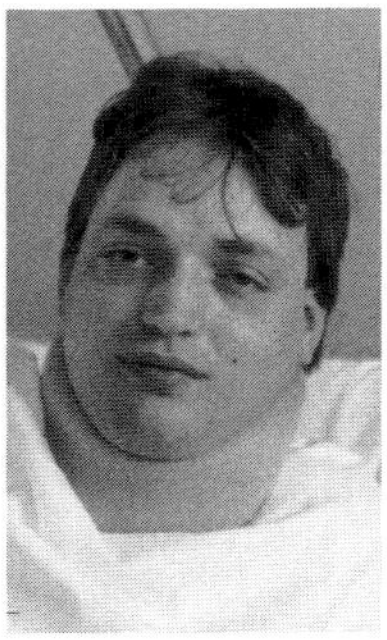

Michael Brechwol (25, links) hielt im Auto die Hände über dem Kopf zusammen. Alexander Ebner (22) war in den Fußraum gerutscht.

Es sollte eben noch nicht ihre Stunde sein . . .

Wer dieses zermalmte Auto sah, hätte für das Leben der Insassen keinen Pfifferling gegeben. Doch die zwei Soldaten in dem Nissan müssen einen Schutzengel gehabt haben; sie überlebten. Selbst die Retter staunten, daß sie Alexander Ebner (22) und Michael Brechwol (25) nur leicht verletzt aus dem Wrack bergen konnten. Die beiden waren mit Schrammen und einem Schock davongekommen. Sie waren auf dem Weg in die Kaserne, morgens um sechs, auf der Berner Straße in Rahlstedt. Ein schwerer Lastwagen kam ihnen entgegen, schlingerte plötzlich, schoß genau in ihre Richtung. Er schob das Auto 25 Meter weit, rammte noch zwei weitere Wagen, einen Laternenmast und einen Zaun. Dann walzte der große Lkw-Reifen das Dach des Nissan platt und drückte es bis auf die Sitzpolster . . .

Kaum zu glauben, daß die Insassen dieses Wagens überlebten. Doch als die Feuerwehr ihre Arbeit getan hatte, kletterten sie nahezu unverletzt aus dem Wrack des Nissan.

K O M M E N T A R

Von Veit Ruppersberg

Mehr als ein Wähler-Denkzettel

Hamburg ist noch einmal davongekommen. Am 19. September trennten die im Grunde ihres Herzens liberale und weltoffene Stadt nur 1430 Stimmen vom Einzug engstirniger und fremdenfeindlicher Schmalspurpolitiker in ihr Rathaus. Beinahe hätten diese Extremisten in der Bürgerschaft Platz nehmen können. Nur weil sie sich in drei Parteien zersplittert hatten, blieben den Rechtsaußen Mandate im Landesparlament verwehrt.

Es war schon eine denkwürdige Wahl, diese gerichtlich verordnete außerplanmäßige Abstimmung. Nicht nur das Erstarken der Radikalen ließ Politiker und um das Gemeinwohl besorgte Bürger erschrecken. Das Ergebnis vermittelte auch auf andere Weise Krisenhaftes. Zum Beispiel, daß 42 Prozent der Hamburger Wahlberechtigten überhaupt nicht im Rathaus politisch repräsentiert sind: Weil sie gar nicht erst zur Wahl gingen, weil sie eine ungültige (Protest-)Stimme abgaben oder weil ihre Partei an der Fünf-Prozent-Hürde scheiterte.

So erging es auch den Wählern der FDP. Die tiefe Politikverdrossenheit, die sich ständig vergrößernde Kluft zwischen Wählern und Gewählten, zwischen Regierten und Regierenden, spiegelten sich in den dramatischen Stimmenverlusten der traditionellen Parteien. Die Freien Demokraten kamen dabei unter die Räder, den beiden großen Parteien verpaßten die über die politische Kaste verärgerten Stimmbürger mehr als einen Denkzettel. Bürgermeister Henning Voscherau empfand das Wählervotum zu Recht als eine Abmahnung.

Aber die Hamburger haben nicht alle Politiker abgestraft. Die Grünen, überwiegend von Fundamental-Oppositionellen zu Realpolitikern gereift, scheinen Hoffnungsträger von mehr als einer Minderheit geworden zu sein. Obgleich manchen noch als Bürgerschreck suspekt, konnten die GALier von den Irritationen des Wahlvolkes kräftig proftieren.

Das gilt auch für die STATT Partei, die aus dem Stand den Sprung ins Rathaus schaffte. Nicht radikaler, sondern bürgerlicher Protest hat diese Wählervereinigung hervorgebracht. Ob die Newcomer auf der politischen Bühne lange mitspielen können, muß sich noch zeigen. Aber daß in der verkrusteten Hamburger Politik überhaupt eine neue Kraft zum Zuge kommen konnte, war immerhin ein positiver Effekt der Neuwahl.

Der 19. September in Hamburg signalisierte schon für das Superwahljahr 1994: Die politische Landschaft ist mehr denn je in Veränderung begriffen. Die Vertreter der etablierten Parteien müssen sich warm anziehen.

OKTOBER

292 *Alfred C. Toepfer † Stifter und Anstifter zum Wohle Hamburgs*

296 *Erntedank und Erntesegen, auch nach all dem Regen*

297 *Ein Glanzlicht der City strahlt wieder wie am ersten Tag*

298 *Der neue Terminal 4 des Hamburger Flughafens Fuhlsbüttel*

300 *Großmütter sind Max Nollaus beste Kundschaft*

301 *Wie Flaschenpfand Kindern das Leben retten kann*

302 *Nichts für Kinder, und die anderen brauchen gute Nerven*

304 *Mini-Report*

306 *Wie ein Gemälde: Herbstglanz am Elbufer*

Ein Stifter und Anstifter zum Wohle Hamburgs

Hamburgs große Männer treten ab: Nach Kurt A. Körber nun Alfred C. Toepfer. Gemeinsam waren sie im April 1991 mit der so selten verliehenen Ehrenbürgerwürde ausgezeichnet worden. „Zwei Männer von Wagemut und Weltoffenheit", nannte sie Bürgermeister Henning Voscherau. Die Hansestadt nahm von ihrem Ehrenbürger Alfred C. Toepfer am 15. Oktober mit einem Staatsakt im Rathaus und einem Trauergottesdienst in St. Michaelis Abschied.

Mut – das paßte zu Alfred C. Toepfer. Denn eine seiner zwei Lebensregeln lautete: „Wisset, daß das Geheimnis des Glückes die Freiheit, das Geheimnis der Freiheit aber der Mut ist." Die andere hieß: „Mehr sein als scheinen!" Danach lebte er. Eitelkeit und Großmannssucht waren für ihn Greuel. Da kannte er keinen Kompromiß, nicht einmal im Scherz. Als er mit Bundespräsident Karl Carstens durch den von ihm geschaffenen Naturschutzpark Lüneburger Heide wanderte, sagte Carstens lächelnd: „So schön ist also Toepfer-Land!" Worauf Alfred C. Toepfer den Ersten Mann der Republik prompt zur Ordnung rief: „Versündigen Sie sich nicht an der Natur, Herr Bundespräsident."

Alfred Carl Toepfer wurde am 13. Juli 1894 in Altona geboren. Sein Vater Carl, ein erfolgreicher Kaufmann, der das Gesicht Hamburgs prägen sollte, prägte unvermeidlicherweise auch ihn. Der Vater war aber auch der Meinung, daß „Kin-

Hanseatische Bescheidenheit prägte Alfred C. Toepfers Leben. 99 Jahre alt, starb er in seinem Haus in Hamburg. Seine Tochter Lore, die ihn zuletzt gepflegt hatte, war bei ihm.

Ein Tanz mit Frau Emmelie: 63 Jahre lang begleitete sie Toepfers Leben. Unten: Bürgermeister Voscherau überreichte die Ehrenbürger-Urkunden an Alfred C. Toepfer (r.) und Kurt A. Körber (Mitte).

der nicht erben, sondern zu ihrem Besten selbst etwas erarbeiten" sollten. Worauf Sohn Alfred, der sich diese väterliche Überzeugung zu eigen machte, mit 10 000 ersparten Mark und vier Angestellten ein eigenes Futtermittelgeschäft eröffnete.

40 Jahre später war Alfred C. Toepfer Herr eines mächtigen Imperiums von Getreidehandels- und Schiffahrtsgesellschaften, einer Bank, Kraftfutterwerken und landwirtschaftlichen Betrieben. Bis er Ende der siebziger Jahre erkennen mußte, daß ein solches Unternehmen künftig nur mit internationalen Partnern bestehen kann. Große europäische und amerikanische Agrargenossenschaften stiegen als Gesellschafter ein. Es entstand die Toepfer International GmbH, Hamburg, aus der sich Toepfer 1982 völlig zurückzog.

Das Geheimnis seines gewaltigen Erfolges? „Mein Vater war ein sehr gut ausgebildeter Kaufmann, der es verstand, Chancen und Risiken eines Geschäftes nüchtern abzuwägen und der den Mut hatte, dann zuzuschlagen oder nein zu sagen", sagt Helmuth Toepfer, der älteste Sohn des ehemaligen Getreidehandels-Tycoons. „Er hatte aber auch die Gabe,

seinen Mitarbeitern zu vertrauen und ihnen die Chance zu geben, selbstverantwortlich zu handeln."

Über den Stifter und Anstifter Alfred C. Toepfer ist wenig bekannt. Er war ein Schweiger. Ein langjähriger Mitarbeiter schildert ihn als einen Menschen von „großer Sachlichkeit, großer Ernsthaftigkeit und großer Härte, wenn er sich ungerecht behandelt fühlte".

Die Sternstunden in diesem distanzierten Leben? Sohn Helmuth nennt sie: „Die Hochzeit seines besten Freundes, auf der er die Frau kennenlernte, die ihn 63 Jahre lang begleiten sollte; das Glück, den Ersten Weltkrieg trotz vieler Verwundungen zu überleben; daß er 1938, vor der geplanten Einweisung ins KZ Neuengamme, aufgrund der Intervention einflußreicher Freunde aus der Nazi-Haft entlassen wurde; und daß er nach dem Zweiten Weltkrieg, nach zweijähriger britischer Haft, wieder die Freiheit erlangte."

Alfred C. Toepfer lebte für das Gemeinwohl. Sein gesamtes Vermögen vermachte er der schon 1931 gegründeten gemeinnützigen Stiftung F.V.S. (das Kürzel steht für Freiherr vom Stein und Friedrich von Schiller), der größten privaten Stiftung in Deutschland. Sie schüttet jährlich mehr als acht Millionen Mark für rund 30 Preise aus. Hinterlassen hat der große Toepfer den von ihm gegründeten Naturschutzpark Lüneburger Heide, Modell eines Systems von Naturparks in Deutschland und Frankreich. Sein Denkmal aber sind die Alt-Hamburger Bürgerhäuser an der Peterstraße.

Der Tod kam als Erlöser zu Alfred C. Toepfer. Die geliebte Heide hatte er kurz nach seinem 99. Geburtstag zum letztenmal sehen dürfen. Dann fesselten ihn Krankheit und Altersschwäche ans Bett. Alfred C. Toepfer starb still und ohne Aufhebens – so wie er in unserer Mitte gelebt, gearbeitet und gewirkt hatte. Seine Werke werden ihn überleben.

Wohl mal Sand im Schuh, aber nie Sand im Getriebe: Alfred C. Toepfer in seiner geliebten Natur. Der von ihm begründete Naturschutzpark Lüneburger Heide sollte zum Modell für ein System ähnlicher Areale in Deutschland und Frankreich werden.

Vom Kindergarten bis zum Sportverein, von der Trachtengruppe bis zu den Landfrauen – trotz Nieselregens ließen sie sich die Stimmung beim Erntedankfest in Kirchwerder nicht vermiesen.

Erntedank und Erntesegen, auch nach all dem Regen

Er hat Tradition, und deshalb lockte er auch in in diesem Jahr trotz Schnürlregens wieder mehr als 10 000 Zuschauer ins Grüne: der Vierlandener Erntedankumzug in Kirchwerder. 30 mit Obst, Gemüse und herbstlichen Blumen üppig geschmückte Wagen, dazu Spielmannszüge und Trachtengruppen, zogen am 3. Oktober vom Spieker Markt zur St.-Severini-Kirche zum Erntedankgottesdienst. An der Spitze des Zuges, auf dem Bock des fünften Wagens, thronte Erntekönigin Martina Reimers (17), die am Vorabend unter zwölf Konkurrentinnen ausgewählt worden war. Sinnsprüche an den von Treckern und Pferden gezogenen Wagen erinnerten daran, daß das Wetter den Landwirten in diesem Jahr einen dicken Strich durch die Rechnung gemacht hatte, zum Beispiel (etwas holprig): „Trotz viel Regen – Erntesegen". Tradition auch nach dem geistlichen Segen in der Kirche, nämlich mit dem reichlichen Konsum geistiger Getränke im Gasthof.

Restaurierung mit viel Liebe zum alten Detail und hohem Aufwand: Erst jetzt wurden die Deckengemälde und die Glasmalereien in der Mellin-Passage wieder ins rechte Licht gerückt. Eigentümerin des architektonischen Schmuckstücks ist die Campe'sche Historische Kunststiftung.

Ein Glanzlicht der City strahlt wieder wie am ersten Tag

Ein Lob aus berufenem Munde: Als „die Mutter der Passagen" bezeichnete Hamburgs leitender Denkmalpfleger Prof. Manfred Fischer die Mellin-Passage mit ihren sechs Geschäften, als dieses architektonische Juwel der City, vor fast vier Jahren schwer lädiert, im Oktober wieder eröffnet werden konnte.

Das in der Silvesternacht 1989 durch Brandstiftung vernichtete Haus zwischen Alsterarkaden und Neuer Wall mußte fast ganz entkernt und neu aufgebaut werden. Erhalten blieben die Außenwände. Die hindurchführende Passage hat nun erstmals seit Kriegsende wieder das Bild, das sich der Architekt Alexis de Chateauneuf nach dem Großen Brand 1842 vorgestellt hatte. Eine Plakette der „Kommission der Europäischen Gemeinschaft zur Erhaltung des architektonischen Erbes Europas" dokumentiert und würdigt den gelungenen Wiederaufbau. Architekt Joachim Rottgardt verwendete fast ausschließlich gerettete Originalteile.

Aus der Luft sah die neue Superhalle am Flughafen Fuhlsbüttel schon einige Wochen vor der Fertigstellung äußerst eindrucksvoll aus (Foto). Aber unter dem geschwungenen Dach, das an einen Jumbo-Flügel erinnert, wurde noch emsig gearbeitet, und auf der Fluggastpier fehlte teilweise noch das Dach. Eröffnet wurde der neue Terminal 4 am 1. November, der erste Passagier passierte ihn zwei Tage später morgens um sechs Uhr. Zusammen mit der Halle wurde auch der zweite Teil der insgesamt 500 Meter langen Fluggastpier eingeweiht, die alle Fuhlsbütteler Terminals miteinander verbindet. 320 Millionen Mark hat das Gebäude gekostet, das jährlich Start und Ziel für sieben Millionen Reisende sein soll. Das Glanzstück der neuen Halle ist eine Einkaufspassage, in der auch das Londoner Nobelkaufhaus Harrods mit einer Dependance vertreten sein will. Turbulenzen gab es nur bei den Fluggesellschaften: Die von der Flughafen Hamburg GmbH für die neuen Büros geforderten Mieten erschienen ihnen entschieden zu hoch.

„Regina", im Prospekt von 1955 als „hocheleganter Luxus-Kinderwagen" vorgestellt, war in vielen Farben lieferbar und kostete 200 Mark. Ein fast rührendes Indiz für die damalige Auto-Verliebtheit.

Großmütter sind Max Nollaus beste Kundschaft

Man schrieb 1893, da eröffnete der Korbflechter Max Nollau in der zweiten Etage eines Hauses am Herrengraben seine ersten Fabrikationsräume. Anfang Oktober feierte die Firma Max Nollau 100jähriges Bestehen. Doch hat sich nicht nur ihre Adresse, sondern auch ihr Geschäftsbereich geändert. „Alles fürs Baby und Kind" steht neben dem Namen über dem Laden in der Kaiser-Wilhelm-Straße 59. Die Korbflechterei besteht seit 1955 nicht mehr. Als Nollaus Neffe Otto Kobisch 1928 Inhaber des Unternehmens wurde, führte er die Produktion von Babykörben ein und legte damit den Grundstein für das heutige Geschäft. Nach dem Krieg entstanden die ersten Kinderwagen, voluminöse Modelle aus Peddigrohr auf niedrigen Rädern.

Inzwischen hat sich das Sortiment um Wäsche, Betten, Möbel und Spielzeug erweitert. Die Kundschaft besteht überwiegend aus Großmüttern, die oft schon als junge Mütter bei Nollau einkauften. Und sie finanzieren meist das Teuerste, den Kinderwagen. „Ein Glück, daß sie heute genug Geld haben", freut sich Gottfried Kobisch, der 1953 Nachfolger seines Onkels Otto wurde.

Wie Flaschenpfand Kindern das Leben retten kann

Drei Wochen nach Beginn der gemeinsamen Sammelaktion „Flaschenpfand für den Sudan“ von Unicef, Einzelhandel, NDR-Hamburg-Welle und Hamburger Abendblatt wurde im Verbandshaus des Lebensmittel-Einzelhandels die erste Dose mit Spenden für notleidende Kinder im Sudan geöffnet. Heraus purzelten 1352,30 Mark in Groschen, Silberstücken, Scheinen und Pfand-Bons. Kaufmann Josef Dieter Kühler hatte die mehr als 20 Kilogramm schwere Spendendose aus seinem Delikatessen-Supermarkt in Uetersen mitgebracht. Damit, daß Hamburger auf zurückerstattetes Flaschenpfand verzichten, bewahren sie viele der 23 Millionen Sudanesen – insbesondere Kinder – vor Seuchen und Tod. Frisches Wasser ist der Stoff, um den es dabei geht. Von dem gesammelten Geld finanziert Unicef für den Sudan geeignete Handwasserpumpen. 2500 Stück wurden seit 1981 schon geliefert. Unicef möchte bis 1996 weitere 5000 Stück folgen lassen.

Lasse (5), Kathrin (8), ihr Vater Josef Dieter Kühler und Hans-Georg Giese, Vorsitzender des Einzelhandelsverbandes, freuen sich über den Geldregen aus der Spendendose.

Polizeipräsident Dr. Gustav Roscher gründete 1893 das Kriminalmuseum als „Sammlung von Lehrobjekten sowie von Gegenständen aus der Praxis".

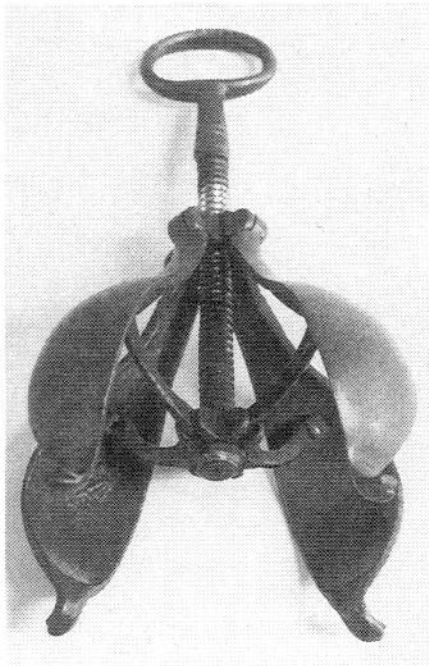

Die Maulbirne, vermutlich mehrere hundert Jahre alt, sollte Gefangene stumm machen. Sie wurde in den Mund geschoben und aufgedreht.

Nichts für Kinder, und die anderen brauchen Nerven!

Zum erstenmal seit 100 Jahren hat die Polizei den Hamburgern einen Einblick in eine Sammlung der Scheußlichkeiten gewährt: Für einen Monat ging das Kriminalmuseum mit einer Auswahl von Mordwaffen, Folterinstrumenten, Tatortfotos und Requisiten auf dem Museumsschiff „Cap San Diego" an die Öffentlichkeit. „Nichts für schwache Nerven, für Kinder ungeeignet", warnten Schilder vor mancher von Stellwänden kaschierten Ecke.

Die „Cap San Diego" bot mit ihrem dunklen Laderaum im Schiffsrumpf die passende Atmosphäre für die gruseligen Dokumente. Und der Andrang war so groß, daß die Ausstellung um eine Woche verlängert werden mußte.

Das Kriminalmuseum wurde 1893 vom damaligen Hamburger Polizeipräsidenten Dr. Gustav Roscher gegründet – als „Sammlung von Lehr- und Vergleichsobjekten sowie von Gegenständen aus der Praxis, die den Kriminalisten interessieren".

Fünfzig Jahre lang hatten Polizeibeamte alles gesammelt, sortiert und ausgewertet, was ihnen an Hamburger Verbrechen und Verbrechern bemerkenswert erschienen war. 1926 schrieb Richard Wosnik, der das Kriminalmuseum damals leitete, im unvermeidlich gestelzten Amtsdeutsch: „Der allgemeine Zweck des Museums geht dahin, den Anfängern in der strafrechtlichen Tätigkeit einen Überblick über die Realien der Kriminalistik zu bieten, so daß dieselben sich darüber klar sind, welcher Mittel sich Verbrecher bedienen, was die sachlichen Wirkungen der strafbaren Handlungen sind und welcher Hilfsmittel sich der Beamte bedienen kann, um die Feststellung des Tatbestandes und der Person des Täters zu erleichtern und zu sichern." Fünfzig Jahre nach der Gründung zerstörten Bomben im Weltkrieg einen Großteil der Sammlung. Nach Kriegsende wurde auf Anweisung des damaligen Leiters des Kriminalamts, Carl Breuer, aufs neue mit dem Sammeln begonnen. Bei der Arbeit an der Dokumentation „100 Jahre Kriminalpolizei" stießen zwei Oberkommissare 1974 im ehemaligen Konzentrationslager Neuengamme auf zahlreiche verloren ge-

Zivilfahnder und „verdeckte Ermittler" waren auch zum Ende des 19. Jahrhunderts schon eine wirksame Waffe der Polizei: „Verkleidete Criminalpolizei-Offizianten auf Dauervigilanz 1890" heißt es zu diesem zeitgenössischen Foto. Wer würde die Herren verdächtigen, von der Polizei zu sein?

glaubte Stücke, darunter Totenmasken von Hingerichteten und das Messer einer Guillotine.

Das Hamburger Kriminalmuseum ist normalerweise in der Landespolizeischule in Alsterdorf untergebracht. Es birgt auf einer Fläche von 850 Quadratmetern 4000 Originalstücke aus den Kriminalitätsbereichen Mord, Brandstiftung, Raub, Diebstahl, Rauschgift, Sexualverbrechen und Glücksspiel.

Die handwerklich gearbeitete Handfessel stammt vermutlich aus diesem Jahrhundert, wie die Fahrradkettenglieder zeigen. Die Enden der Ketten wurden in den Holm gesteckt und darin verschlossen.

Bilderbuchstart in die Bürgerschaft: Klaus Scheelhaase (oben) von der STATT Partei. Mit der neuen Wählervereinigung auf Anhieb ins Parlament gekommen, ist der 74jährige Jung-Politiker nach dem Ausscheiden von Charlotte Fera (CDU) ältester Abgeordneter und damit neuer Alterspräsident. Rechts: Ex-Bürgerschaftspräsidentin Elisabeth Kiausch gratuliert ihrer Nachfolgerin Ute Pape.

MINI-REPORT

OFFENE TÜREN. Die 15. Wahlperiode der Hamburger Bürgerschaft begann mit dem Abschneiden eines alten Zopfes: In Zukunft sind alle Sitzungen der Parlamentsausschüsse öffentlich. Was die Rathauspolitiker bisher hinter verschlossenen Türen aushandelten, um es anschließend im Parlament mehr oder weniger nur noch zu verkünden, findet nun unter aller Augen statt. Neue Präsidentin der am 19. September gewählten Bürgerschaft (siehe Seite 274 ff.) ist Ute Pape (44). Die Abgeordneten wählten die Studienrätin mit 108 Stimmen als Nachfolgerin von Elisabeth Kiausch, die sich SPD-intern nicht mehr hatte durchsetzen können. Auf der Suche nach einem Regierungspartner beschloß der SPD-Landesvorstand nach wochenlangen Sondierungsgesprächen mit STATT Partei und Grün-Alternativer Liste (GAL) gegen den Widerstand von Bürgermeister Henning Voscherau, mit der GAL über eine rot-grüne Koalition zu verhandeln.

ENNO VON MARCARD †. Hamburgs ältester Bankier, Enno von Marcard, ist an den Folgen eines Autounfalls auf Ibiza gestorben. Der Grandseigneur der Hamburger Finanzwelt war so alt wie das Jahrhundert; am 14. Dezember wäre er 93 Jahre alt geworden. In der Hansestadt war Enno von Marcard – im Winter trug er stets einen Bowler, im Sommer eine Kornblume im Knopfloch – eine lebende Legende. Seine Laufbahn begann 1919 beim Bankhaus Wilhelm Ree jr. in Hamburg. Einer kurzen Stippvisite beim Bankhaus Lasally & Söhne folgte 1923 der Wechsel zu Delmonte & Co. wo er 1932 Gesellschafter wurde. Seit 1941 trägt diese Bank seinen Namen.

TRIPLE-MILLIONÄR. Der Hamburger Traberhengst Sea Cove hat seinen Ruf als bestes Rennpferd der Welt beim „Großen Preis" in Bahrenfeld bestätigt. Mit Joseph Verbeeck im Sulky siegte er mühelos über die schwedische Stute Park Avenue Kathy. Mit 3 051 060 Mark Gewinnsumme ist Sea Cove das erste deutsche Pferd, das mehr als drei Millionen Mark zusammengetrabt hat. Außerdem erhöhte der Titelverteidiger mit seinem achten Saisonsieg im „Grand Circuit International", der inoffiziellen Europameisterschaft, sein Konto auf uneinholbare 45 Punkte.

STEUERFREI. Die etwa 6000 evangelischen Christen der Kirchengemeinde Nordwest in Hamburg-Niendorf können seit dem 1. Oktober ihre Gabe zur Gottesdienstkollekte von der Steuer absetzen. Das Finanzamt Hamburg-West hat die Ausgabe von Spendenquittungen dafür als zulässig erklärt. Niendorf Nordwest ist die erste der 679 Kirchengemeinden Nordelbiens, in der das möglich ist. Nachahmer werden erwartet. Und so geht's: Die Gläubigen kaufen im Gemeindebüro Bons für fünf oder zehn Mark und erhalten dafür entsprechende Quittungen für das Finanzamt.

PLATZWECHSEL. Anfang Oktober wurde die erste Ausstellung in den neuen Räumen des Kunsthauses Hamburg eröffnet. Der Umzug in die ehemalige Markthalle am Klosterwall war nötig geworden, weil das alte Ausstellungshaus des Berufsverbandes bildender Künstler (BBK) dem Erweiterungsbau der Kunsthalle weichen mußte. Den neuen Abschnitt seiner Geschichte beginnt der BBK mit „Made in Hamburg“, einem fünfteiligen Ausstellungszyklus, der bis Ende Februar dauert.

NA DENN, PROST! Weizenbier – eine Domäne der Bayern? Weit gefehlt! Rolf Dehn, Inhaber des Gröninger Braukellers an der Ost-West-Straße 47, hat es herausgefunden: Weizenbier wurde seit dem Mittelalter auch in Hamburg gebraut, die Produktion aber vor etwa 125 Jahren eingestellt. Bier war ein Hamburger Exportschlager, doch Weizenbier hält sich nicht lange. Mit dem Brauhaus Hanseat, das Dehn am 22. Oktober an der Straße Zippelhaus eröffnete, gibt es nun wieder Weizenbier aus Hamburg: die „Hanseaten-Weiße“.

BERUFUNG. Günter P. (39) aus Thüringen, der im Mai (siehe Seite 176 ff.) auf dem Tenniscourt am Rothenbaum Monica Seles, Nr. 1 der Weltrangliste, niedergestochen hatte, damit Steffi Graf wieder an die Spitze vorrücken könne, ist vom Hamburger Amtsgericht wegen gefährlicher Körperverletzung zu zwei Jahren Freiheitsstrafe auf Bewährung verurteilt worden. Der Attentäter verließ das Untersuchungsgefängnis als freier Mann. Jedoch: Staatsanwaltschaft und Gerhard Strate als Anwalt der Nebenklägerin Seles legten Berufung gegen das, weltweit als zu milde empfundene, Urteil ein – damit wird der Prozeß neu aufgerollt.

REKORDZUSCHLAG. Nur zwei Minuten dauerte es, dann ließ Ralf-Matthias Kuball den Hammer niedersausen und das wertvollste Stück der Oktoberauktion im Hamburger Auktionshaus Schopmann war versteigert: Für 260 000 Mark wechselte das Ölgemälde „Weinender Heraklit mit Weltkugel“ von Peter Paul Rubens (1577 – 1640) den Besitzer, der höchste Zuschlag, den das Haus in seiner 170jährigen Geschichte je erteilte. Alter und neuer Rubens-Eigner haben eines gemeinsam: Sie wollen anonym bleiben. Durchgesickert aber ist, daß des flämischen Meisters Werk nun an einer Wand in Bremen hängt.

Drei Gutachten und eine röntgenologische Untersuchung bestätigten: Der in Hamburg versteigerte Rubens „Weinender Heraklit mit Weltkugel“ ist echt.

Die Äste sind noch nicht kahl, doch die ersten Blätter sind gefallen, am Elbstrand bei Wittenbergen mischen sich buntes Kastanienlaub und gelber Sand: Mit typisch norddeutschem, aufgerissenem Wolkenhimmel und 16,5 Grad Celsius verabschiedete sich der Spätsommer aus Hamburg. Nicht alle Hanseaten waren gleich am ersten Schulferien-Wochenende verreist. Viele hatten Dufflecoats und Anoraks aus dem Schrank geholt und genossen die Mischung aus würziger Herbstluft und leicht salziger Brise auf einem langen Spaziergang am Strand – Kragen hoch, Gesicht zur Sonne. Andere saßen draußen auf den Terrassen der Restaurants und tranken Pharisäer oder Irish Coffee, um für die nötige Wärme auch von innen zu sorgen.

W A S   S U C H E N   S I E ?

A

Achterbahn 26
Adickes, Karla und Alfred W. 86
Ärzteschwemme 270
Ahrenkiel, Christian F. 85
Airbus A 321 130
Alsterpavillon 212
Altonaer Theater: *„Hochzeitsreise ohne Mann"* 283
Amok Mühlenberger Weg 269
Amok Steilshooper Straße 114
Arbeitsunfall Michael R. 59
Arp-Schnitger-Orgel 151
„Athabasca"-Wrack" 223
„At Nali" 91
Auktionshaus Schopmann 305
Autodiebstähle 113, 196

B

Baby-Notarztwagen 109
Bäckerei Jungclas 199
Bananen 242
Banz, Alfred 20
Bayer, Thomas 270
„Beach Boys" 208
Becker, Claus 12
Bettelkinder 129
Beutler, Willi 156
Binnenschiffahrt 284
Blindenverein Hamburg 248
Blinde Passagiere 185
Bombenalarm Waidmannstraße 58
Bombenalarm Flughafen Fuhlsbüttel 100
Bombenalarm Denickestraße 246
Borkenkäferplage 168
Bott, Markus 108
Boxen 108
Brandopfer-Spezialbetten 124
Brauhaus Hanseat 305
Breiholz, Christian 20
Bremer, Heike 54
Brown, James 59
Büch, Rudolf, Senator a. D. 32
Bürgermeister Henning Voscherau .249
Bürgerschaft 118, 182, 206, 304
Bürgerschaftswahl 182, 274, 291
Bundesmarine 173
Bundespost 118, 199, 265, 288
Bundeswehr 140
Burgh, Chris de 281

C

Chapeaurouge, Alfred de 198
Chilehaus 195
Citizen Cup 176, 181
Cocker, Joe 281

D

Dabelstein, Senta 248
Dampfschlepper „Woltmann" 22
Daniels, Dr. Jürgen 58
„Das Schiff" 184
Deichbruch 64
Deinet, Margarethe 248
Denkmal William Lindley 216
Deutsche Seereederei Rostock 198
Deutsches Galopp-Derby 232
Deutsches Spring-Derby 264
Diana Prinzessin von Wales 245
Doppel-Organtransplantation 198
Drogen 29, 91, 118
Duales System Deutschland 202

E

Ecks, Stefan 271
Eggebrecht, Hans 215
Eisenbahnunglück Maschen 56
Eisregen 64
Elbtunnel 220
Emmerich, Kurt 90
Englandfähren 173
Engtanzfeten 86
Ernst-Deutsch-Theater:
„Die Caine war ihr Schicksal" 94
„Wessis in Weimar" 120
„Arsen und Spitzenhäubchen" 200
„Jakob L. oder Die zweite Vertreibung" 272

„Nachtasyl“ 273
Erntedank 296
Erzengel Michael 278
„Eyrene“ 261

F

Fahning, Hans 195
Fahning, Modehaus 226
Fahrraddiebstähle 226, 249
„Falkenstein“ 59
FC St. Pauli 288
Feldbusch, Verona 48
Feser, Albert 90
Feuer Pension „Dammtor“ 50
Feuer Mohnhof (Bergedorf) 122
Feuer Kaiser-Wilhelm-Straße 247
Fielmann, Günther 90
Fitze, Hans 172
Fleetinsel 70
Flötensammlung 25
Flughafen 100, 299
Flugzeugabsturz Stellingen 44
Fraktionsausschluß 118
Friedrich, Caspar David 147
Fritzsche, Anja 55
Fusco, Fabio 271

G

Geistlich, Egon 16
Geldraub „Heros“ 104
Gerichtspressestelle 58
Germer, Richard 279
Gewürzhandel 146
Giesenberg, Antje 248
„Gomorrha“ 236
Gorvin, Joana Maria 289
Graf, Steffi 176
Grüner Pfeil 271
Grüner Punkt 202
Grünwaldt, Paul-Heinz 127

H

Hadag 59
„Hafenbasar“ 142
Hafenblockade 284
Hafengeburtstag 187
Hafenrandbebauung 167
Hagenbecks Tierpark 133
„Hamburg“ 173
Hamburger Abendblatt 74, 227, 248, 301
Hamburger Dom 26
Hamburger Verkehrsverbund 249, 288
Hamburgische Landesbank 195
Hampton, Lionel 33
Hanseaten-Weiße 305
„Hanseatic“-Taufe 137
Hanseatic Trade Center 167
hanse-Marathon 189
Hapag-Lloyd 227
Happel, Ernst 32
Harburger Schützengilde 226
Hausbrigade 140
Hauseinsturz Lerchenstraße 18
Heizkraftwerk 146
Helms-Museum 286
„Heros“-Geldraub 104
„Herr Lombard“ 146
Hochzeit Ulrike Reuschke / Liborio Marra 82
Horner Derby 232
HSV 32, 118, 172, 262
Hübener, Prof. Dr. Dr. Klaus-Henning 229, 253
Hübner, Jürgen 32
Humburg, Hartmut 271
Hunke, Jürgen 263

I

Intensivmedizin 124
Internationale Tennismeisterschaften von Deutschland 181
Ivanauskas, Valdas 262

J

Jarling, Torsten 134
Jazz 33
Jugendherbergen 172
Justizvollzugsanstalt Fuhlsbüttel 20

K

Kabel, Heidi 37
„Kaffee Möller“ 82
Kammerspiele:
„Edmund Kean“ 62
„Richard III.“ 121
„Tod im Zylinder“ 175

„Cosi fan tutte“ 273
„Kampnagel“:
Theaterzentrum 59
Sommertheater-Festival 250
Karneval in Hamburg 106
Kehrwiederspitze 167
Kiez-Bescherung 28
Kinder-Models 197
Kindesmißhandlung 116
Kirchenkollekte 304
Kirchwerder Wiesen 254
Kirschblütenprinzessin 199
Klausuren-„Handel“ 260
Kletterwand 224
„Knust“ 86
Köhlbrandbrücke 110
„König David mit der Harfe“ 146
Kokainschmuggel 29
„Kommodore Ruser“ 65
Komödie Winterhuder Fährhaus:
„Liliom“ 62
„Barfuß im Park“ 149
„Es war nicht die Fünfte, es war die Neunte“ 201
„Ausreißer“ 283
Kriminalität in Hamburg 113
Kriminalmuseum 302
Kruse, Hans Jakob 227
Kunsteisbahn Holstenwall 106
Kunsthaus 305

L

Leineweber 226
Leip, Hans 288
Lichterkette 38, 63
„LiLaBe“ 106
Losch, Klaus 146
Ludwig, Gabriele 119
Lüneburger Heide 244
Luga, Joe 43
Luhe-Lachse 33

M

Maffay, Peter 281
Magath, Felix 172
Maikäfer 168
Managerin des Jahres 119
Mangaoglu, Ali 134
Marcard, Enno von 304
„Max Nollau“ 300
„Meeresufer im Mondschein“ 147
Mehrzweckhalle 79, 95
Meister, Klaus 58
Mellin-Passage 297
Miß Hamburg 48
Möhlmann, Benno 262
Moschee Mescid-el-Aksa 14
Motorrad-Gottesdienst 226
Müller, Dietrich 160
Museum der Erotischen Kunst 10

N

Naturschutzgebiete 254
Nena 147
Neues Theater am Holstenwall:
„Beehive“ 92
Neumeier, John 96
„niemandes land“ 112
Nollau, Max 300
Notarztwagen 109

O

Obdachlose 52, 81
Ohnsorg-Theater 270
Ohnsorg-Theater:
„Manda Voss ward 106“ 37
„Dynamit un Puusteblomen“ 62
„Tweemol retour“ 94
„De Kortenleggersch“ 149
„Rose Bernd“ 174
„Lang man düchtig to!“ 201
„Nevel in't Paradies“ 273
„Hartklabastern“ 282
Operatives Zentrum (UKE) 118
Orkan 64
Orlando, Leoluca 113
Ostereier 160
Osterfeuer 160

P

Panzergrenadierbrigade 17 140
Pape, Ute 304
Pastor Helmut Plank 269
Patenschiff „Hamburg“ 173
„Paul Binhold Lehrmittel“ 30
Pea Schokoladenfabrik 271

Pessoa, Nelson 264
Peterwagen 109
Pincus, Hans-Jürgen 25
Postämterschließung 265
Postamt Lindenstraße 118
Postleitzahlen 199
Prince 281

R

Radrennen 270
Rangierbahnhof Maschen 56
Rantzau, Liselotte von 84
Rassismus 76
Ratsdiener 16
Rechtsradikalismus 14, 38, 63
Reimers, Martina 296
Reitbrooker Windmühle 52
Rockfestival Lüneburg 280
Rösler, Jens 145
Roma und Sinti 129
Rubens, Peter Paul 305
Rudern 271
Rühmann, Heinz 42
Ruppel, Walter 270

S

Sarodnick, Wolfgang 20
Schach 118
Schauspielhaus:
„Die Macht der Gewohnheit“ 35
„Der kleine Faust“ 37
„Die Bakchen“ 60
„Talk Radio“ 60
„Königsblut“ 93
„Es wird Zeit“ 121
Schiffsmakler 32
Schlachtereien 58, 173
Schlangen 127, 243
Schmeling, Max 165
Schmidt, Martin, MdBü 16
„Schmidt“: *„Mir geht's gut“* 43
Schmidts Tivoli:
„Blaubarts Orchester“ 92
„Cabaret“ 200
Schröder, Max 33
Schülerzahlen 259
Schütze, Carl 146
Schule Wildschwanbrook 259
Schulz, Werner 195
Sea Cove 304
Seles, Monica 176, 305
Sello, Gottfried 119
Senator-Biermann-Ratjen-Medaille ...90
Sievers, Hans 54
„Silja Europa“ 137
Silo-Explosion 162
Sinatra, Frank 208
Sirenenalarm 90
Skatclub Hansa Hamburg 24
Skateboarding 271
Skatmeisterinnen 24
Skelettfabrik 30
Skythen-Gold 286
Sloman-Reederei 234
Soehring, Ingrid 58
Solar-Tankstelle 289
Spatzen 144
St.-Marien-Kirche 222
St.-Michaelis-Kirche 278
St.-Nikolai-Glockenspiel 215
St.-Pauli-Theater:
„Anatevka“ 174
„Sweet Charity“ 272
Staatsoper:
„Walküre“ 34
„Zwei mal Zwei“ 61
„Aida“ 120
„Siegfried“ 148
Stadtsiegel 288
STATT Partei 227, 274, 291
Stödter, Prof. Rolf 172
Steigenberger-Hotel 70
Stewart, Rod 281
Stich, Michael 181
Straßenbahn 266
Sturmflut 64
Sudan-Spenden 301

T

Telekom-Elbtunnel 170
Tennis 176
Thalia-Theater 76
Thalia-Theater:
„Lear“ 34
„Alice“ 60
„Vater“ 93

„Dreck“ 94
„Die schöne Fremde“ 121
„Alpenglühen“ 148
„Kabale und Liebe“ 174
„Othello“ 200
Theater für Kinder:
„Nußknacker und Mausekönig“ 37
„Vom Fischer und seiner Frau“ 121
„Am Samstag kam das Sams zurück“ 283
Theater im Zimmer:
„Fräulein Julie“ 149
„Woyzeck“/„Leonce und Lena“ 174
„Richards Korkbein“ 200
„Ganz unter uns“ 282
Theaterschiff am Mäuseturm 32
Thomsen, Prof. Dr. Klaus 49
Tiergottesdienst 193
Tierquälerei 102
TiK:
„ÜBERGEWICHT, unwichtig: UNFORM“ 35
„Spiel von Liebe und Zufall“ 282
Toepfer, Alfred Carl 292
Trabrennen 304
Trantel, Piet 112
Trottellummen 102
Truck Music Festival 217
Turner, Tina 281

U

U-Bahnhof Baumwall 288
U-Bahn-Wachdienst 154
Uhu 102
UKE:
Operatives Zentrum 118
Strahlenskandal 228, 253
Ullrich, Jan 270
Umrath, Franziska 288
Umweltschutz 288
UNICEF 74, 211, 301
Universität 163, 224, 260
„Unternehmen Gomorrha“ 156, 236

V

Veddel 138
Voscherau, Henning 249

W

Wagner, Eugen, Bausenator 16
Wasserrohrbruch Saseler Chaussee ...56
Wegner, Markus Ernst 182
Wetter 64
William-Lindley-Denkmal 216
Windmühle Reitbrook 52
Winkelmannscher Hof 52
„Winston Churchill“ 173
Witten, Dr. Wilhelm 226
„Woltmann“, Dampfschlepper 22
Wrede, Bernd 227

Z

Zahn, Peter von 90
Zeitung für Blinde 248
Zug-Unglücke:
Aumühle 192
Lentföhrdener Weg 192

Fotobeiträge:

Rolf Ambor, AP, Thorsten Baering, Anette Bätjer, Baubehörde, Zuzana Bendova, Anima Berten, Bernd Beutner, Holger Blöhte, Klaus Bodig, Lutz Bongarts, Martin Brinckmann, Gunnar Brumshagen, Peter Brunner, Hans Brunswig, Kai Bublitz, José Camejo, Gerd Claussen, Conti Press, Andreas Costanzo, Lothar de Decker, Leonard Diepenbrock, dpa, Erwin Falk, Heiko Feddersen, Bernd Jürgen P. Fischer, Flash-Press, Thomas Grimm, Christoph Guhr, Erwin Häusler, Eric Heuser, Otto Heydasch, Bernd R. Höhns, Frederika Hoffmann, Paul Theodor Hoffmann, Innenbehörde, Keystone, Klick! Digital Service und Design, Frank Knittermeier, Wolfgang Köhler, Heiner Köpcke, Christa Kujath, Andreas Laible, Peter Leibing, Henry Lübberstedt, Dieter Lüttgen, Ulrich Mahn, Isabel Mahns-Techau, Hauke Marquardt, Gabi Mayer, Thomas Metelmann, Lena & Rolf Mönkedieck, Jan Mordhorst, „Neue Revue“, Katrin Neuhauser, Eduard Pawelczyk, Peter Peitsch, Eberhard Petzold, Patrick Piel, Public Adress, Michael Rauhe, Thomas Reinecke, Ingo Röhrbein, Bernhard Rudolph, Heiner Schmidt, Sybill Schneider, Markus Scholz, Carl Schütze, Friedemann Simon, Bertram Solcher, Hans Peter Soltow, „Stern“, Peter Stille, Tele Press, teutopress, Umweltbehörde, Vario-Press, du Vinage, Stephan Wallocha, Wedopress, Wilfried Witters, Lars Wolschina, Reimer Wulf, Michael Zapf, Marco Zitzow

Titelfoto: Bernd R. Höhns